文海聽濤

王文／著

兩漢人物篇及共黨近代人物篇

松燁文化

目錄

史論篇

兩漢人物篇

▍試論賈誼

　　賈誼是歷史上一個引人注目的奇才。作為西漢著名的文學家，他的名篇《過秦論》被魯迅評價為「西漢鴻文，沾溉後人，其澤甚遠」。同時，他又是一位具有遠見卓識的青年政治家。他的政論文章《治安策》，分析深刻，見識超群，被毛澤東譽為西漢一代最好的政論。毛澤東曾把賈誼與唐朝的王勃、李賀，魏晉時期的王弼，明末的夏完淳四人並提，稱他們「都是英俊天才，惜乎死得太早了」。賈誼生於公元前 200 年，死於公元前 168 年，只活了三十三歲。賈誼以一個二三十歲的青年，向漢文帝提出了深刻的政治見解和一整套改革主張，而這些主張卻因守舊勢力的阻撓未能付諸實現，使後人對懷才不遇的賈誼深表敬意和同情。

一、疾呼改革

　　賈誼在政治上是反對漢初的因循守舊、主張大力改革的。對於賈誼的改革主張，後人議論頗不一致。反對者認為賈誼多事、不應該改革。主要理由是秦末吏治刻深、天下多事、勞民傷財，漢初實行清靜無為、休養生息的政策，百姓安定，海內昇平，改革之舉是操之過急，只會破壞安定局面。宋人王令有一首詩：「漢得孤秦萬弊時，當年丞相要無為。洛陽年少空流涕，誰謂書生果有知？」講的就是這個意思。清人王夫之在《讀通鑒論》中，針對賈誼的改革主張也有過一段評論：「庸人不測，恃其一罅之知，物方未動，激之以動。激之以動，而自詫為先覺。動不可止，毒遂中於天下，而流血成渠。……嗚呼！謀人家國者，可不慎哉！」這裡把景帝前元三年（公元前 154 年）「七國之亂」所造成的「流血成渠」歸結於賈誼（以及後來的晁錯）的改革。而贊成賈誼者則認為，漢初的形勢，穩定之中潛伏著諸多危機，賈誼的改革主張提得非常及時，只可惜沒有被文帝集中採納。「七國之亂」使無數百姓流血喪生，不是因為賈誼、晁錯的改革，而恰恰是因為文帝和一班官僚苟且因循，錯過瞭解決問題的時機。

兩種意見分歧的焦點是漢文帝時期究竟有無必要實行賈誼的改革主張。為了弄清這個問題，我們有必要瞭解賈誼是在什麼歷史背景下提出了什麼主張。

漢王朝建立以來採取「與民休息」的政策，至文帝時經濟有了一定的恢復和發展，封建統治進一步鞏固，但是各種社會矛盾也越來越明顯。首先，中央政府與地方割據勢力之間的矛盾日益尖銳。隨著經濟的恢復發展，地方封國的勢力日趨膨脹，「誇州兼郡、連城數十，官室百官、同制京師」。形成了「尾大不掉」之勢。諸侯王時刻覬覦皇位，「出入擬於天子」「不聽天子詔」。文帝即位的第三年（公元前 177 年），濟北王率先發動武裝叛亂，三年以後，淮南王步其後塵。兩處叛亂雖然很快被平息，但中央與封國的矛盾不僅沒有解決，反而更加尖銳。擁有五十三座城的吳王劉濞「積金錢，修兵革、聚糧食」，叛亂的行跡愈加明顯。其次，豪商大地主兼併土地造成小農破產，是當時又一嚴重的社會問題。文帝之時，儘管「法律賤商人，商人已富貴矣；尊農夫，農夫已貧賤矣」「一人耕之，十人聚而食之」「夫百人作之，不能衣一人也」。土地兼併、工商游食、小農破產，一方面，動搖了封建經濟基礎，另一方面，可能會造成農民起義的危機。最後，經濟雖然有所發展，但是社會風氣卻是江河日下，一天不如一天。「棄禮誼，捐廉恥，日甚，可謂月異而歲不同矣。逐利不耳，慮非顧行也；今其甚者殺父兄矣。」除此而外，當時還面臨著如何完善新制度、抵禦匈奴侵擾等問題。在這種情況下，賈誼提出一系列改革主張應該說是非常必要、非常及時的。

賈誼的改革主張主要包括以下幾個方面。

1. 改正朔、易服色、定官名、興禮樂

漢初的禮儀官制，基本上沿用秦朝，這作為過渡性的臨時措施是可以的，但這時漢政權建立已三十年，天下大定，如果沒有一套自己的禮法制度，則有名不正言不順之嫌。賈誼的主張實際上是完善新制度，建立新法度。他提出以「五行」學說設計的禮儀制度，漢王朝尚土德，應以黃色為正宗（此時仍同秦，尚水德，崇黑色），官制、禮儀都有相應的變化。賈誼「乃悉草具其事儀法」，向文帝拿出了一套具體的方案。

2.針對封國問題

賈誼提出第一步應「眾建諸侯而少其力」「令齊、趙、楚各為若干國，使悼惠王、幽王、元王之子孫以次各受祖之分地」。這個辦法是從分散、削弱諸侯王勢力著手，為最後「操刀必割」、運用「人主之斤斧」剷除分封制創造條件。第一步是手段，是量變的過程，第二步消滅割據勢力才是真正的目的。

3.重視農業生產，大力積蓄糧食

「崇本抑末」「驅民而歸之農，皆著於本，使天下各食其力，末技游食之民，轉而緣南畝」。這些政策有利於鞏固發展封建經濟。經濟基礎一旦雄厚，正如賈誼所說：「苟粟多而財有餘，何向而不濟？以攻則取，以守則固，以戰則勝。」

4.提倡禮治

賈誼認為禮治可以潛移默化地引導百姓，改良風氣，「使天下回心而鄉道」，從而穩定社會秩序。禮義「貴絕惡於未萌而起教於微眇，使民日遷善、遠罪而不自知也」。同時，禮又可以用來調整統治集團內部的關係。「上設廉恥禮義以遇其臣，而臣不以節行報其上者，則非人類也。」「為人臣者，主耳忘家，公耳忘私；利不苟就，害不苟去，唯義所在。」總之，賈誼主張以禮治的手段調整君、臣、民的關係，以維護封建統治。

此外，賈誼針對如何抵禦匈奴、培養皇位繼承人等問題也提出了自己的主張。然而，賈誼的這些改革主張猶如在曠野上吶喊，無人聲援，無人理解。提起漢初，人們便想起「休養生息」「文景之治」，其實西漢到了文景之時，政治上怠惰平庸，因循守舊的風氣嚴重。清靜無為政策雖然對發展經濟有過積極作用，但在政治上卻成了昏官庸臣不思進取、無所作為的保護傘。朝廷中的守舊勢力樹大根深、盤根錯節。周勃、灌嬰等人當初隨高祖征戰，雖是平定諸呂、迎立文帝的策劃者，又是元老重臣，但並無治國的才幹，這時便成為賈誼改革活動的絆腳石。「降、灌、東陽侯、馮敬之屬盡害之，乃毀誼曰：

『洛陽之人年少初學，專欲擅權，紛亂諸事。』於是天子後亦疏之，不用其儀，以誼為長沙王太傅。」

　　像賈誼這樣年輕而具有憂患意識的大臣在漢初的政治舞臺上實屬鳳毛麟角。當時不少人在大唱頌歌，認為「天下已安已治」，對這種粉飾太平的觀點，賈誼深惡痛絕，他在給文帝的《治安策》中，表示了深深的憂慮。「臣竊惟事勢，可為痛哭者一，可為流涕者二，可為長太息者六，若其它背理而傷道者，難遍以疏舉。進言者皆曰天下已安已治矣，臣獨以為未也。曰安且治者，非愚則諛，皆非事實知治亂之體者也。夫抱火厝之積薪之下而寢其上，火未及燃，因謂之安，方今之勢，何以異此！本末舛逆，首尾衡決，國製搶攘，非甚有紀，胡克謂治！」賈誼所謂「痛哭」「流涕」「長太息者」，並不是危言聳聽，也不是無事生非，而是他針對種種矛盾和危機提出的一整套改革方案。有人認為改革造成了社會動亂，把「七國之亂」的帳算到賈誼、晁錯身上，如果不是誤解，那麼一定是故意栽贓。歷史的發展倒是證明了賈誼的預言：「不肯早為，已乃墮骨肉之屬而抗剄之。」正是由於漢文帝及一班官僚的因循守舊、謹小慎微、患得患失，置賈誼的改革主張於不顧，錯過暸解決封國問題的良好時機，才釀成了之後的「七國之亂」。

二、切於時務

　　關於賈誼的思想，很多人認為他是法家。司馬遷雲：「賈生晁錯明申商。」賈誼的一些分析和主張，確實體現出法家的精神。他在《治安策》裡，無情地撕破了宗法血緣關係的溫情面紗，「今或親弟謀為東帝，親兄之子西鄉而擊」。為了加強中央集權，賈誼建議文帝運用「權勢法制」這一「人主之斤斧」，「操刀必割」剷除異己勢力，「令海內之勢，如身之使臂、臂之使指，莫不制從，諸侯之君不敢有異心，輻輳並進而歸命天子」。從這些主張來看，賈誼具有法家通常所具的冷峻清醒的頭腦，對法家的法術勢理論相當熟悉並能運用自如。賈誼最初是由廷尉吳公推薦給文帝的，這位吳公曾是李斯的學生，他在任河南太守時就特別欣賞賈誼，並將其「召置門下」。可想而知，賈誼和吳公必定在法家思想上有共同語言，才能彼此談得投機。這樣看來，賈誼的思想屬於法家似乎有根有據。

　　但是又有人認為賈誼屬於儒家，理由是賈誼經常提倡禮治德教、排斥法治。我們且看他的議論，「商君遺禮義，棄仁恩，並心於進取，行之二歲，秦俗日敗」「令君君臣臣上下有差，父子六親各得其宜，此業壹定，世世常安」「湯武置天下於仁義禮樂，累子孫數十世，此天下所共聞也；秦王置天下於法令刑罰，禍幾及身，子孫誅絕。此天下之所共見也……」「今或言禮誼之不如法令，教化之不如刑罰，人主胡不引殷周秦事以觀之也」！這些言辭又分明是一副儒家口吻。在賈誼的文章裡，這樣正面倡導仁義禮樂的文字很多，而對法家的嚴刑峻法，特別是對秦朝的「繁刑嚴誅，史治刻深」，總是抨擊排斥。所以有人據此認為賈誼是儒家。

　　其實嚴格地說起來，賈誼並不能算是純粹的法家或儒家。賈誼少年聰慧，「頗通諸子百家之書」，各種觀點都接受過。儒法兩家的思想顯然對他的影響很大，但是除了儒法思想以外，道家對他的影響也不可忽視。其《鵬鳥賦》曰：「禍兮福所倚，福兮禍所伏；憂喜聚門兮，吉凶同域」，又曰：「真人淡漠兮，獨與道息。釋知遺形兮，超然自喪；寥廓忽荒兮，與道翱翔。」《鵬鳥賦》集中體現了賈誼的宇宙觀和人生觀，打上了明顯的道家思想的印跡，有些語言就是老莊語言的翻版。道家思想既可以使人達觀超然，又可以使人悲觀失望。賈誼天性脆弱，道家思想的消極方面對他影響很大。於儒法道之外，賈誼憑著天資聰明，雜收並蓄，廣采博取。歷史興替、天地之道、陰陽之本，都在他的興趣範圍之內。他為博士時，公事之餘曾「游於卜肆中」，求教於卜者，可見他的求知不唯書本。對於子虛烏有的鬼神之事，他也能說得頭頭是道。「上因感鬼神事，而問鬼神之本，賈生因具道所以然之狀。至夜半，文帝前席。」

　　綜上所述，賈誼顯然受到了諸子百家多方面的影響，所以並不能把他籠統歸到哪一類。賈誼的特點是總結歷史，研究現實，從現實需要出發，取各家的學說為己所用，特別對於儒法兩家思想有所批判和揚棄，以適應漢初現實政治的需要。用賈誼自己的話來說，就是「稽之天地，驗之往古，按之當今之務」。因此，為了加強中央集權，他依據法家思想提出了種種主張；為了調整社會關係，他又提出禮治德教；當他在政壇上失意時，又寄託於道家思想，聊以自慰。賈誼不是正統的法家或儒家，而是個務實者。

三、文人脾性

司馬遷將賈誼與屈原合傳，將賈誼視為「志潔引廉」「忠而見放」的悲劇人物。賈誼才高過人，二十歲就被文帝召為博士，「每詔令下，諸老先生不能言，誼盡為之對，人人各如其意所出。諸生於是以為能。文帝悅之，超遷，歲中至太中大夫」。這可以說是賈誼短暫的一生中最輝煌的時刻，其後厄運接踵而至，在保守勢力的攻擊下，他被貶為長沙王太傅，從此鬱鬱而終。

賈誼的文人脾性是很重的，坎坷的遭遇更導致了他的憤世嫉俗，這一點有點像屈原。他在被貶途中，路經湘水，念及當年的屈原，又聯想到自己的身世，不禁悲從中來，寫下了有名的《吊屈原賦》。其文曰：「嗚呼哀哉兮，逢時不詳！鸞鳳伏竄兮，鴟鴞翱翔。闟茸尊顯兮，讒諛得志；賢聖逆曳兮，方正倒植。世謂伯夷貪兮，謂盜跖廉；莫邪為鈍兮，鉛刀為銛……」直斥人世間的黑白顛倒，悲憤一瀉而出，頗有《離騷》之風。

賈誼天性憂鬱，易傷感。《史記》中兩處提到他「自以為壽不得長」。年紀輕輕卻總是想到死，後來又英年早逝，看來他的身體狀況確實不太好，至少有嚴重的憂鬱症。賈誼常常自我矛盾，得意時熱情自負，失意時憂鬱悲觀，其筆下常作曠達語，以求得心理平衡，這與他所受道家思想的影響是分不開的。他曾表示過自己對宇宙、人生和生死的看法。「且夫天地為爐兮，造化為工；陰陽為炭兮，萬物為銅。合散消息兮，安有常則；千變萬化兮，未始有極。忽然為人兮，何足控摶，化為異物，又何足患！」茫茫宇宙之中，人生是何等偶然、何等渺小並且孤立無援呵！這類問題時常困擾著年輕的賈誼，他的鬱鬱寡歡不只是因為自己的身世遭遇，還有深層次的主觀原因。思之愈深，負擔愈重，當沉重的精神負擔壓得讓人承受不住時，賈誼便儘量使自己超脫。雖然「自以為壽不得長」，但是「化為異物兮，又何足患」「其生若浮兮，其死若休，澹乎若深淵之靜，泛乎若不繫之舟」！但人們從這曠達之語中，仍能體察出一種無可奈何。

賈誼為長沙王太傅三年，文帝召之入京。「拜誼為梁懷王太傅，懷王，上少子，愛而好書。」同是太傅，但這一回與在長沙的境況大不一樣。命運似乎有了一線轉機，不料忽然有一天梁懷王騎馬墜地而死，賈誼在政治上的

依靠和希望失去了。「賈生自傷為傅無狀，哭泣歲餘，亦死。」失意人偏逢失意事，天性憂鬱脆弱的賈誼如何能承受一次又一次的打擊！

賈誼性格上的弱點，是他很難在政治上有所作為的一個不可忽視的原因。作為文學家的賈誼，才華橫溢。他的文章辭藻華麗；論政治見識，他也是高瞻遠矚、洞悉隱微，劉向稱讚他「通達國體，雖古之伊、管未能過也」。可是賈誼天性上終究是一個學者文人，而不是成熟堅定的政治家。他的身心脆弱，經受不住挫折的考驗，失望時孤芳自賞、去意徬徨。「已矣！國其莫吾知兮，子獨壹鬱其誰語？鳳漂漂其高逝兮，夫固自引而遠去。」對於賈誼的性格，王夫之有過中肯的評價：「誼年少，憤盈之氣，未履艱屯，而性之貞者略恆疏。則本有餘而末不足。」西漢初年，朝中保守勢力很大，改革是一件異常複雜的事情，稍有不慎就會送掉性命（如晁錯），這就對改革者的見識、膽略、處理問題的手段有很高的要求。古今中外一切改革者無不經歷各種各樣的艱難險阻，但成熟的改革者總是善於在失敗中吸取經驗教訓，堅韌不拔，屢挫屢奮。賈誼於一片歌舞昇平中預見了種種危機，並積極提出一套解決辦法，這是難能可貴的，但他缺乏一個成熟的政治改革家必要的性格素質，這就在一定程度上導致了他的悲劇命運。

四、生未逢時

賈誼在政治上的失敗與沒有得到文帝的支持有很大關係。文帝是歷史上有名的賢明君主，可惜他缺乏做事的膽略，謹慎有餘、魄力不足。清靜無為、與民休息、輕徭薄賦、約法省禁，這些當然是積極可取的，但清靜無為也容易導致不正視和姑息矛盾，文帝的失誤正在於此。文帝的內心，也未必真的崇尚黃老學說，他對積極奮發的賈誼其實是很欣賞的，也喜歡後來「明申商」的晁錯。喜歡而又不敢大力啟用，文帝也是身不由己。要弄清文帝的難處，需瞭解他的來歷。文帝劉恆，「高祖中子也」，本為代王。周勃等大臣平定諸呂之亂後，在高祖的兒子中間物色天子，選中了劉恆。面對飛來洪福，劉恆又喜又疑，不敢貿然進京，後經周勃等人解釋，方才放心，以代王入為皇帝。本為諸侯王，一夜之間成了皇帝，這是做夢也想不到的事。因此文帝在位期間，小心翼翼、做事謹慎，對朝中老臣不敢怠慢。老臣們在朝中盤根錯

節的勢力，文帝不會看不到。賈誼也看到了這一點，他向文帝提出「列侯悉就國」，就是為了剷除舊勢力，這自然遭到守舊大臣的堅決反對。文帝為了鞏固自己的地位，只好對賈誼「不用其議，乃以賈生為長沙王太傅」。文帝內心不一定真的崇尚黃老，他在政治上的無所作為，實際上是息事寧人，用掩蓋矛盾來維持暫時的、表面的穩定。姑息矛盾的結果導致中央與封國矛盾日益加劇，終於爆發了「七國之亂」。

文帝對於賈誼，後人有詩評曰：「漢文有道恩猶薄」。以賈誼的見識才華，若早生於高祖或晚生於武帝時期，必然會在政治上大有作為。其實文帝也不是昏庸之君，只是缺乏足夠的起用新人、改革政治的魄力。他對賈誼的主張，也不是一概廢棄的。如「文帝思賈生言，乃分齊為六國，盡立悼惠王子六人為王」；文帝十五年（公元前 165 年），定漢為土德。但這些已是賈誼死後的事了。文帝採納賈誼的計策，往往能有奇效。賈誼曾建議文帝以封國製封國，文帝從其計，「徙淮陽王武為梁王」「後十年，文帝崩，景帝立，三年而吳楚趙與四齊王合從舉兵，西鄉京師，梁王扞之，卒破七國」。生前而知身後事，可見賈誼的過人之處。後人因為文帝採納施行了賈誼的某些主張，有「一時謀議略施行，誰道君王薄賈生」之說；班固亦曰：「追觀孝文玄默躬引以移風俗，誼之所陳略施行矣。」實際上文帝只是採納了賈誼的個別主張，有的只是權宜之計，並非賈誼的最終主張（如以封國製封國）。接受某些主張和接受整個改革主張遠不是一回事。文帝如果使賈誼人盡其才，那麼漢初的面貌將會大有改觀，賈誼也不會僅以文學家、政論家的形象立於歷史之上了，其政治改革家的形象也必將大放異彩。

賈誼遇上墨守成規的文帝真可謂生不逢時。「宣室求賢訪逐臣，賈生才調更無倫。可憐夜半虛前席，不問蒼生問鬼神。」千年以來，李商隱的這首詩引起一代又一代人的共鳴。賈誼的身世坎坷、懷才不遇，以至抑鬱夭亡，令後人惋嘆不已！他的高瞻遠矚、深謀遠慮，他的見微知著、銳意改革，處處體現出超群的智慧，閃爍著天才的光芒。賈誼像一顆彗星，長長劃過歷史的夜空，放射出短暫而明亮的光輝，給後人留下無限的回味和遐想。

▋晁錯與袁盎

晁錯是歷史上知名度很高的人物，他輔助漢景帝推行「削藩」政策，引發了西漢初年那場著名的「七國之亂」，自己卻在諸侯國一片「請誅晁錯，以清君側」的喧囂聲中被景帝所殺。晁錯的被殺，與另一位大臣袁盎的進讒有著直接關係。對於晁錯，後人議論頗多，而袁盎卻很少有人論及。對於晁盎二人之間發生的糾紛，司馬遷認為是晁錯「欲報私仇」所致。時隔兩千餘年，晁錯與袁盎之間發生的歷史公案，仍能給後人以啟發。

一、力主削藩的晁錯

晁錯，潁川（今河南禹州市）人，生於公元前 200 年，死於公元前 154 年。初從師學習申不害、商鞅學說，漢文帝時任太子家令。景帝即位，任御史大夫。

晁錯可以說是西漢初年最有遠見的大臣之一。他在任太子家令時，一面輔佐太子（即景帝），一面不斷向文帝呈遞奏章。其所提建議，分析深刻，有許多精彩之論。為了抵禦匈奴，晁錯提出「徙民實邊」，即用免稅、賜爵、贖罪等辦法移民北疆，增強邊防力量。這的確是深謀遠慮之策，文帝欣然採納。後人對此也多有讚歎，王夫之在《讀通鑑論》中評價道：「晁錯徙民實邊之策偉矣！」

文帝對晁錯的才華是很欣賞的。「時賈誼已死，對策者百餘人，唯錯為高第。」但似乎只停留於欣賞，即使採納其建議，卻對提建議的晁錯並不大力起用，而只是把他放在太子家令這個特殊的位置上。在這一點上，文帝是大有深意的。晁錯曾上書建議文帝削減當時逐漸增大的地方封國勢力，文帝雖未採納，但對於事態的嚴重性是有清醒認識的。文帝且崩，誡景帝曰：「即有緩急，周亞夫真可任將兵」；又有賜吳王劉濞茶几手杖之舉，可見文帝未嘗須臾忘記諸侯封國之事。一則文帝謹慎，二則條件不成熟，文帝終其一生未向地方封國開刀。但對於封國以後的叛亂，早在文帝預料之中。因此，文帝對晁錯雖然欣賞而不重用，是有意以晁錯輔助景帝，是極高明、極有深意的一個伏筆。景帝即位，晁錯遂為內史，又升御史大夫，「寵幸傾九卿」。

文景之時，各藩國日益驕橫，「跨州兼郡，連城數十，宮室百官，同制京師」「出入擬於天子」，甚至「不聽天子詔」。景帝即位，晁錯提出「削藩」建議，一針見血地分析道：「今削之亦反，不削之亦反。削之，其反速，禍小；不削，反遲，禍大。」漢景帝採納了他的主張，採取了一連串的行動。「（景帝）三年冬，楚王朝，晁錯因言楚王戊往年為薄太后服，私奸服舍，請誅之。詔赦，罰削東海郡。因削吳之豫章郡、會稽郡。及前二年趙王有罪，削其河間郡。膠西王印以賣爵有奸，削其六縣。」

晁錯對於當時的局勢看得很透徹，行動也是果斷迅速，在「削藩」的同時，「錯所是令三十章」「法令多所更定」，實際上進行了一系列的改革行動。這自然捅了馬蜂窩，「諸侯既新削罰，震恐，多怨晁錯」。吳楚七國公開叛亂，打的旗號是「請誅晁錯，以清君側」，雖然只是個幌子，但晁錯已被推到了矛盾的前沿。與此同時，朝廷內部以袁盎為代表的反對勢力也蜂擁而上。

論治國的遠見卓識，晁錯是當之無愧的。但他在為人處世方面的技巧就相去甚遠。司馬遷評價他「為人峭直深刻」，這個評價也不過分。「一個好漢三個幫」，晁錯似乎並不懂得這個道理。在晁錯眼中，只有一個景帝而沒有眾大臣。他幾乎是孤軍奮戰，全力依靠景帝的支持。而景帝對他確實也很賞識，稱他為「智囊」，這又不免助長了他的恃才傲物。晁錯並不缺乏政治家的遠大目光，但他缺少了政治家必需的通融、機智和寬容。他的雷厲風行的改革，他所受到的「寵幸傾九卿」的待遇，極容易遭到眾大臣的嫉恨，於是明槍暗箭一起向他襲來。《史記》記載：

景帝即位，以錯為內史。錯常數請間言事，輒聽，寵幸傾九卿，法令多所更定。丞相申屠嘉心弗便，力未有以傷。內史府居太上廟壖中門東出，不便，錯乃穿兩門南出，鑿廟壖垣。丞相嘉聞，大怒，欲因此過為奏請誅錯，錯聞之，即夜請間，具為上言之。丞相奏事，因言錯擅鑿廟垣為門，請下廷尉誅。上曰：「此非廟垣，乃壖中垣，不致於法。」丞相謝。罷朝，怒謂長史曰：「吾當先斬以聞，乃先請，為兒所賣，固誤。」

丞相申屠嘉完全是由妒生恨、借題發揮，意在置晁錯於死地，未曾想被景帝輕輕擋了回去。「吾當先斬以聞」，從申屠嘉懊喪的話語中可以想見他

對晁錯是如何痛恨。至於袁盎，更是視晁錯為天敵，兩人見面則避，未嘗同堂而語。還有許多大臣，礙於龍威，不敢公開表示自己對晁錯的嫉恨。此時的晁錯，正如坐在火山口上，危機四伏。外有「七國之亂」，內有數大臣聯名彈劾，加上袁盎讒言，景帝翻臉，晁錯竟成為天下皆曰可殺的罪人。牆倒眾人推，最終不免落了個可悲的下場。

二、善於附會的袁盎

袁盎，字絲，楚人。文帝時任中郎將，後歷任齊相、吳相。從司馬遷的筆下我們可以看出袁盎很善於交際。上至公卿權貴，下至鬥雞走狗之徒，他都能結交。他任隴西都尉時，與士兵關係處得相當融洽，以至「士卒皆爭為死」。袁盎與人交際的手段很高明，口才好，常常能說出一番慷慨動聽的道理去打動對方，博取對方的信任。《史記》詳細描述了他是如何結交權臣申屠嘉的。

（盎）道逢丞相申屠嘉，下車拜謁，丞相從車上謝袁盎。袁盎還，愧其吏，乃之丞相舍上謁，求見丞相。丞相良久而見之。盎因跪曰：「願請間。」丞相曰：「使君所言公事，之曹與長史掾議，吾且奏之；即私邪，吾不受私語。」

申屠嘉顯然對袁盎沒有好感，否則不會對一個上門的客人說一通「不受私語」之類的官話。袁盎碰了釘子以後並沒有灰心，反而從容鎮定地說出了一番使申屠嘉面紅耳赤的大道理。

袁盎即跪說曰：「君為丞相，自度孰與陳平、絳侯？」丞相曰：「吾不如。」袁盎曰：「善，君即自謂不如。夫陳平、絳侯輔翼高帝，定天下，為將相，而誅諸呂，存劉氏；君乃為材官蹶張，遷為隊率，積功至淮陽守，非有奇計攻城野戰之功。且陛下從代來，每朝，郎官上書疏，未嘗不止輦受其言……，何也？則欲以致天下賢士大夫。君今自閉鉗天下之口而益愚。夫以聖主責愚相。君受禍不久矣。」

這一席話打動了申屠嘉，感動之餘申屠嘉將袁盎「引入與坐，為上客」。兩人遂情好日密。

　　司馬遷是很偏愛袁盎的。他對袁盎的評價是「仁心為質，引義慷慨」。看袁盎向申屠嘉所說的一番話，也確乎仁義盡致。從司馬遷的筆下，我們又漸漸得知，袁盎原來是一位在當時聲名遐迩的忠義賢良的君子。他因屢次直言進諫而「名重朝廷」，又因以禮善待民間俠士而獲得廣泛的敬重。後來袁盎因立嗣之事得罪了景帝的弟弟梁王，梁王派刺客來殺袁盎。「刺者至關中，問袁盎，諸君譽之皆不容口。乃見袁盎曰：『臣受梁王金來刺君，君長者，不忍刺君。然後刺君者十餘曹，備之。』」刺客竟被袁盎「諸君譽之」的美名所震攝，不僅不忍刺之，反而如實向袁盎坦白了自己的身份。

　　可是，以「實錄」精神著名後世的司馬遷雖然對袁盎有所偏愛，卻在筆端仍然流露了另一些事實的痕跡，這就成了我們進一步瞭解袁盎其人的重要依據。

　　袁盎將任吳相，其侄子袁種（官任侍騎）前來送行，「種謂盎曰：『吳王驕日久，國多奸。今苟欲劾治，彼不上書告君，即利劍刺君矣。南方卑濕，君能日飲，毋何，時說王曰毋反而已。如此幸得脫』。盎用種之計，吳王厚遇盎」。此時的吳王，「即山鑄錢，煮海水為鹽，誘天下亡人」，反形已露。而自诩「賢士大夫」的袁盎這時卻裝聾作啞，不聞不問。「時說王曰毋反」其實是句空話。袁盎懼怕吳王的「利劍刺之」，一改自己在朝廷「引義慷慨」的形象，同吳王劉濞打得火熱，更為奇怪的是袁盎回到朝廷後還屢次為吳國打包票，「言不反」。袁盎同吳王的關係不禁令人生疑。

　　再看袁盎在皇帝面前的所謂「直諫」，幾乎很少論及治國方略，論人是非長短是他經常說的話題。司馬遷說袁盎「善附會」，說穿了不過是頭腦靈活，善於左右逢源罷了。袁盎向申屠嘉說的那番話，看起來義正詞嚴，實際上袁盎醉翁之意不在酒，他結交申屠嘉的目的是陷害晁錯，後來的事實也證明了這一點。

　　袁盎雖有小聰明，卻無大本事，論治國才智遠不及晁錯。可是這樣一個人卻憑著誇誇其談而享有世人的廣泛稱讚，真是「盛名之下，其實難副」。

三、晁袁恩怨

　　袁盎與晁錯，真可謂不是冤家不聚頭。「盎素不好晁錯。錯所居坐，盎輒避；盎所居坐，錯亦避，兩人未嘗同堂語。」究竟什麼原因使兩人竟如仇敵一般？袁盎之所以「素不好」晁錯，原因無非有二。一是性格上的不合，晁錯即是「為人峭直刻深」，但也許袁盎天性上不喜歡晁錯；二是出於嫉妒，晁錯「常數請間言事，輒聽，寵幸傾九卿」，妒晁者非袁盎一人。但這兩條原因，似乎並不能導致兩人見面則避、「未嘗同堂語」的矛盾。司馬遷於此語焉未詳。細究起來，終於發現了線索。「及孝景即位，晁錯為御史大夫，使吏案盎受吳王財物。」司馬遷將這件事寫成是袁晁兩人矛盾的結果，其實這正是袁晁兩人矛盾的根本原因。袁盎任吳國丞相期間，對吳王的謀反行徑並不是不知道，但他沒有盡職勸誡，反而與吳王打得火熱，「吳王厚遇盎」。至於袁盎得到吳王多少好處我們無從得知，但晁錯指控袁盎「多受吳王金錢，專為蔽匿，言不反」，卻不是虛言。直到吳國公開叛亂，袁盎還在景帝面前替吳王開脫，「袁盎具言吳所以反狀，以錯故」。及至袁盎奉景帝命到吳王軍中做說服工作。吳王一見面就要重用袁盎，更顯得袁盎與劉濞關係確實非同一般。對於袁盎與吳王劉濞之間明來暗去的關係，身為御史大夫的晁錯是有察覺的，指控袁盎也正是晁錯職責範圍內的事。晁錯「削藩」的主張是人所共知的，如果袁盎不是心中有鬼，就不會對晁錯又恨又怕。「錯所居坐，盎輒避」，其實是一種心虛的表現。袁晁二人，一個曾先後任齊相、吳相，與地方封國之間有千絲萬縷的聯繫；另一個卻是為主「削藩」，自然要對「多受吳王金錢」的人嗤之以鼻。如此看來，袁晁之間的矛盾就不難理解了。

　　太史公將袁晁二人矛盾歸結於晁錯「欲報私仇」是說不通的，晁錯與袁盎的矛盾，不僅僅是簡單的個人恩怨，與其說是官僚之間的傾軋，不如說是中央政府與地方封國矛盾的一個體現。西漢初年中央政府與地方封國之間的矛盾，固然有統治階級內部爭權奪利的一面，但也有進步和倒退之分，有統一和分裂之別。如果七國的叛亂得逞，歷史勢必回到戰國時代的割據局面，戰亂不休，生靈塗炭。晁錯從加強中央集權、維護統一的立場出發，對割據

勢力進行打擊，自然免不了同地方封國在朝廷的代言人袁盎之流發生對立。晁錯對袁盎的打擊，並不是報私仇，而是其「削藩」政策的一個步驟。

太史公抑晁揚袁的傾向是很明顯的。對於袁盎接受吳王賄賂之事，太史公既不說有，也不說無；對於袁盎同吳王的關係，筆下也是多有迴避，然而字裡行間卻總掩不住蛛絲馬跡。「七國之亂」中，袁盎從吳軍中隻身逃脫一段的描寫，就很令人懷疑。

袁盎以太常使吳。吳王……使一都尉以五百人圍守盎軍中。袁盎自其為吳相時，有從史嘗盜愛盎侍兒，盎知之，弗泄，遇之如故。人有告從史，言「君知爾與侍者通」，乃亡歸。袁盎驅自追之，逆以士卒饑渴，飲酒醉，西南陬卒皆臥，司馬夜引袁起曰：「君可以去矣，吳王期旦日斬君」，盎弗信，曰：「公何為者？」司馬曰：「臣故為從史盜君侍兒者。」乃以刀決張，道從醉卒隧出。司馬與分背，袁盎解節毛懷之，杖，步行七八里，明，見梁騎，騎馳去，逐歸報。

這一段文字竟如小說家言，不禁使人疑從中來。故事很有點曲折性，可惜編造的痕跡相當大，而故事的編造者可以說就是袁盎本人。如果有一個旁證，卻也證明袁盎的逃脫如上所言。可是故事中的那位從史（亦即校尉司馬）卻在救出袁盎後，半道與之分手，再也無影無蹤。袁盎一個人「步行七八里」「見梁騎，騎馳去，逐歸報」。既然沒有旁證，以袁盎的口才，編出一段故事就並不是什麼難事了。另外，《戰國策·齊三》載孟嘗君舍人與君夫人相愛的故事，與袁盎這則故事如出一轍，更說明上述故事的不足為信。

以袁盎和吳王的關係，吳王禮送他出營是完全可能的。袁盎屢次為吳國說話並因此吃過苦頭，景帝曾貶袁盎為庶人。這一切吳王劉濞心中有數。袁盎至吳營，自然要將他在景帝面前如何為七國開脫，如何彈劾晁錯之類的話告知吳王，雖不能說是邀功領賞，但也定會得到吳王的一番感激。吳王深知袁盎是不會公開和自己一起做亂臣賊子的，與其留他，不如把他放回皇帝身邊，如此對自己反而更有利。至於說吳王曾揚言要殺袁盎，只不過是對外散出的煙霧罷了。

總之，袁盎同吳王劉濞之間的關係是相當密切的，他在「七國之亂」前後多次為吳楚等國造輿論、言不反，也是確有其證。以此為著眼點，來考察晁錯與袁盎之間的矛盾糾紛，才是解決問題的關鍵。司馬遷欲抑晁揚袁，故有意迴避問題的實質，將晁袁矛盾寫得好像與生俱來。司馬遷之所以抑晁，是由於他本人曾遭腐刑之辱，對法家的酷吏峻法深惡痛絕，而晁錯曾「學申商刑名於軹張恢先所」，其所作所為又都是法家的一套，自然不得司馬遷歡心。世上沒有無緣無故的愛，也沒有無緣無故的恨。司馬遷的不喜晁錯，以及袁盎「素不好」晁錯，將晁錯置於死地，各有其深刻的原因。

四、寡恩的漢景帝

晁錯的被殺，景帝是逃脫不了責任的。由於歷史上有「文景之治」的美稱，所以景帝一直被人們當做好皇帝而稱頌。其實稍加分析，即可發現景帝實在是一個刻深寡恩的人。在平定「七國之亂」中功勳卓著的周亞夫也是為景帝所逼死。景帝之後王氏欲封其兄王信為侯，亞夫當庭反對說：「高皇帝曰『非劉氏不得王，非有功不得侯。不如約，天下共擊之』。今信雖皇后兄，無功，侯之，非約也。」景帝對此事耿耿於懷，不久借亞夫之子為父購買五百副甲盾做葬器一事，以謀反罪捕亞夫，亞夫「因不食五日，嘔血而死」。不獨對功臣無感念之情，就是對親生兒子，景帝也毫無親情。景帝之子劉榮，先封皇太子，不久被廢，黜為臨江王，後因侵占宗廟外牆罪被召至京，被逼自殺。無怪乎明人王世貞嘆曰：「景有三冤臣焉，大夫錯，丞相亞夫，臨江王榮。嗚呼！文德遠矣。」

晁錯為太子家令，與景帝朝夕相處，「甚得幸太子，太子家號曰『智囊』」。景帝登基，對晁錯一度言聽計從，十分恩寵。君臣之間也有著一定的感情。可是景帝是個很沒有政治擔當的人，當晁錯為漢家江山計提出「削藩」，他便欣然採納；而一經實施引起「七國之亂」，景帝便驚慌失措，糊塗中竟聽信袁盎，錯殺晁錯。

上問曰：「計安出？」，盎對曰：「願屏左右。」上屏人，獨錯在。盎曰：臣所言，人臣不得知也。乃屏錯。上卒問盎，盎對曰：「吳楚相遺書，曰：高帝王子弟各有分地，今賊臣晁錯擅適過諸侯，削奪之地。故以反為名，

西共誅晁錯，復故地而罷。方今計獨斬晁錯，發使赦吳楚七國，復其故削地，則兵可無血刃而俱罷。」於是上默然良久，曰：「顧誠何如，吾不愛一人以謝天下。」

袁盎的陰險毒辣，景帝的糊塗寡恩，躍然於紙上。吳楚七國的反叛念頭由來已久，吳王劉濞對此毫不隱諱，他聲稱：「寡人節衣食之用，積金錢，修兵革，聚谷食，夜以繼日，三十餘年矣凡為此。」七國之所以打出「誅晁錯，清君側」的旗號完全是一種策略，景帝竟然連這至明至淺的道理也沒有弄懂，以為殺了晁錯就可以向七國交代，真是糊塗之極，不負責任之極！

晁錯曾預料吳楚等國「削之亦反，不削之亦反」，應該說他是應付有方，成竹在胸。可是一旦七國真的起兵，晁錯也不免手忙腳亂。他向景帝獻出計策「陛下不如自出臨兵，使錯居守」。他哪裡知道景帝並非當年的漢高祖，而他自己也並非當年的蕭何。無怪乎本來驚慌失措的景帝聽到晁錯的建議大吃一驚。看晁錯上奏的文字，論起治國用兵，也能說得頭頭是道，然而一旦真的面對複雜現實，卻是亂了方寸。說話易，寫文章易，而實際行動難，這也許是晁錯一類讀書人的通病。

景帝很快意識到殺晁錯是荒唐愚蠢的舉動。「謁者僕射鄧公，為校尉，擊吳楚軍為將。還，上書言軍事」，鄧公曰：「吳王為反數十年矣，發怒削地，以誅晁錯為名，其意非在錯也。且臣恐天下之士噤口，不敢復言也！」「夫晁錯患諸侯疆大不可制，故請削地以尊京師，萬世之利也。計劃始行，卒受大戮，內杜忠臣之口，外為諸侯報仇，臣竊為陛下不取也。」景帝默然良久，曰：「公言善，吾亦恨之。」晁錯在當時幾乎成為千夫所指的奸人，鄧公的一番話更顯出難能可貴。景帝的後悔是真心的，後悔的同時便對袁盎等人生出了怨恨。

「七國之亂」平息後，袁盎卻被免官在家。具體原因司馬遷沒有交代。分析起來，袁盎的失寵一是因為他與吳王勾勾搭搭的關係，二是與晁錯的被殺有關。景帝愈是後悔錯殺晁錯，便愈覺得自己上了袁盎的當。袁盎之死似乎為我們提供了景帝怨恨袁盎的證據。

景帝的弟弟梁王欲為景帝后嗣，曾遭袁盎等人的反對，「梁王以此怨盎」，使人刺死袁盎。這個案子的全部真相景帝是瞭解的，可是景帝非但對梁王沒有任何斥責的表示，反而對於掩蓋真相的大臣田叔「大賢之」。司馬遷認為景帝是因為竇太后的原因而庇護梁王，其實還有一點司馬遷沒有注意到，就是景帝也同樣怨恨袁盎，雖然拿不出證據說明景帝是梁王刺殺袁盎的合夥人，但也不能排除景帝是梁王刺殺袁盎的一個默默支持者。

晁錯因袁盎的讒言致死，袁盎又因晁錯之死而遭受景帝怨恨，不久被梁王刺客殺死。晁袁之間的歷史公案，令後人回味不已，袁盎雖然死於非命，但他以善於搖唇鼓舌、附會行事、貌似仁義、八面玲瓏而受到時人普遍的讚譽；而慮於國事，「不顧其身，為國家樹長畫」的晁錯卻在當時落了個天下罵名。袁盎暗通吳王，內讒晁錯，司馬遷卻稱讚他「仁心為質，引義慷慨」，大奸似忠，矇蔽了無數人的眼睛；晁錯銳意改革，以身許之，司馬遷卻說他「變古亂常，不死則亡」，嘲諷之意一望便知。歷史上的忠奸不分、黑白顛倒令人感嘆不已！古語曰「直如弦，死道邊」，對於自己不死即亡的下場，其實晁錯本人看得很透徹。「錯所更令三十章，諸侯皆喧嘩疾晁錯。錯父聞之，從潁川來謂錯曰：『上初即位，公為政用事，侵削諸侯，別疏人骨肉，人口議多怨公者，何也？』晁錯曰：『固也。不如此，天子不尊，宗廟不安。』錯父曰：『劉氏安矣，而晁氏危矣，吾去公歸矣！』遂飲藥而死。」老父不忍見諸禍加己身，飲藥自盡。此時的晁錯，焉有不知前途凶多吉少之理？然而「我不入地獄，誰入地獄」。銳意改革，知難而上，惜乎中國歷史上如此人物不是太多，而是太少！

▋縱橫大漠的衛青

大漢無中策，匈奴犯渭橋。

五原秋草綠，胡馬一何驕？

命將征西極，橫行陰山側。

燕支落漢家，婦女無花色。

轉戰渡黃河，休兵樂事多。

蕭條清萬里，瀚海寂無波。

這是唐朝詩人李白的一首邊塞詩，形象地描述了從漢文帝到漢武帝期間，對匈奴由「和親」到大舉軍事進攻的政策轉變。西漢王朝自建立之日起，就不斷地受到北方匈奴的侵擾。雄才大略的漢武帝一改文帝、景帝的柔弱，在長期準備的基礎上，對匈奴發起了一次又一次猛烈攻擊。非常之世，非常之事，必然需要非常之人去擔當成就。衛青，就是這場大規模戰爭中湧現的名將之星。

一、出身低微

衛青，字仲卿，西漢河東平陽人（今山西臨汾西南），但他並不出生在平陽，而是出生在京城平陽侯府中一個奴婢之家。平陽是有名的平陽侯曹氏的封國所在地。第一代平陽侯是西漢王朝的開國元勛曹參，他被漢高祖劉邦封在平陽為侯，食邑萬餘戶，就是說，朝廷把平陽縣一萬多戶上繳的賦稅分給曹氏家族享用。曹參後來做了漢朝的相國，執政期間減輕老百姓的負擔，政績卓著。曹參死了以後，由他的子孫們繼承了他的爵位和封國。

平陽侯曹壽是曹參的曾孫，他娶漢武帝的姐姐陽信長公主為妻。陽信長公主隨丈夫的封號，被稱為平陽公主。平陽侯和平陽公主，平時並不住在平陽縣封國中，而是生活在京城長安。平陽侯因與皇家聯姻，勢力顯赫，府中奴婢成群。封國平陽縣還要派差役輪流到長安侯府中服役。在奴婢中有一名女奴，史書中沒有留下她的名字，因為她的丈夫姓衛，所以被稱為「衛媼」。「媼」不是名字，而是古代婦女的通稱。衛媼共生了六個孩子，三男三女；長男衛長君，長女衛君孺，次女衛少兒，三女衛子夫，次男衛青，三男衛步廣。其中前四個孩子是與丈夫所生，後兩個兒子則是私生子，本不姓衛，只是由於後來衛氏受到皇帝寵幸，所以也都冒充姓衛。

衛青的生父名叫鄭季，是平陽縣派到平陽侯府服務的差役。在侯府中當奴婢的衛媼與鄭季私通，生下了衛青。衛青的童年是在平陽公主府裡度過的，雖說是女僕的私生子，但因為身邊有母親呵護，倒也沒受多少苦。稍大後，

他被送到了親生父親鄭季的家裡，這可就不如在母親身邊自在了。鄭季態度粗暴，對子女非打即罵。鄭季的妻子更是討厭衛青這個私生子，她所生的子女對衛青也沒有什麼親情。在鄭家，衛青失去了上學的機會，每天要起早放羊。為了放好羊群，少年衛青每天披星戴月，跋山涉水，尋找草地，常遭風吹雨打，往往是忍饑受凍勞累一天，回到家中還遭到鞭打辱罵，得不到一點溫暖。少年衛青從小就飽嘗了人間的苦難，也養成了堅毅隱忍的性格。

衛青逐漸長大，再也不願在鄭家待下去，他來到了京城，回到了仍在平陽侯府裡做事的母親身邊。此時的衛青已經成長為英俊青年，坎坷的經歷使他變得成熟懂事、善解人意，加上他善於騎射，很快就得到了平陽公主的賞識，並成為平陽公主的侍從騎奴，常騎馬隨從平陽公主出遊。雖然也是奴僕，但這裡的生活，與陰暗的童年生活相比，已是一種全新的感覺。身處公主府中，見慣了上層社會的你來我往，皇親國戚的恩怨是非，衛青不但學到了一些文化知識，而且領悟了許多做人做事的道理。

衛青同母異父的姐姐衛子夫，在平陽公主府裡做歌女。衛子夫不僅長得非常美麗，而且歌唱得委婉動聽。有一次，漢武帝出遊霸上，返回途中在姐姐平陽公主家歇腳。平陽公主設宴款待，席間還有歌舞表演。才貌雙全的衛子夫被武帝一眼看上，平陽公主樂得成全，將衛子夫送入宮中。

有了這一層關係，衛青也得以進入皇宮。一次他進入甘泉宮，見到在宮中服役的一個刑徒。這人自稱會看相，他上下看了看衛青，說衛青不得了，是個貴人，將來可以封侯。衛青聽了覺得很滑稽，想想自己不過是一個女僕的孩子，從小挨打受罵，將來能不挨鞭子，不被喝斥，就算是自己好運了，哪還敢奢望什麼封侯。但是人的命運，既不是上天安排已定，也不是自己所能預料和把握的。這時的衛青無論如何也不會想到，自己日後竟然拜將封侯，建功漠北。

沒過多久，因為姐姐衛子夫的關係，衛青被皇上召到建章宮當差。

衛子夫入宮不久就有了身孕，這件事引起了陳皇后的強烈嫉妒。陳皇后是武帝姑母、漢景帝姐姐劉嫖的女兒，叫陳阿嬌。傳說漢武帝劉徹小的時候，有一天姑母劉嫖把他抱在腿上，問他想不想娶媳婦，劉徹說想娶，姑母就指

著左右一百多名侍女讓他看，劉徹都說不要，最後姑母指著自己的女兒陳阿嬌問：「阿嬌好不好？」劉徹回答說：「好，如能得阿嬌做媳婦，就造一座金屋把她藏起來！」於是留下了「金屋藏嬌」的著名典故。劉徹後來做了皇太子，果然娶陳阿嬌為妻。等到漢景帝死後，劉徹即位做皇帝，就立陳阿嬌為皇后。但婚後幾年，一直沒有孩子，為此，武帝心中很煩悶。

當皇后陳阿嬌得知衛子夫懷孕時，心中非常懊惱。她擔心的是，如果衛子夫生下男孩，就會被立為太子，母以子貴，衛子夫也就會扶搖直上，甚至可能成為皇后。陳阿嬌深感自己的地位受到了威脅。雖然嫉恨不已，但礙於皇帝對衛子夫的寵愛，陳阿嬌不敢直接加害於她，無奈之下，只得經常跑到母親大長公主面前哭訴。大長公主深知此中的利害，唯恐女兒失寵，也連帶著影響到自己的尊榮。於是想出一計：從衛青身上尋找突破口。大長公主指使人隨便找了個藉口，把衛青逮捕下獄，準備把他處死。當時衛青有一個好友，名叫公孫敖，是皇帝身邊的一個侍從，他聽到衛青被捕入獄的消息後，率領平時和衛青要好的幾名壯士，闖進囚室，把衛青救走。漢武帝得知此事後，知道是陳皇后和她母親在背地使壞，為了壓一壓皇后的囂張氣焰，他立即封衛子夫為夫人，地位僅次於皇后。漢朝時，皇帝的正妻稱為皇后，妾稱為夫人。此外，嬪妃的稱號還有昭儀、婕妤、美人、八子、七子、良人、長使、少使等。武帝除了封衛子夫本人之外，又召她的哥哥衛長君、弟弟衛青到朝中做官，並授以侍中的職稱。侍中是一種加官，就是在本來官職之外又加授的稱號。獲得這一稱號的人，可以出入宮禁，接近皇帝，當時的朝臣都想得到這一殊榮。武帝不但授衛氏兄弟官職，而且幾月之內的賞賜累計千金。不久，衛青又被提升為太中大夫，在朝廷中掌管議論，成為武帝身邊親近的顧問官。衛青不但大難不死，反而因禍得福。衛子夫為漢武帝生了三個女兒之後，終於在元朔元年（公元前128年）的春天，生下一個男孩，起名叫劉據。武帝非常高興，這時陳皇后已經被廢，於是衛子夫被立為皇后。七年後又立劉據為皇太子。隨著衛子夫母子獲得尊榮，衛氏家族也就成了當時最顯赫的外戚。

二、直搗龍城

漢武帝劉徹是西漢雄才大略的皇帝。他即位後，很想有一番作為。在大規模反擊匈奴的前夕，還明確提出要改革朝政。他說：「漢家各種政事只是剛剛開始，再加上匈奴的侵略和欺侮，我如果不變更制度，後世不知道怎麼辦；不派兵反擊匈奴，天下就永無寧日。」漢武帝總結了漢初「和親」政策不能制止匈奴入侵的教訓，得出一個結論，那就是，對匈奴只能靠武力折服而不能一味用懷柔手段。為了打敗匈奴，他作了充分的戰爭準備。

政治上，漢武帝在文景「削藩」的基礎上，採取了主父偃提出的「推恩令」，名義上是皇帝「推恩」諸侯子弟，實際上是使藩國自己分崩離析。「推恩令」一施行，諸侯王國越分越小，分出來的小王國，都歸中央管轄，於是中央集權的郡縣制相對擴大了。「推恩令」是賈誼、晁錯「削藩」政策的繼續和發展，對於打擊諸侯勢力，穩定國內局勢造成了重要作用。武帝還鎮壓平息了淮南王、衡山王的武裝叛亂，徹底結束了西漢建國以來諸侯王反覆鬧事叛亂的局面。西漢內部的穩定，為大規模反擊匈奴作了政治上的充分準備。

經濟上，漢武帝繼承了文景以來的經濟成就，並進一步發展了生產。經過幾十年的發展，西漢財力充裕、儲糧豐足、人丁興旺，國力大大提高。在京師長安，巨富豪商比比皆是，朝廷的糧倉堆積如山。經濟的發展為漢武帝發動大規模抗匈奴戰爭提供了雄厚的物質力量。

漢武帝還做了其他的輔助準備，他即位的第三年（公元前 138 年），就派張騫出使月氏。張騫出使途中被匈奴扣留十多年，雖不能達到預定的結盟目的，但他路過大宛（今中亞一帶）、康居（大宛北）、大月氏、大夏等地，透過廣泛接觸，使許多小國對漢朝有所瞭解，為孤立匈奴起了一定的作用。

軍事上，漢武帝採取的一項重要的戰備措施就是大養戰馬。西漢政權剛建立時，由於連年的戰爭，馬匹奇缺，以至於連漢高祖劉邦的駕乘想找到四匹顏色一樣的馬都很困難，文武大臣就只能乘牛車了。漢高祖平城被圍時，所帶的兵眾並不少，有三十二萬之眾，但多數是步兵，行動遲緩，缺乏衝擊力，無法對付匈奴的騎兵。要反擊匈奴，必須要有一支強大的騎兵部隊。而

　　要發展騎兵，首先就要進行馬政建設。文景時期就開始奉行養馬政策，朝廷採取了三個辦法來增加馬匹。一是用錢買。二是用免除兵役的辦法，鼓勵人民獻馬，規定獻一匹馬，可以免除三個人的兵役。三是政府開闢一些苑囿，用來養馬。這些措施終於換來了馬政的迅速發展。武帝即位後，在繼續實行這些辦法的同時，為了滿足與匈奴作戰的急需，還採用增加賦稅負擔的辦法來買馬，甚至強行徵調民間的馬匹。為了加速養馬，武帝制定了獎功罰過的制度，並親自檢查御苑馬匹的飼養情況。經過長期的經營，馬政建設終於收到了顯著成效。當時城市的大街小巷隨處可以見到馬，田野上也是馬匹成群。國家廄馬更是多至四十多萬匹，民間的馬匹也相當可觀。後來衛青率軍與匈奴進行漠北決戰，僅私人帶去的馬就有四萬匹。

　　要反擊匈奴，光有戰馬還不行，還要有大批駕馭戰馬的訓練有素的騎兵。漢武帝即位後不久就創設了「八校尉」，即中壘校尉、屯騎校尉、步兵校尉、越騎校尉、長水校尉、胡騎校尉、射聲校尉、虎賁校尉，作為自己的嫡系親軍，而其中屯騎、越騎、長水、胡騎四校尉均是騎兵部隊。由於少數民族擅長騎射，所以漢朝的騎兵中有一部分是少數民族，但大多數還是漢人。這些漢人騎兵主要也不來自中原內地，而是來自西北邊郡。因為中原地區自古以農耕立國，人口比較密集，地勢溫濕，不適宜遊牧，不具備產生騎兵的環境條件。而西北邊郡卻地廣人稀，水草肥美，適宜畜牧，屬於遊牧和半遊牧區，加之地理位置靠近少數民族，深受他們的習俗影響，耳濡目染，從小受騎射的訓練，所以漢朝的騎兵主要出自金城、天水、隴西、安定、北地、河東、上黨、上郡、漁陽、上谷等西北邊郡。漢代歷史上傑出的騎兵將領，也多出自西北地區，如衛青、霍去病、李廣、趙充國等。

　　在大規模反擊匈奴的前夕，漢王朝內部曾就是否繼續對匈奴實行「和親」政策發生過一場爭論。

　　公元前 133 年，匈奴大舉進犯代郡、雁門，並有侵犯長安之勢，漢王朝受到嚴重威脅。緊急關頭，漢武帝召開了御前會議，明確表示了自己準備放棄「和親」政策，舉兵反擊匈奴的主張，並徵求臣下的意見。大行令王恢表示贊同。他認為戰國時期中原尚能擊退匈奴入侵，而今四海統一，邊塞兵精

糧足，匈奴仍侵盜不已，沒有別的原因，就是漢朝忍辱退讓所造成的，現在正是大舉反擊、制服匈奴的時候。御史大夫韓安國則表示反對。他以西漢初年漢高祖平城之敗為借鑑，認為匈奴地處遠方絕地，加上居無定所，很難攻擊制服，漢王朝不可輕舉妄動，最好還是繼續奉行「和親」政策。王恢針鋒相對地指出，應根據形勢的變化，改變過時的「和親」政策。針對韓安國提出的匈奴飄忽不定，不易攻擊和制服等特點，王恢以秦朝蒙恬擊退匈奴，使匈奴不敢南下飲馬於河的歷史故事為例，認為戰勝匈奴是完全可能的，並指出以西漢當時雄厚的實力去反擊匈奴，完全可以制服匈奴。

一番爭論使漢武帝抗擊匈奴的決心更加堅定，他親自部署，制定了在馬邑伏擊匈奴的作戰計劃。雖然後來「馬邑之謀」因為匈奴的察覺而流產，但從此揭開了西漢大規模反擊匈奴的序幕。

朝廷的爭論和馬邑伏擊的流產，也使漢武帝對朝中一班文武老臣失去了信心，感到他們很難將自己的宏圖大略付諸實施。處非常之世，做非常之事，用非常之人。為了使自己的主張得到徹底地貫徹，武帝不講門第，不論出身，大力提拔優秀的年輕將領。衛青、霍去病就是武帝一手提拔的新生力量。衛青一開始是太中大夫，本是個文官之職。武帝透過接觸和觀察，發現衛青善於騎射，並且沉著堅毅，剛強勇猛，是個潛力很大的將才，於是將其文職改為武職，任之為將軍。公元前 129 年，武帝拜衛青為車騎將軍，將年輕的衛青推上了戰爭的前臺。

在一代雄主漢武帝的手下，衛青開始成就自己的輝煌人生。

公元前 129 年冬天，為了打擊匈奴的不斷進犯，漢武帝決定分兵四路出擊：車騎將軍衛青從上谷（今河北懷來縣）進軍；輕車將軍公孫賀從雲中（今內蒙古托克托縣）出師；騎將軍公孫敖從代郡出兵；驍騎將軍李廣從雁門出軍。四路將領各領一萬騎兵。當時漢朝對匈奴作戰，通常都是匈奴進攻而漢朝防禦，或者是小規模的出擊戰，行軍途中的遭遇戰等，像如此大規模的進攻戰，過去還從來沒有過。漢武帝敢想敢幹，四路大軍中，衛青和公孫敖都是少壯派，沒有帶領大兵團作戰的經驗。衛青雖是首次出征，但是沒有辜負重託。他在戰鬥中勇略非凡，領兵打出長城，深入匈奴境內，直達匈奴首府龍城，

斬敵七百人，取得初戰勝利。其餘三路，公孫敖損失了七千人馬，李廣戰敗被匈奴俘獲後於半路逃歸，公孫賀則是無功而返。戰爭結束後，李廣和公孫敖都被交付執法官吏審判，按當時的軍法應該處死，好在當時允許出錢出谷，贖罪免死，李廣和公孫敖被削去官職，降為平民。公孫賀一路，出兵繞了一圈，沒有遇到匈奴騎兵，自然無功無過。

　　總的來看，漢朝這次用兵得不償失，損失慘重，但是衛青的小勝，意義非同一般。龍城乃是匈奴單于大會諸國，祭祀天地、祖先的神聖之地，漢軍將它一舉攻破，對匈奴的精神打擊遠比軍事打擊要沉重得多，漢軍也因此而深受鼓舞，士氣大為高漲。更為重要的是，這是漢軍第一次把戰場擺到了匈奴的境內，而衛青率輕騎奔襲成功，則為漢軍提供了遠途奔襲作戰的最初範例。衛青此戰的勝利，不僅是他個人軍事生涯的第一個勝利，而且也是漢武帝反擊匈奴戰爭的第一個勝利。漢武帝對衛青的勝利非常看重，為此封衛青為關內侯。

三、收復河朔

　　匈奴的報復性進犯更加猖狂。公元前 128 年，正當秋高馬肥時，匈奴騎兵大舉南下，先攻破遼西（今遼寧義縣西），殺死了遼西太守，殺掠兩千多人。緊接著又打到漁陽，駐守漁陽的漢將韓安國被殺得大敗。匈奴騎兵乘勝西進，勢如破竹，銳不可當，很快便突入雁門。西漢整個北部邊郡形勢緊張，京師長安一片驚慌，各地告急的文書雪片般地飛奏朝廷。

　　邊境吃緊，漢武帝重新起用了賦閒在家的李廣，派他到右北平（今遼寧凌源西南）擔任太守。但是匈奴人很狡猾，他們有意避開飛將軍李廣，不向右北平進攻，而是來去如飛，不斷向西北各郡進犯。

　　漢武帝再次授命衛青，主動出擊。衛青在分析了敵我雙方的情況後認為：匈奴雖奔襲千里，斬將奪城，但是士卒疲憊，漢軍則是養精蓄銳，士氣高昂。因此，必須出其不意，速戰速決。他率領三萬多名精騎，揮師北上，迅速趕到雁門前線。經過一番激戰，匈奴被漢軍殺死數千，倉皇逃竄。

公元前 127 年，匈奴騎兵又侵入上谷、漁陽，殺掠吏民數千人。西漢和匈奴的戰爭已經到了白熱化的程度。漢武帝決心用全力收復河朔之地，以消除匈奴的威脅。

秦漢時期的河朔之地即今鄂爾多斯高原中的河套平原，是夾在賀蘭山、陰山和鄂爾多斯高原之間的一塊斷陷沖積平原。黃河貫穿整個平原，不僅有利於航運，而且還帶來了豐富的水利資源。加之這裡地勢開闊平坦，土壤肥沃，水草豐盛，很早就得到開發利用，因而成為中原農業民族和北方遊牧民族共同嚮往的沃土。

作為蒙古高原與陝甘黃土高原的分界區域，河朔之地不僅在經濟上具有巨大的優勢，而且在軍事上具有重大的戰略意義。從戰國末年至西漢初年，中原王朝的漢族統治者和北方的匈奴統治者，在這裡曾經展開反覆爭奪，最終是匈奴人取得勝利，占據了河朔之地。這裡距離西漢的國都長安不足千里，匈奴的騎兵只需急馳一二日便可到達。屏蔽長安的北地、上郡等地不時成為漢匈交戰的前線，長安也就一直處在匈奴鐵騎的威脅之下。對於西漢王朝來說，匈奴占據河朔之地，就如一把鋒利的尖刀插在背後，它所構成的威脅，遠比匈奴對西漢邊境接連不斷的襲擾來得嚴重。因此，漢武帝在反擊匈奴之初，首先便想把匈奴勢力逐出河朔之地，以解除心腹之患。

這次戰爭是西漢對匈奴發起的第一次戰略性進攻，戰前，漢武帝深思熟慮，決定採取胡騎東進，漢騎西擊的避實擊虛的戰法，而落實漢武帝意圖的重任，又落到了衛青身上。

河朔之地由匈奴的白羊王、樓煩王重兵把守。按照事先設計好的戰術，衛青率領四萬鐵騎，冒著凜冽的風沙，兵出雲中（今內蒙古托克托）。部隊進攻的方向並沒有直接指向河朔地區，如果這樣做，匈奴兵以逸待勞，西面的匈奴主力也可以及時調兵實行兩面夾擊，那樣漢軍就很難勝利。衛青率部隊先做出去漁陽、上谷救援之態，然後暗度陳倉，實施大迂迴，由東向西，經高闕，直搗河朔草原，同時留下小股部隊繼續佯動，吸引漁陽、上谷的匈奴主力。當兩邊敵人察覺漢軍的作戰意圖時，為時已晚，西面的匈奴主力已

來不及回師救援，而白羊王、樓煩王更是被殺了個措手不及。漢軍一舉活捉敵兵數千人，奪取馬牛羊一百多萬頭，完全控制了河套一帶地區。

漢匈河朔之戰，雙方投入的兵力不多，規模亦不算大，但它在漢匈戰爭史上卻是一個重要的轉折點。西漢王朝收復河朔之地，使得漢朝的北部邊防線更往北推移至黃河沿岸，為長安增添一道屏障，從而在很大程度上解除了匈奴對關中地區的直接威脅，這不僅大大有利於京都地區的繁榮與發展，而且也有利於西漢王朝在全國統治的加強。

此次勝利，也在軍事上為漢朝打開了勝利之門，多年以來，在匈奴強大的騎兵面前，以步兵作戰為主的漢朝軍隊一直心存畏懼。在這次戰爭中，衛青將騎兵機動戰的優勢發揮得淋漓盡致，體現了高超的指揮藝術。衛青的勝利，改變了漢軍的作戰樣式，打破了長期以來存在的匈攻漢守的關係，證明了匈奴並非不可戰勝。而且，奪取富有戰略意義的河朔地區，極大地減輕了匈奴對於漢王朝腹地的威脅。河朔之戰後，衛青被封為長平侯，食邑三千八百戶。他手下的將領蘇建、張次公功勛卓著，也被封侯。

河朔之地收復後，漢武帝採納大臣主父偃的建議，在河套設立了朔方郡。又把秦朝時候蒙恬沿河修築的舊長城加以修繕，繼續作為抵禦匈奴的屏障。漢武帝還下詔，招募百姓十萬人到河套地區去屯墾備邊，把河朔之地建成一個可以向東、西、北三面出擊匈奴的軍事基地。昔日匈奴刺向漢朝後背的利刃，迅速轉變為漢軍指向匈奴前胸的尖刀。

匈奴單于被河朔作戰的失敗所激怒，從公元前 126 年到公元前 122 年的五年間，匈奴右賢王不斷從代郡、定襄進攻。公元前 125 年，匈奴分兵大舉侵入代郡、定襄、上郡，殺掠了幾千人。第二年春天，漢政府派衛青統領六將軍，帶領十餘萬人，從剛剛收復不久的朔方進行反攻。衛青領兵由高闕隘口北進，同時，將軍李息、張次公出右北平（郡治在今河北平泉市），以牽制匈奴的主力。匈奴右賢王驕傲輕敵，認為漢軍離得遠，一時不可能來。哪知衛青兵貴神速，親率騎兵急行六七百里，悄悄進至匈奴右賢王的駐地附近，趁夜包圍了右賢王的營帳。右賢王喝醉了酒，正與愛妾在帳篷裡酣然大睡，帳篷外沖天的火光，震耳的殺聲，把他從夢中驚醒，慌忙中只帶了愛妾及數

百兵卒突圍北逃，失去指揮的匈奴部隊在混亂中全軍潰散。衛青派遣輕騎校尉郭成等人尾隨追擊，雖然沒有捉住右賢王，但是將右賢王的幕僚們幾乎全部俘獲，另外俘獲兵卒一萬五千人，牲畜數十萬頭。漢軍大獲全勝，然後凱旋。

　　漢武帝對衛青的這次勝利極為看重，當漢軍回師到達邊關的時候，漢武帝派使者捧著印信，在軍中拜衛青為大將軍，加封食邑八千七百戶，並命所有將領都歸他指揮。西漢時期，大將軍的地位十分重要。漢代疆域非常遼闊，所以皇帝御駕親征之事極少，都是由皇帝任遣將帥，授以統兵作戰之權。可以說將帥是國家的爪牙，拜將遣帥是非常莊嚴重大的事情。但是將帥的兵權是臨時性的，戰事一結束，權力就要交回。平時不論是太尉，還是大將軍、將軍，均不統領軍隊，到征伐時才授以臨時兵權。這就是所謂兵無常帥，將無常師。漢代將帥的情況，以漢武帝時最為典型。這一時期戰事頻繁，尤其是對匈奴的軍事行動幾乎年年不絕。一般來說，將軍是軍隊的統帥，但有時戰爭規模大，需要同時任遣幾個將軍，於是就設大將軍，為統領各將軍的主帥，衛青就是這樣。另外，漢代在將軍頭銜之上往往冠以各種名號，見於史書記載的將軍名號有很多，例如：驃騎將軍、車騎將軍、衛將軍、前將軍、後將軍、左將軍、右將軍、上將軍、游擊將軍、將屯將軍、護軍將軍、輕車將軍、材官將軍、伏波將軍、樓船將軍、虎牙將軍、祁連將軍、破羌將軍、護羌將軍、奮威將軍、建威將軍、步兵將軍等。這些名號，分別因種種原因而來，有的因作戰任務，有的因作戰地點，有的因作戰特點，有的因部隊性質，等等。其中有些名號曾有幾人先後擔任，而有些則是某人專用的，如驃騎將軍就是指霍去病。

　　大將軍衛青班師回朝後，漢武帝又行重賞，將衛青三個兒子，包括尚在襁褓中的小兒子也封為侯。對於武帝的特別施恩，衛青堅決推辭說：「微臣有幸戴罪軍中，仰仗陛下的神靈，使得我軍獲得勝利，這全是將士們拚死奮戰的功勞。陛下已加封了我的食邑，我的兒子年紀尚幼，毫無功勞，陛下卻分割土地，封他們為侯，這樣不利於鼓勵將士奮力作戰。他們三人怎敢接受封賞。」衛青奏請皇帝對隨行有功的將校封侯賜爵，漢武帝批準了他的請求，

封賞了隨衛青作戰的公孫敖、韓說、公孫賀、李蔡、李朔、趙不虞、公孫戎奴、李沮、李息、豆如意等。

四、漠北大戰

公元前 123 年，匈奴又出動騎兵萬人侵入代郡，大肆殺掠。漢武帝為了進一步打擊匈奴主力，鞏固邊防，下令大將軍衛青指揮公孫敖、公孫賀、趙信、蘇建、李廣、李沮六將軍，率領十萬餘騎，由定襄北進數百里，殲滅匈奴軍數千人。在這次戰役中，衛青的外甥、年僅十八歲的驃姚校尉霍去病初次參戰，表現非凡。

接著，衛青率全軍返回定襄、雲中、雁門，經過短期休整，再出定襄，擊殲匈奴軍萬餘人。不過此次出征漢軍也有折損，強悍的匈奴騎兵抓住漢軍行軍中脫節的破綻，以數萬重兵包圍了蘇建和趙信率領的三千名騎兵。戰鬥開始時，蘇建和趙信並沒有慌張，指揮部隊頑強抵抗，但是增援的敵軍越來越多，漢軍漸漸不支。趙信原是匈奴降將，見勢不妙，率領八百人投降了匈奴。蘇建則拚死殺出一條血路，孤身逃回了衛青率領的大部隊。蘇建全軍覆沒，議郎周霸建議衛青：「大將軍掛帥以來，還未曾殺過一員副將，應該斬殺蘇建，以立軍威。」但也有人說，蘇建以寡敵眾，失利後不顧一切地逃回，足見他對漢朝的忠誠，這種人不能殺。衛青聽了眾人的話後，表現得很慎重。他深知漢武帝的性格，自己雖然已是大將軍，但絲毫不敢輕率使用生殺予奪的權利。他對部將們說：「我衛青有幸以皇親身份受到寵信，在軍中任職不怕沒有威嚴。周霸勸我殺人立威，我如果這樣做，就會有失人臣應有的本分。即使我有權斬殺將領，也不能因為我的地位尊貴和深受皇帝寵信而擅殺將領於境外，還是將蘇建送到天子面前，讓天子親自裁奪吧！透過這件事讓人懂得做人臣者不敢專權恣縱，不是也很好嗎？」於是，衛青用囚車把蘇建送回長安，交武帝處理。武帝赦免了蘇建的死罪，令其繳納了贖金後貶為平民。

因為蘇建和趙信的失敗，這一次武帝沒有給衛青增加封戶，只是賞了他一千金。對照先前的榮耀，衛青感到了其中的冷暖。與此同時，另外一顆耀眼的軍事之星也在升起，他就是衛青的外甥霍去病。霍去病年輕驍勇，戰績出色，風頭逐漸超過衛青，成為漢武帝的愛將。

此時衛青的姐姐衛子夫年紀漸大，漢武帝又迷上了另一個王夫人。有個叫寧乘的人給衛青出主意，建議他結交王夫人的母親。寧乘說：「將軍您現在食邑萬戶，三個兒子都受封為侯，很重要的是因為衛皇后的緣故。如今王夫人得寵，而她的同姓親戚還沒有富貴，將軍您應當捧著皇上賞賜的千金，去給王夫人的雙親祝壽，這樣對您有好處。」於是衛青就用皇帝的賞金去給王夫人雙親祝壽。王夫人自然很高興，就在武帝面前誇獎衛青。武帝也很高興，覺得衛青挺懂人情世故，就去問衛青怎麼回事。結果，衛青竟然老老實實把事情來龍去脈告訴了武帝。武帝聽了不但沒有怪罪，反而覺得這事辦得好，把給衛青出主意的寧乘封為東海都尉。

透過此事可以看出，衛青雖然身處高位，但無時無刻不謹慎小心。他出自社會底層，對貴賤榮辱、興衰沉浮，有著很深的體會。衛青的難得之處，是身處高位而為人謙遜低調。當時有一個大臣名叫汲黯，性情倨傲，好當面指責旁人的過失，不留情面，即使是皇帝有了錯誤，他也敢於直言進諫，無所顧忌。有一次武帝正對著大臣們高談闊論，暢談自己要如何如何。武帝本是好大喜功之人，大臣們也都知道。但是汲黯就是不給面子，當面說武帝「內心慾望太多，外表又想廣施仁義」，這樣無論如何不可能像古時聖人那樣的。武帝氣得臉色都變了，但也無可奈何。就是這麼一個汲黯，許多人都和他曾有頂撞，但衛青對他的態度卻與眾人不同。當時衛青權傾朝野，炙手可熱，而且他的姐姐又是皇后，一般大臣都敬畏三分，只有汲黯敢與衛青分庭抗禮。有人勸汲黯說：「大將軍現在尊寵無比，群臣無不甘拜下風，您見大將軍不可不拜。」汲黯說：「以他大將軍的身份地位，居然還有只作揖不行跪拜禮的客人，不是更加重了他的聲望嗎？」衛青聽到汲黯的話，不但不生氣，反而對他更加敬重，曾多次向他請教朝中軍國大事，對待汲黯遠遠勝過一般大臣。

匈奴並沒有因為失敗而停止南下侵擾。公元前120年，匈奴又從右北平、定襄二郡南下，掠去千餘人。為了徹底擊潰匈奴，漢武帝一方面採取整理幣制，鹽鐵專賣，加重商稅等措施，以解決戰時的經濟困難；另一方面決定集中兵力，打擊匈奴主力。公元前119年春，漢武帝召集諸將參加會議，決定深入漠北進攻匈奴。武帝說：「趙信叛逃過去，為匈奴單于出謀劃策，他們

總是認為漢軍不敢橫渡沙漠實施攻擊。我們就是要出其不意，率大軍橫越沙漠，直搗單于老巢。」漢武帝組成了兩個大的騎兵集團，令衛青、霍去病各領騎兵五萬人，分為東西兩路，遠征漠北。衛青指揮的西路軍，以公孫賀為左將軍，趙食其為右將軍，李廣為前將軍，曹襄為後將軍。這是漢朝規模最大的一次遠征。因為要深入沙漠腹地，所以軍需供應成了一個大問題。為此，漢武帝特別組織了隨軍運載私人行李的馬匹十四萬匹，並以步兵數十萬人，為大軍轉運輜重糧草，以保障遠征作戰的需要。

行前，漢武帝讓霍去病先行挑選將領騎兵，英勇善戰之士都歸屬到霍去病的部隊，而衛青只有帶著被挑剩的軍士踏上征程。武帝還私下告知衛青，不可任用年老力衰的李廣為前將軍，因此後來衛青調開李廣，而讓戴罪立功的公孫敖跟著自己。對於即將展開的這次漠北之戰，漢武帝心中早已選定了這次戰役的主角，那就是霍去病，他原本打算讓衛青進攻左賢王，讓霍去病率精銳部隊專門對付單于。然而由於偶然的機緣，歷史偏偏在這個時候選擇了衛青，由於情報錯誤，碰上匈奴單于的不是霍去病，卻是衛青。

進軍途中，捕獲了匈奴俘虜，審問後得知匈奴單于駐地的真正所在，於是漢軍改變計劃：霍去病單獨率領一支人馬從代郡出擊，衛青仍按原計劃出定襄。衛青把李廣、趙食其兩部合併，令其從東面進發，約定戰場會齊。衛青自己率領另外兩路人馬，從正面直趨單于駐地。

當匈奴得知漢朝軍隊大舉北伐的消息後，被匈奴封為自次王的漢朝叛將趙信對單于說：「漢兵既然遠涉大漠，必然人困馬乏，我們以逸待勞，必然可以輕而易舉地俘獲漢軍人馬。」單于認為有道理，於是把大量的軍輜糧草向北方轉移，留下的全是精兵，在漠北等待漢軍前來。

大將軍衛青率軍北進，越過了大漠，果然遇到了匈奴單于的軍隊。此時，由前將軍李廣、右將軍趙食其所率的東路軍由於沒找嚮導，迷了路，沒有如期趕到指定地方，造成衛青獨自與單于的精銳部隊交戰的局面。對於這意外的情況，衛青不失大將風度，處變不驚，果斷採取對策。首先，命令部隊用武剛車（戰車）環繞起來築成陣營，立穩陣腳，防止匈奴軍隊發動突然襲擊。其次，派出五千名騎兵，主動向單于軍隊發起衝擊，單于派出一萬名騎兵應

戰，雙方展開了殊死的激戰。一直戰到黃昏時分，忽然狂風驟起，沙石橫飛，交戰雙方相互看不清。衛青當機立斷，利用突然出現的惡劣天氣，抽調大批部隊，分成兩路，從左右兩翼迂迴包圍，夾擊匈奴。等匈奴單于發現夾圍的漢軍時，大吃一驚。只見漢軍兵多將勇、士氣高昂，單于預感到自己的部隊打不過漢軍，怕耽擱下去對自己不利，就急忙趁混亂之時，率幾百名精壯騎兵，沖出包圍，向西北方向逃竄。當時漢軍與匈奴軍在昏暗中混戰廝殺，雙方死傷慘重，沒有發現單于已經不在。直到戰鬥快結束時，才從一名匈奴俘虜的口中得知單于已經棄軍潰逃。衛青立即派出輕騎部隊連夜追趕，自己也率領大部隊緊隨其後。匈奴軍隊乘機四處逃竄。漢軍向西北方向追趕了一百多千米，這時天已亮了，還是沒能追上單于。衛青率軍又向北前進，到達趙信城，繳獲了匈奴屯放在這裡的大批糧食。漢軍在此休整了一天，用匈奴的屯糧補充自己，餘下的全部燒燬，然後凱旋。

驃騎將軍霍去病，率兵出代郡後，北進一千多米，渡過大沙漠，與匈奴左賢王的軍隊遭遇。在戰鬥中，俘獲了匈奴頓頭王、韓王以下七萬多人，活捉匈奴的相國、將軍、當戶、都尉等十三人，共消滅匈奴七萬多人，左賢王等將領棄軍逃走。

這次遠征，使漢朝對匈奴的戰爭取得了決定性勝利，匈奴損失兵將近十萬人，牛羊物資損失更大，漠南之地盡失，糧草豐美之處都落入西漢帝國之手，這對於畜牧立國的匈奴來說打擊是致命的。其後，匈奴的人口牲畜繁衍速度開始放緩，再也無力南下侵擾，整個沙漠以南再無匈奴的蹤影。直到公元前 106 年衛青去世，漢匈之間再無戰事。

但是漠北之戰大大消耗了漢朝的國力，漢朝為這一戰準備了騎兵十萬人，步兵三十萬人，戰馬十四萬匹，包括出動了私人馬匹四萬匹，後方輜重糧草供應更是不計其數。戰後，出塞的十四萬匹良馬僅有三萬匹倖存，各種物資的消耗更是驚人，僅用來犒賞三軍的花費就有金二十餘萬斤。國庫錢不夠只好重開賣爵令，鑄幣不夠就開鑄金銀錫三金幣及鹿皮幣，用財政赤字來彌補國庫開支，搜刮民財。漢朝經此一戰，戰馬損失殆盡，以後十幾年居然因為無馬可用而擱置了對匈奴用兵，西漢國力受到極大損失。

漢匈之間的戰爭，屬於中華民族內部的戰爭，並不帶有侵略與反侵略的性質。不過，其間仍有是非之分。儘管匈奴同北方的其他民族一起，開發了祖國的北部邊疆，並首次統一了大漠南北各個分散和落後的氏族部落，為中國統一多民族國家的形成和發展作出了積極的貢獻。但是，匈奴的統治者為了滿足自己的貪慾，不僅殘酷壓迫和剝削被其征服的各個民族，而且不斷髮兵襲擊漢朝的北部邊境，擄掠人口，搶劫財物。據《史記》《漢書》的記載統計，在軍臣單于前，匈奴就將至少十多萬人以上的漢人掠去充做奴隸。西漢朝廷在漢初的幾十年間，雖然忍辱退讓，委曲求全，在不平等的條件下對匈奴實行和親，每年向單于納貢，還是不能填滿匈奴統治者的貪慾，他們還是年年縱兵南下，燒殺擄掠，嚴重地破壞了西漢邊郡的社會生產，侵害了百姓的生命財產。因此，西漢王朝的反擊戰爭是正義的，符合各族人民的利益，得到了各族人民的支持。這是漢朝之所以能夠戰勝匈奴的一個最根本的原因。

五、不朽功勛

漠北之戰是衛青軍事生涯的最後一戰。衛青在抗擊匈奴的戰爭中，前後七次率兵出塞，為漢朝立下了不可磨滅的戰功。漠北之戰後，漢朝設大司馬之職，衛青與霍去病都當上了大司馬。衛氏一門顯赫後，京城中有歌謠說：「生男無喜，生女無怨，獨不見衛子夫霸天下。」意思是說衛氏一門的顯貴全靠了衛皇后。其實不然，在兩漢時期，左右朝政的外戚大多是靠裙帶關係僑居高位的，而衛青、霍去病卻是出生入死，浴血奮戰，為國家作出了重大貢獻。針對當時有些人的非議，衛青手下的將軍蘇建曾經不平地對衛青說：「大將軍您雖然軍功顯赫，但是卻不被朝中某些士大夫們所喜歡，您為什麼不像古代名將那樣，廣納門客，多交賢士，也好讓他們瞭解您的為人，替您做些宣傳。」衛青說：「歷來臣子好客迎賓，收買人心，都遭到天子的嫉恨。作為人臣，只要遵紀守法，盡職盡責就行了，用不著做那些招攬人心的事情。」衛青的做人原則，很受漢武帝的賞識。

衛青顯貴以後，還引出一段傳奇的姻緣。平陽公主中年寡居，想在列侯中選擇丈夫，許多人向她推薦大將軍衛青。平陽公主笑著說：「他是我從前的下人，過去是我的隨從，怎麼能做我的丈夫呢？」左右說：「大將軍已今

非昔比了，他現在是大將軍，姐姐是皇后，三個兒子也都封了侯，聲名富貴震天下，哪還有比他更配得上您的呢。」漢武帝知道後，失聲笑道：「當初我娶了他的姐姐，現在他又娶我的姐姐，這倒是很有意思。」於是當即允婚。當年的僕人就這樣做了主人的丈夫。這樣一來，衛青與漢武帝親上加親，更受寵信。但衛青為人謙讓仁和，敬重賢才，從不以勢壓人。

後來，漢武帝對霍去病恩寵日盛，霍去病的聲望超過了他的舅舅衛青，過去奔走於大將軍門下的許多故舊，都轉到了霍去病門下。衛青門前冷落，可他並不介意，認為這也是人之常情，心甘情願地過著恬淡平靜的生活。

衛青是西漢出類拔萃的軍事家，為維護漢朝的安定和統一而征戰一生，建立了不朽的功勛。抗匈戰爭的勝利，促進了國家的統一，有利於增強各民族人民之間的團結與融合。內遷的匈奴族和西域各族人民，同漢族人民一起共同建設祖國的經濟和文化，推動了祖國歷史的發展，為統一的多民族國家的形成和發展作出了貢獻。隨著抗擊匈奴戰爭的勝利，西漢政府為了鞏固邊疆，於公元前 119 年向西北移民七十多萬人。這些北移的漢族人民與邊疆各族人民一道，用勤勞的雙手，開渠引水，造林防沙，在茫茫的沙漠上，創造出片片綠洲，對繁榮邊疆和加強民族團結起了很大的作用。

抗匈戰爭的勝利，打通了河西走廊，加強了西漢王朝同中亞、西亞和歐洲各民族人民的友好往來，促進了經濟文化的交流。當時，從長安往河西走廊，至中亞、西亞，再到歐洲，這條通道成了一條繁忙的商路。中國經過這條商路傳到西域、歐洲的主要貨物有絲和絲織品。由於這些美麗的絲綢受到當地人民的熱烈歡迎，所以這條商路就被人們譽為「絲綢之路」。此外，漢朝的鐵器、漆器、冶鐵術、養蠶術、鑿井術等也在這時西傳，對這些地區經濟與文化的發展產生了深遠的影響。同時，從歐洲、西亞、中亞東傳到中國的物產也很多。動物有汗血馬、駱駝等；植物有葡萄、胡桃、石榴、蠶豆、苜蓿等數十種；文化上有樂器、樂曲和魔術等，促進了民族經濟和文化的發展。

在長期的戰爭實踐中，衛青的軍事才幹發揮得淋漓盡致。在戰術運用上，衛青常常以己之長，擊敵之短。他善於總結經驗，針對以往與匈奴作戰中漢

軍長途跋涉，人馬睏乏，而匈奴則是以逸待勞，在地理上占盡優勢的情況，衛青改變作戰風格，往往採取出其不意，攻其不備的速決戰術，一鼓作氣，打敗敵人。這一點在收復河南之地的戰鬥中表現得最為突出。他善於抓住戰場上瞬息萬變的時機，隨機應變，果斷決策，從而挫敗強敵，表現出智勇兼備，沉著冷靜的大將風度。漠北之戰中，面對突如其來的風沙，他乘敵混亂，果斷派兵實施側翼包抄，就是一個典型的例子。成功地運用騎兵戰術，是衛青打敗匈奴的一個重要原因。武帝以前的許多抗匈將領，都是採取兵來將擋，水來土掩的消極防禦辦法。文帝時的雲中郡太守魏尚，同軍民一起奮起抗擊匈奴，使得「匈奴遠避」；隴西守將團結士兵，激勵士氣「以少擊眾」，擊潰匈奴就算大幸，而不敢主動深入窮追。這一是由於當時大規模反擊匈奴的條件尚未成熟，二是漢朝當時還沒有一支強大的騎兵。匈奴抓住漢朝全面防禦、戰線漫長的弱點，常常集中兵力，乘漢王朝不備，以具有高度靈活機動的騎兵，攻破一點，侵入漢邊，漢朝一直處於被動挨打的局面。而衛青採取主動出擊的騎兵戰術，深入漠北，殲滅匈奴有生力量，才使漢朝從被動挨打的局面中擺脫出來。衛青在指揮騎兵作戰的過程中，特別善於抓住騎兵行動迅速的特點，用奇襲的戰術殲滅敵人主力，創造了許多出奇制勝的戰例。如衛青利用匈奴右賢王麻痺輕敵的弱點，經過幾晝夜的連續急行軍，突然於深夜包圍右賢王王庭，以迅雷不及掩耳之勢，一舉殲滅了右賢王的主力，就是一次騎兵奇襲成功的典型戰例。

公元前 106 年，在度過了十幾年平淡安靜的生活之後，大司馬大將軍衛青去世，謚為烈侯。漢武帝命人在自己的茂陵東邊特地為衛青修建了一座像盧山（匈奴境內的一座山）的墳墓，以象徵衛青一生的赫赫戰功。

▌少年將軍霍去病

駿馬似風飆，鳴鞭出渭橋。

彎弓辭漢月，插羽破天驕。

陣解星芒盡，營空海霧消。

功成畫麟閣，獨有霍驃姚。

李白這首《塞下曲》，描寫的是西漢著名的軍事將領霍去病。霍去病是一個少年軍事天才，他在抗匈戰爭中屢建奇功，但是只活了二十三歲。霍去病的人生雖然短暫，但是他像一顆耀眼的彗星，照亮了歷史的天空。「匈奴未滅，何以家為！」千百年來，每當人們想起霍去病的這句豪邁語言，就會油然升起為國家民族奮不顧身的壯烈情懷。

一、驃姚校尉

霍去病的外祖母衛媼和母親衛少兒都是平陽公主府裡的侍婢。他的生父霍仲孺，河東郡平陽縣人，當過平陽縣小吏，因事常到京城平陽侯家，與衛少兒私通而生下霍去病。霍去病的身世與其舅舅衛青相似。後來霍仲孺還家娶妻，生子霍光，這位霍去病同父異母的弟弟後來也成為漢朝歷史上著名的政治家。

霍去病生於漢武帝建元元年（公元前 140 年），這一年正是漢武帝剛剛登基的年份。這時，霍去病的親戚們還沒有發跡，都是平陽公主家的奴婢，姨媽衛子夫是府中的歌女，舅舅衛青是平陽公主的騎卒。霍去病生長在奴婢群裡，童年時期就開始練習騎馬、射箭、擊刺等各種武藝。

後來，姨媽衛子夫被漢武帝看中，由一名歌舞女很快被立為皇后，從此衛家的命運徹底改變了。霍去病的母親衛少兒不久就改嫁給開國元勛陳平的曾孫、詹事陳掌為妻，衛少兒的姐姐衛君孺也改嫁給太僕公孫賀。公孫賀也是漢代歷史上有名的人物，年輕時就參加了騎兵部隊，屢獲戰功，漢武帝做太子時，他任舍人，是太子宮中親近的屬官，武帝做皇帝后，提拔他為太僕，負責掌管皇帝的車馬。太僕在朝官中的地位很高，屬於九卿之一。公孫賀頗得武帝寵幸，後來又被任命為將軍，領兵攻打匈奴，曾被封侯，並出任丞相。舅舅衛青做了太中大夫。童年的霍去病一下子從奴僕的後代成了官宦人家的子弟，生活發生了巨大的改變。

衛家的地位仍在上升。公元前 130 年，霍去病的舅舅衛青官拜車騎將軍，兵出上谷，直搗龍城，成為四路出塞軍隊中唯一獲勝的軍隊，以功封為關內

侯。公元前 128 年，先是霍去病的姨媽衛子夫生下皇子劉據，被封為皇后；後是秋天，舅舅衛青奉命率騎兵三萬人從雁門出擊，擊敗匈奴，接著在第二年，衛青率領所部從雲中出擊，又經雲中郡至朔方郡，向西掃蕩匈奴，直至隴西郡。這次漠南之役，衛青率領漢軍縱橫數千里，擊敗匈奴，趕跑匈奴的白羊、樓煩兩王，漢朝得以在河朔之地設置朔方郡，奪取了匈奴入侵中原的前哨鄂爾多斯草原。戰後，衛青被封為長平侯，食邑三千八百戶。此時的衛家已是門庭顯赫，今非昔比了。

當時霍去病只是十二三歲的少年，正處於一個擁有夢想的年齡。舅舅率領千軍萬馬，馳騁大漠，建功封侯，深深吸引了霍去病，這個時候，他暗暗立下了志向，決心將來像舅舅那樣馳馬邊疆，建功塞外。

公元前 124 年，車騎將軍衛青率所部三萬餘騎從高闕出擊；同時，在衛青的統一指揮下，以衛尉蘇建為游擊將軍、左內史李沮為強弩將軍、太僕公孫賀為騎將軍、代相李蔡為輕車將軍，各率所部從朔方出擊。這次戰役大敗匈奴部眾，右賢王率領殘部數百騎逃竄。戰後，漢武帝拜衛青為大將軍，後遷為大司馬，衛青的三個兒子也都被封侯。也正是在這一年，霍去病登上了漢匈戰爭的軍事舞臺。

這時的霍去病已經十八歲了，因為皇后姨媽和舅舅的關係，他作為漢武帝的侍中，得以經常出入宮禁，侍從武帝，深受信任。當他向漢武帝請求上前線時，武帝痛快地答應了他的請求。

元朔六年（公元前 123 年），大將軍衛青從定襄出擊匈奴。武帝任命霍去病為驃姚校尉，隨軍出征。在漢代，尉和將、將軍一樣，都是武官的稱號，其中職位較高的有太尉、衛尉、中尉，其次則有各種將尉、軍尉、校尉、都尉。在軍隊中，校尉雖趕不上將軍的地位，但也是比較高級的軍官，是軍隊中一部之首長，他們一般統領一二千人。校尉之部既可以隨同大軍一起行動，也可以受命單獨行動，獨當一面。因為校尉具有一定的獨立性，所以可以同將軍一樣，有自己的名號。由於校尉的這種作用和特點，使他們比較容易發揮和顯露自己的軍事才幹，校尉中立功封侯的也不乏其人。

霍去病第一次走上戰場同匈奴作戰，漢武帝就授他以校尉的官職，這自然有對他偏愛和寵幸的因素，但主要的還是對他的瞭解和信任。霍去病在朝廷中任侍中，其表現深得武帝的好感，特別是他那純熟的騎射技術和勇猛剛毅的性格，更讓武帝賞識，認為他是個有潛力的軍事人才，決定讓他去前線鍛鍊成長，施展才華。漢武帝不但授他以校尉的官職，而且冠以「驃姚」的名號。驃姚是勁疾、敏捷的意思。

為了培養霍去病，使他的才幹在戰爭中得到更好發揮，漢武帝還特別詔令大將軍衛青，從大部隊中挑選八百名精銳勇猛的騎兵，交給霍去病指揮。霍去病麾下的八百名驃騎，都是從羽林軍選出的精兵猛士。羽林是漢朝的精銳部隊，漢武帝時選隴西、天水、安定、北地、上郡、西河六郡良家子弟組成專門護衛皇帝的精銳部隊，號稱羽林騎，取「如羽之疾，如林之多」的意思。羽林士兵來自邊境六郡，民風彪悍，善於騎射。

初生牛犢不怕虎。第一次上戰場，霍去病就表現出了超群的軍事才能和剽悍勇猛的戰鬥作風。他率領八百名騎兵，遠離漢軍主力，一直奔襲數百里。雖然人數不多，但這支騎兵像一把尖刀，以迅雷不及掩耳之勢，向敵人猛插猛打。驃騎深入匈奴腹地，突襲其後方營地，殺死了匈奴相國、當戶等官員，殺死單于祖父一輩的籍若侯產，活捉單于叔父羅姑比，斬首二千零二十八人。

這一仗，霍去病橫空出世，由於此次出征大軍失利，還發生了將領叛逃的事件，相比之下，霍去病的功勞更顯耀眼。漢武帝對霍去病大加讚賞，下詔誇道：「驃姚校尉霍去病出奇制勝，勇冠全軍，以二千五百戶封為冠軍侯。」霍去病從此聲名大振，一時間成為無數青年人心中的偶像。「出身仕漢羽林郎，初隨驃騎戰漁陽。孰知不向邊庭苦，縱死猶聞俠骨香。」王維的這首《少年行》，道出了當時長安少年嚮往著像霍去病一樣馳騁沙場，建功立業的憧憬和夢想。

二、馳騁河西

河西走廊，在今天甘肅省西北部，東起烏鞘嶺，西到疏勒河流域，著名的祁連山、合黎山夾峙南北。祁連山在走廊之南，故又稱南山，也叫雪山。

合黎山在走廊之北，故又稱北山。兩山均呈西北、東南走向，中間平地低落，形成一條天然的走廊地帶。這條走廊因在黃河之西，所以稱為河西走廊。河西走廊是青海高原和蒙古高原之間的交通要道，是中原地區通往西域的孔道，地理位置極為重要。河西走廊東西長約一千千米，南北廣狹程度不一，大約寬一二百千米不等，面積約有十八萬平方千米，平均海拔一千四百米左右，處於溫帶大陸性乾旱低溫氣候，空氣比較稀薄，晝夜溫差較大。走廊地區多沙磧、戈壁，但也有斷續相連的綠洲，靠河水、高山雪水的灌溉，使這一地區有較繁盛的農牧業。當時河西走廊掌握在匈奴手中，由匈奴的渾邪王和休屠王分別進行統治，匈奴依據這一地區得天獨厚的地理位置，優越的軍事戰略地位，一方面控制西域各國，另一方面同南邊的羌人聯合，威脅漢朝西北部的安全。漢朝如能驅逐匈奴，奪取河西地區，就可以切斷匈奴與羌人的聯繫，解除來自西部的威脅，還可以繼續西進，聯合西域各國，形成對匈奴的戰略包圍。同時，漢朝占據河西地區，又可以從居延方向向北，直接威逼匈奴腹地。能否奪取河西地區，對漢朝至關重要。

為了打通漢朝通往西域的道路，同時阻斷匈奴同羌人的聯繫，實現從西方包抄匈奴的戰略計劃，元狩二年（公元前 121 年）春天，漢武帝任命霍去病為驃騎將軍，品秩與大將軍相等，率領精騎一萬人，從隴西出兵。

這次出擊，霍去病充分發揮了騎兵的高度機動性，指揮騎兵勇猛向西挺進。部隊轉戰六日，橫越了五個匈奴部落，越過焉支山五百多千米，在皋蘭山（今蘭州黃河西）下，和匈奴軍短兵相接，殺死折蘭王、盧胡王，活捉匈奴渾邪王子和相國都尉等，殲滅敵軍八千九百多人，並且繳獲了匈奴休屠王的祭天金人。這個金人的喪失，對匈奴人來說是一大打擊，這與匈奴人的宗教信仰有關。匈奴人不但信鬼神，奉祖先，拜日月，而且也祭天地。金人是匈奴人祭天時祭祀的偶像，金人即代表天神，類似後來的佛像。

這一年夏天，為了徹底殲滅河西匈奴的有生力量，漢軍兵分兩路再次發起進攻。這次軍事行動漢武帝沒有派遣大將軍衛青統兵，而是有意讓霍去病去唱主角。霍去病、公孫敖率領數萬騎兵，從北地郡（今甘肅環縣東南）出發，

為主攻力量。張騫、李廣率領騎兵萬餘人，從右北平出發，以左賢王為進攻目標，策應霍去病的行動，為輔攻力量。

霍去病二出河西，他和公孫敖分路挺進，公孫敖由於迷失路途，未能參加作戰。而霍去病率領的部隊，則以迅速的行動向河西實行大迂迴，越過居延澤、經過小月氏，深入一千多千米，由西北轉向東南，在祁連山麓與匈奴渾邪王、休屠王的軍隊相遇，雙方展開激戰，漢軍取得了決定性的勝利。這次戰役，總計接受單于手下的單桓王、酋塗王及相國、都尉等兩千五百人的投降，俘虜王母、單于閼氏、王子、相國、將軍、當戶、都尉等一百二十多人，殲滅匈奴軍三萬零二百人。這次戰役，漢軍的損失只有十分之三左右，這顯示出霍去病的指揮日臻成熟。

霍去病由於戰功卓著，再一次增加封邑五千戶，凡是跟隨他到達小月氏的校尉均被賜爵左庶長。左庶長是漢代爵位的名稱。在漢代，爵位制度比較複雜，除了劉氏皇族中皇子封王，王子封侯外，在其他的男性成年臣民中還承繼秦朝，廣泛實行二十等爵制，其中最高的等級，即第二十級是列侯。霍去病被封為冠軍侯，就屬於這一等級。以下從第十九級至最低的一級的爵位名稱分別是：關內侯、大庶長、駟車庶長、大上造、少上造、右更、中更、左更、右庶長、左庶長、五大夫、公乘、公大夫、官大夫、大夫、不更、簪裊、上造、公士。每一級享有不同的政治、經濟權益。左庶長在二十等爵中屬於第十級。霍去病手下有幾名戰功卓著的校尉、司馬，也在這次戰役之後因功封侯。其中鷹擊司馬趙破奴被封為從票侯，食邑一千五百戶；校尉高不識被封為宜冠侯；校尉僕多被封為惲渠侯。

霍去病在數月之間連敗河西匈奴軍，除了歸功於漢武帝用兵河西戰略決策的英明之外，還得益於下述的諸多因素。一是漢軍的作戰時機選擇恰當，戰術運用巧妙。匈奴歷來多在秋高馬肥之時用兵作戰，而漢軍由於馬匹有糧草飼養，所以騎兵的作戰並不完全受到季節的影響，春、夏兩季皆可出擊。此外，漢軍在春季作戰之後稍事休整，隨即發起第二次進攻，這種連續作戰的方式突破了匈奴騎兵的作戰常規，完全出乎匈奴的意料之外，因而能取得出其不意、攻其不備的良好效果。二是漢軍統帥英勇、將士能戰，具有強大

的戰鬥力。霍去病於漠南戰役中脫穎而出，此次出戰河西，是他第一次獨立領兵作戰。這位年輕的主帥，一向具有剽悍勇猛的戰鬥作風，不畏艱險，不怕強敵，敢於深入敵人後方，作戰時總是沖在隊伍的最前列，從而極大地鼓舞了漢軍的士氣。漢軍廣大將士的英雄主義行動和高昂的戰鬥精神，為奪取戰爭的勝利提供了重要的保障。三是漢軍注意區分主要敵人和脅從分子，分化瓦解敵對勢力。河西歷來是多民族的聚居區，在匈奴的統治之下，民族矛盾一直比較尖銳。霍去病在兩次河西之戰中，都注重利用匈奴內部的矛盾，只要敵軍表示歸服便赦而不問，而把打擊的目標集中在拒絕歸服、堅持反抗的一小部分頑敵身上。第一次進軍河西時路過一些有歸附意向的部落而不戰，皋蘭山下的鏖戰也只誅殺頑固抵抗的敵人，這一切不僅對分化瓦解敵軍、奪取戰爭的勝利造成了相當的作用，而且還對河西各族產生了巨大的影響，促使後來渾邪王的數萬部眾歸降了漢廷。

河西之戰中，還流傳著關於霍去病的一段神奇傳說。漢武帝得知霍去病大勝，特派使臣帶上美酒趕往前線慰問。霍去病對使臣說：「謝謝皇上的獎賞，但功勞不是我一人的，應當歸於全體將士。」於是下令將美酒犒勞部下，酒少人多，霍去病靈機一動，將美酒倒入山泉之中，將士們紛紛暢飲摻酒的山泉，歡聲雷動。後來，此泉就稱為「酒泉」，當地也因此得名。

三、受降有功

在霍去病連續兩次的打擊下，匈奴內部發生了內訌。伊稚斜單于責怪渾邪王和休屠王作戰不力，致使河西喪失，欲對他們進行懲處。渾邪王的兒子剛被漢朝捉去，其正在心煩意亂，又聽說單于要治罪，於是急忙與休屠王密謀，兩人約好共同投降漢朝，並派人與正在黃河沿岸修築城堡的漢朝大行令李息接洽。李息知道此事非同小可，立即派人飛馳向朝廷報告。漢武帝聽聞十分高興，認為這樣可以分化匈奴，減弱匈奴的力量，但是又擔心其中有詐，於是派霍去病帶領一萬名騎兵，前往河西，見機行事。

霍去病還沒有到達河西，情況就發生了變化。休屠王突然臨陣變卦，不願投漢了。渾邪王騎虎難下，痛恨休屠王的背信棄義，於是一不做二不休，率兵沖入休屠王的營帳，殺死了休屠王，收編了他的部隊，然後列隊迎接漢

軍的到來。在這種情況下，霍去病大軍趕到了。漢軍渡過黃河，列隊成陣，與渾邪王的部隊遙遙相望，情勢很是緊張。渾邪王的部下看到漢軍陣容嚴整，心存疑懼，加上剛剛平息收編了休屠王的人馬，有的本來就不是誠心投降，於是紛紛逃走，匈奴陣營立刻騷動起來，大有一哄而散的可能。見此情景，霍去病當機立斷，親率精騎，飛馬馳入渾邪王的營中，親自和渾邪王談判，並下令將私自逃跑的匈奴將士八千人全部殺死，這樣才把匈奴軍隊穩住。然後，霍去病派輕車快馬先把渾邪王送往長安拜見漢武帝。接著，他把四萬多名匈奴降兵編隊列陣，帶回長安。

漢武帝隆重地接見了渾邪王，封他為漯陰侯，食邑一萬戶。匈奴小王呼毒尼等四人也被封侯爵。漢武帝把這五侯連同他們的部眾分別安置在隴西、北地、上郡、朔方、雲中等地，允許他們保持原來的生活和風俗習慣，號稱「五屬國」。所謂屬國，就是說他們屬於西漢王朝，但又不同於一般的郡縣，朝廷只是派屬國都尉對其進行監護，而他們內部的生產、生活等各種事務，均由本部族的首領處理。漢武帝這種安置降民的辦法，受到了投降的匈奴人的歡迎，對漢朝本身也有利無害。渾邪王舊地則設置為武威、酒泉兩郡，連同後來設置的張掖、敦煌二郡，被稱為「河西四郡」。

霍去病在這次受降中，表現得英勇果敢，氣勢奪人。在匈奴人一片混亂、情況不明的時刻，霍去病不顧隨時可能被匈奴亂兵殺死或俘虜的危險，毅然無畏地衝入匈奴軍中，其英雄氣概震攝了匈奴將士，把大漢的威武雄風表現得淋漓盡致。因為受降有功，漢武帝加封霍去病食邑一千七百戶。

渾邪王殺死休屠王，率二部降漢，對匈奴來說是個極大的損失。單于在河西走廊地區的統治瓦解，餘下的匈奴人更沒有在這個地區的立足之力，不得不退離祁連山，退到焉支山以北地區。河西走廊終於成為西漢王朝疆域的一部分。這是一塊令人神往的土地，後來的明代人曾經這樣描繪祁連山：「馬上望祁連，連峰高插天；西走接嘉峪，凝素無青煙。對峰拱合黎，遙海瞰居延；四時積雪明，六月飛霜寒。所喜炎陽會，雪消灌甫田；可以代雨澤，可以資流泉。」祁連山積雪皚皚，冰川森森，猶如一座立體水庫，以它消融的雪水，

形成了幾十條大大小小的河流，灌溉著山下肥沃的良田，滋潤著山旁廣闊的牧場。

焉支山，也寫作「燕支山」「胭脂山」，此山因盛產大黃、松木，今天被人們稱為大黃山、青松山。焉支山的主峰海拔三千九百七十八米，和祁連山一樣，山頂上也是終年積雪。焉支山綿延七十多千米，像一頭雄獅，橫臥在河西走廊的中段。焉支山的地理位置十分重要，南面與祁連山遙遙相望，中間有遼闊的草原，是匈奴人重要的牧場。占據了這個草原，就控制了河西走廊的南路。焉支山的北面與合黎山相距不遠，中間只有一條很窄的通道構通走廊的東西，自古以來這個通道鎖控著河西走廊的北路。今天坐落在這裡的缺口鎮的石壁上還留有明朝嘉靖年間嵌刻的四個大字：「鎖控金川」。古代的長城和現代的蘭新鐵路、公路均從這裡透過，至今仍具有重要的戰略地位。焉支山除了北面之外，西、南、東三面均有廣闊的草原，冬暖夏涼，適宜牲畜生長，所以這裡是匈奴人十分理想的居住地和牧場。

自從霍去病河西大捷之後，匈奴人被迫從祁連山、焉支山地區撤到焉支山以北，這對他們是極大的打擊。他們失去了肥美的牧場，失去了與羌人的聯繫以及對西域各國的控制和勒索，不論是經濟上，還是軍事上的損失都是巨大的。漢朝真正達到了「斷匈奴右臂」的目的。北撤的匈奴人時常眺望南方，發出無可奈何的嘆息，灑下傷心的淚水。他們中間還流傳著這樣的悲歌：「亡我祁連山，使我六畜不蕃息；失我胭脂山，令我婦女無顏色。」後來唐朝大詩人李白根據匈奴人的這首悲歌，在《塞上曲》中又寫下了「燕支落漢家，婦女無花色」的詩句。焉支山同婦女有什麼聯繫呢？傳說焉支山上的土石，色紅如胭脂。匈奴的婦女們采來這種土石，用它塗面飾容。又有人說山上有一種胭脂草，可以染紅指甲、皮膚，匈奴婦女以之作胭脂。

霍去病奪取河西走廊之後，漢武帝為了鞏固這一重要的戰略地區，決定在這一帶修築亭障，移民屯墾，設郡管理。元狩二年（公元前 121 年），即霍去病出師河西的當年，漢朝就開始從令居（在今甘肅省永登縣西北）修築亭障，向西直至酒泉。霍去病出師河西后十五年，即漢元封四年（公元前 107 年），這條亭障又向西延伸至玉門都尉治所（在敦煌郡治所的西邊）。

從令居至酒泉，又至玉門的亭障，被連接成長城，這就是古代的西塞。霍去病出師河西二十一年後，即西漢天漢元年（公元前 100 年），這條亭障又從敦煌、玉門繼續向西延伸，到達鹽澤，即今天新疆的羅布泊，再沿鹽澤以北向西，止於渠犁（在今新疆庫爾勒市）、輪臺（在今新疆輪臺東）。這條從東向西延伸的亭障構成了一條重要的線，它既是防禦線，又是交通線。透過這條線，中原和河西走廊，與西域諸國連接起來，促進了彼此政治、經濟、文化的交流。

四、封狼居胥

公元前 119 年春天，漢武帝調集十萬騎兵，隨軍戰馬十四萬匹，步兵及轉運役夫數十萬人，由衛青和霍去病分領精騎各五萬人，約定從東西兩路向漠北進軍。衛青出定襄（今內蒙古和林格爾）後，與匈奴單于主力戰於漠北，捕斬匈奴兵將一萬九千人，一直追到真顏山趙信城才勝利回軍。

霍去病統率的東路是主力軍。這次漢武帝給霍去病配備的力量最強，所領的騎士全是經過嚴格訓練選拔出來的精兵。帶隊的將領，如右北平太守路博德，北地都尉邢山，校尉李敢和徐自為等人，都是有名的猛將。他的部隊裡還有一部分是先前投漢的匈奴人，也被選拔為軍校，他們熟知地理，慣於在沙漠中行軍。霍去病在遠征中充分利用了各方面的有利條件和各將領的特長。大軍從代郡（今山西代縣）出塞，北上行軍一千多千米，越過了離侯山，渡過了弓閭河。按照漢武帝本來的意圖，是想使霍去病和匈奴單于的主力交戰，因為霍去病出兵的代郡正面就對著匈奴王庭，但是由於偶然的因素，衛青面對的是單于主力，而霍去病面對的是匈奴左賢王軍，這也是匈奴的主力。霍去病與左賢王相遇，雙方展開激戰，左賢王大敗，漢軍俘獲左賢王手下三個小王、將軍、相國、當戶、都尉等八十三人，斬虜約七萬多名。左賢王只帶了少數將領逃走，所部幾乎全軍覆滅。霍去病率兵追擊至狼居胥山（今蒙古人民共和國德爾山），最後大軍在瀚海（今貝加爾湖）會師。為慶祝這次戰役的勝利，霍去病在狼居胥山積土增山，舉行祭天封禮，又在姑衍山（狼居胥山附近）舉行祭地禪禮，並刻石記功，然後凱旋。

　　這次戰役，是西漢向匈奴發動的最大規模的一次攻擊，霍去病所到的狼居胥山和衛青所到的真顏山趙信城，都在瀚海大沙漠以北，深入匈奴腹地。漢朝兩路遠征大軍追擊匈奴，獲得了重大戰果，繼前幾次打垮匈奴右賢王勢力後，這次徹底打垮了左賢王勢力，加上衛青打敗匈奴單于的主力，至此，匈奴的三大主力都被打垮，沒有能力再和漢朝進行大規模的作戰，漠南從此再也看不到匈奴王庭。

　　霍去病漠北之戰的勝利，使漢武帝興奮異常，下令再一次嘉獎霍去病，用五千八百戶增加他的封邑。對霍去病軍中有功的部下也給以封賞，封右北平太守路博德等四人為列侯。其中路博德為邳離侯，食邑一千六百戶；北地都尉衛山為義陽侯，食邑一千二百戶；原歸漢的因淳王復陸支為杜侯，食邑一千三百戶；從票侯趙破奴、昌武侯安稽，各增加封邑三百戶；校尉李敢（李廣之子）因奪取了匈奴軍隊的旗鼓，被封為關內侯，食邑二百戶；校尉徐自為被封為大庶長，大庶長是二十等爵中的第十八級，等級地位僅次於關內侯。另外，軍吏士卒因功被授以官職和給以賞賜的還有很多。

　　河西之戰後，漢武帝在軍事上第一位倚重的已不是衛青，而是霍去病。漠北大戰結束後，漢朝開始設置大司馬的官職。大司馬是漢朝最高的軍事長官，原稱太尉，後廢棄不設，現在漢武帝重新設置，而且更名為大司馬。漢武帝下令大將軍與驃騎將軍同時加大司馬的官號，下令驃騎將軍的官秩等級與俸祿標準均與大將軍相等。從此之後，表面上看霍去病與衛青的地位完全相等，但實際上霍去病已超過了大將軍衛青。

　　金戈鐵馬，氣吞萬里，封狼居胥，漠北之戰成為霍去病生命中的頂峰，但也是少年將軍的最後絕唱。

　　邊境安寧了，一代戰將不能馳騁疆場，只好陪著皇帝馳射打獵。在霍去病生命中的最後兩年發生了一件事，就是他射殺了李廣的兒子李敢。

　　李敢是李廣的三兒子，在漠北戰役中是霍去病手下的副將。漠北戰役中，李廣因失去嚮導，部隊迷路，錯過了和衛青會合攻擊匈奴單于的機會，後來恥於去受那些刀筆吏的追究侮辱，又想到自己一生所受的不公，一時心灰意冷，拔刀自盡。為此，李敢對衛青很不滿。為了給父親報仇，李敢一怒之下

打傷了衛青，衛青也覺得李廣委屈，便沒有聲張，把被打的事隱瞞下來。霍去病得知舅舅被打，心中暗恨。在一次陪漢武帝到甘泉宮打獵的時候，霍去病、李敢同為隨從，霍去病裝作射殺獵物，一箭射死了李敢。當時霍去病正受漢武帝寵幸，漢武帝為了袒護霍去病，就謊稱李敢是被野鹿頂死的，不予追究，只是厚葬了李敢，把此事掩蓋過去。

霍去病雖然出身奴婢，但在他的童年時代，他的家族已是富貴之家，所以他的經歷性格與同是奴婢出身的舅舅衛青大有不同。衛青從小歷經磨難，深切感受過人間的冷暖，因此養成了謹慎內斂的性格。而霍去病從小生活優裕，性格中不免帶有少爺權貴氣息。他出兵打仗時，天子派遣太官贈送他幾十車食物，待他回來時，輜重車上丟棄了許多剩餘的米和肉，而他的士卒還有忍饑挨餓的。他出兵塞外時，軍中缺糧，有的士兵餓得站不起來，而霍去病還在玩踢球遊戲。這是成長環境給他帶來的性格烙印，但並不妨礙他作為傑出將領帶領部隊取得一個又一個勝利。

五、功高祁連

公元前 117 年，霍去病因病早逝，一代將星過早隕落，年僅二十三歲。他的舅舅衛青在十年後也去世。

霍去病以驃姚校尉初上戰場時年僅十八歲，四年的時間，他就以輝煌的戰績，使自己成為驃騎將軍，成為獨當一面的大軍主帥。他曾指揮西漢大軍四次出塞進擊匈奴，獲得殲敵十一萬多人的戰績。他接受匈奴渾邪王的投降，開拓河西、酒泉之地，使漢朝抗擊匈奴的形勢大大改觀。霍去病平時為人沉默寡言，謹守機密，打起仗來勇猛頑強，常常身先士卒，衝殺在大軍的前頭，充滿著勇往直前的英雄氣概。他特別注意研究實際戰爭的特點，在戰爭中學習戰爭。漢武帝曾經要他讀點兵法，學習《孫子兵法》《吳起兵法》等，霍去病說：「單學習古代兵法是不夠的，應該多研究些切合當前戰爭的方略。」這說明他不願機械地拘守於古代的兵書，而十分重視當前戰爭的實踐。他在每次戰爭中，都是膽氣充盈，敢於深入敵人腹地，以奇襲戰術痛擊敵人。

霍去病戰無不勝，屢立奇功，與他在戰爭中正確運用騎兵戰術是分不開的，這一點他與衛青有著相同之處。由於西漢多年來對匈奴採取守土防禦的戰略，使一批老將如韓安國、李廣等人，習慣於守邊、堵擊的防禦戰術，缺乏運用騎兵在沙漠草原進行大規模運動戰的指揮技術。漢武帝為了改變被動局面，特意選拔了一批善於指揮騎兵作戰的將領加以培養，霍去病就是其中最傑出的一位。霍去病精通騎射，而且很有謀略。在出塞遠征中，他往往能夠就地奪取敵人的糧秣，來供給自己的部隊，以解決長途運輸不便的困難。此外，他對於匈奴投降過來的兵將，實行優待政策，匈奴的降將都情願為漢軍帶路，尋找水草地，從而保證了大軍的順利前進。

霍去病的成功是時勢造就英雄的最好說明。漢朝建立以來，直至武帝即位初期，對匈奴採取的是外交上和親和軍事上防禦相結合的政策，戰略上是消極被動的防禦，修長城、築邊塞亭障，屯兵防守，戰術上以步兵為主，依靠邊塞亭障對入侵的匈奴騎兵進行阻截、伏擊。漢朝雖然也有一定的騎兵，但無論是數量還是質量均不能與匈奴相抗爭。在這樣的戰略思想和戰術方針指導下，漢朝在與匈奴的交戰中即使取得了勝利，也不能取得巨大的戰果，軍事將領們很難立大功，取封侯。所以，在漢文帝、漢景帝時期，與匈奴打交道的將領雖不少，但無一人因此而封侯。在這些人中最突出的就是李廣，李廣是漢代著名的抗匈將領，他的勇猛頑強不在霍去病之下。李廣曾長期在朝廷中擔任武官和北方邊郡太守，一生與匈奴打交道，被匈奴稱為「漢之飛將軍」，也深得士兵百姓的愛戴。但是，與霍去病第一次與匈奴交戰就被封侯完全相反，李廣終生也未得封侯。究其緣由，司馬遷認為李廣「數奇」，即命不好，運氣不好，司馬遷的說法並沒有觸及要害。其實，李廣雖英勇善戰，但一生並無十分顯著的功勞，所以不得封侯。他勇敢過人卻沒有功勞，固然有他個人的因素，但是更有時代的因素。李廣的青壯年時期，漢朝對匈奴處於消極防禦階段，而到漢武帝大規模反擊匈奴時，李廣已屆花甲之年，過了武將的黃金年齡。漢文帝晚年曾十分感慨地對李廣說：「可惜你生不逢時，要是你生在高帝時期，做個萬戶侯又算得了什麼？」而霍去病卻恰好相反，他還在少年時期，漢武帝就實現了對匈奴戰略政策的轉變，他十八歲一走上戰場，就主動對匈奴進攻。他在首次交戰中出色地打敗匈奴，依靠的是

新建立的騎兵部隊。從前是匈奴騎兵一直占據明顯的優勢，漢朝軍隊難以抵擋，而經過長期訓練和準備，漢朝的騎兵兵強馬壯，劣勢變成了優勢。霍去病本人又才華過人，不但能騎善射，勇於殺敵，而且對敵情分析、判斷準確，運用突破中間、快速猛力衝擊的戰略戰術，一舉功成名就。

對於霍去病的早逝，漢武帝深為悲痛，為了表彰他的卓越戰功，武帝特別為他舉行了隆重的葬禮。安葬那天，征發了霍去病在幾年前招降的沿邊「五屬國」的匈奴移民，讓他們身穿黑甲，排成長隊，從長安直到茂陵墓地，沿路護送霍去病的靈柩。生前，漢武帝為了獎勵霍去病，曾特意命人為他在長安建造了一所豪華的住宅，並叫他去看看是否滿意。霍去病卻謝絕漢武帝說：「匈奴未滅，何以家為？」意思是說匈奴還沒有消滅，我怎能先經營家室，去過安逸生活。生前不願住豪華住宅，死後，漢武帝在自己的墓穴旁邊，為霍去病建築了一座巍峨雄偉的形狀像祁連山的墳墓，來紀念他如同祁連山一樣高的赫赫戰功。墓前立著一塊巨大的石碑，上面刻著十六個大字：「漢驃騎將軍大司馬冠軍侯霍公去病墓。」在霍去病的墓前還有各種雕刻的石像，據說，這些石頭都是來自祁連山。祁連山上多怪石，漢武帝不但命令把霍去病的墓修成祁連山的形狀，而且墓成之後，又從祁連山運來各種怪石，稍加雕琢就形似某種動物，擺在墓前，以示紀念，有馬、牛、羊、駱駝、熊、豹、魚、龜等。在各種石雕中，特別引人注目的是一座馬踏匈奴的石雕，一匹昂首挺立、威風凜凜的漢朝戰馬，將強勁有力的鐵蹄踏在匈奴身上。這座石雕，生動地再現了霍去病痛擊匈奴的雄姿。為了表彰霍去病的勇武和開疆拓土，朝廷特諡號其為景桓侯。

霍去病有一個兒子，名字叫霍嬗，霍去病死後繼承了侯爵，深得武帝喜愛，但尚未成年就死去了。他還有一個同父異母的兄弟，名字叫霍光，在歷史上很有名氣。公元前 119 年，霍去病出師攻打匈奴，前往邊塞的途中經過故鄉河東郡平陽縣時，看望自己的父親霍仲孺，為他買了大量的土地、房宅和奴婢。回師途中又經過平陽，把年僅十幾歲的弟弟霍光帶到長安。霍光先被任命為郎，後晉升為侍中，霍去病死後，又做了奉車都尉、光祿大夫，小心謹慎地侍奉在皇帝身邊，深得漢武帝的信任。漢武帝臨終前立八歲的小兒子為嗣，霍光受顧命之托，為大司馬大將軍，輔佐少主，裁決政事。漢昭帝

死後，又廢掉荒淫之主，立漢宣帝為皇帝。霍光對這一時期歷史的發展有舉足輕重的作用，成為西漢中期重要的政治家。

▋最會用人的光武帝劉秀

劉秀是在中國歷史上十分傑出的一位皇帝，「最會用人、最有學問、最會打仗」。說到用人，劉秀知人善任，開心見誠，手下人才濟濟，鄧禹、馬成、吳漢、王梁、賈復、陳俊、耿弇、杜茂、寇恂、傅俊、岑彭、堅鐔、馮異、王霸、朱祜、任光、祭遵、李忠、景丹、萬脩、蓋延、邳彤、銚期、劉植、耿純、臧宮、馬武、劉隆，史稱「雲臺二十八將」，這些人大都拔擢自小吏、布衣、行伍之中。劉秀的用人之道，很值得後世借鑑。

一、德才並重，尊鄧禹為功臣之首

鄧禹是「雲臺二十八將」之首。在東漢中興功臣中，鄧禹的戰功並不算首屈一指，劉秀之所以尊他為功臣之首，不僅看重其能文能武的才幹，更看重的是其品德和忠誠。

鄧禹是在劉秀最艱難的時候前來投奔的。在昆陽之戰中，劉秀以少勝多，名聲大震，但也引起了綠林軍內部一些將領的猜忌，哥哥劉縯被自己人所殺，劉秀自己也危在旦夕。為了擺脫危局，劉秀帶著少數隨從，離開洛陽去河北發展。當時河北也是群雄逐鹿，前途難測。

此時的鄧禹，正隱居鄉下，靜觀大勢，等待機會。他早年與劉秀是同學，對劉秀的行蹤始終非常關注。聽到劉秀赴河北的消息後，二話不說，立即渡過黃河，北上追趕劉秀。因為要趕路，所以還拄著一根拐杖。一路上歷盡艱辛，終於在鄴城（今河北磁縣南）追到了劉秀。

兩人見面時正下著大雪，鄧禹的鞋都爛了，腳也磨破了。劉秀見到老同學，既高興又感動，因為他是以更始政權河北監軍名義出來活動的，所以開玩笑地問：「我現在掌握著封拜大權，可以封官，老弟遠道而來，是不是願意出來當官？」

鄧禹答：「不，當官非我所願。」

劉秀笑道：「那你拋下家人一路跑來找我，不會只是想追憶友情吧？」

鄧禹開門見山地說：「我的心願，就是希望您日後能威加海內、一統天下，成為一代明君，而我鄧禹能夠在您身邊為您所用，以開國功臣名留青史，就心滿意足了。」

創業初期總是艱難的，一次敵人追擊，又遇上狂風暴雨，劉秀、鄧禹等人跑到一間空房子裡躲雨，鄧禹忙著燃柴火，才使劉秀得以就著火爐灶烘烤衣服。共患難的經歷，無論對劉秀還是鄧禹來說都難以忘懷。患難見真情，板蕩識誠臣。後來劉秀剛一稱帝就馬上任命鄧禹為大司徒。大司徒是三公之一，劉秀對三公的人選特別重視。鄧禹不負重託，不僅幫助劉秀運籌帷幄，而且能文能武，出將入相，協助劉秀在建立東漢政權的過程中發揮了重要的作用。

二、用人不疑，不使耿弇做韓信第二

耿弇是劉秀手下的常勝將軍，據史書記載，耿弇在一生的戎馬生涯中，共收復過四十六個郡，攻克三百多座城池，連戰連捷，從未打過敗仗。耿弇在東漢開國的二十八將中雖然年紀最小，但是劉秀對他非常器重，並把他比作韓信。在征伐張步的戰爭中，表彰耿弇說：「當年韓信攻克歷下，從而開創了西漢基業；如今耿弇將軍攻克祝阿，聲名遠颺。二位將軍所攻之地，都是齊地的西界，單從這一點看，耿將軍與韓信功勞相等。但是，韓信當年攻擊的是已經準備投降、沒有多少戰鬥力的敵人，而耿將軍攻擊的卻是勁敵，所以說耿將軍取得的功勞要比韓信難得多。」

把耿弇與韓信相提並論，自然讓人聯想起漢高祖劉邦殘殺功臣的故事。後來光武帝又說，「朕一定不會使耿弇有淮陰侯韓信的下場」，對耿弇給予了充分的信任。耿弇出征平定彭寵叛亂時，考慮到父親耿況曾與彭寵是好友，自己率大軍去平定父親的故友，光武帝會不會放心？為了避嫌，耿弇上書請求另派大將。光武帝明白耿弇的顧慮所在，下詔撫慰說：「將軍舉家歸漢，為國效力，衝鋒陷陣，功勞卓著，朕深信不疑，何必顧慮？將軍放心出征。」

天下平定後，光武帝謹守諾言，耿弇主動解除了兵權，君臣配合默契。但是一旦四方有事，光武帝還常常把耿弇召入宮中，詢問對策。建武十二年（公元 36 年），耿弇的父親耿況病重，光武帝親自來到耿家探視詢問，表示關切，並封耿弇的四弟耿廣、五弟耿舉為中郎將。耿況病逝後，小兒子耿霸繼承侯爵。耿家兄弟六人都成為將軍，為世人所稱道羨慕。

三、待人以誠，馬援擇賢主而事

劉秀與人交往開誠布公，坦誠相見，不居高臨下搞花架子，常使人心悅誠服。馬援是東漢著名的開國將領，一開始並不在劉秀陣營。在投奔劉秀之前，也有過比較選擇。當時公孫述已在四川稱帝，馬援跟公孫述是老相識，過去交情很好，於是先到四川打探虛實。本以為老朋友見面，場面一定會很熱烈。沒想到公孫述做了皇帝，見面程序複雜而煩瑣。他先讓衛兵站滿宮廷，做足架勢，然後才請馬援進宮；待剛見過禮，又馬上讓馬援出宮，住進賓館；接著命人給馬援製作衣冠，然後才在宗廟中聚集百官，設宴招待。公孫述來赴宴，途中擺列儀仗，前呼後擁。宴席十分豐盛，完全按君臣禮節招待百官。遭遇這一套陣勢，馬援非常不自在，也非常失望。天下紛爭未定，公孫述卻如此沉醉於小朝廷帶來的滿足，可見其氣宇心志之狹小。席間，公孫述表示要封馬援為侯爵，並授予他大將軍的官位。馬援的隨從挺高興，以為受到了禮遇，都願意留下來。馬援告誡隨從不要被表面現象所迷惑，他說：「現在天下紛爭，鹿死誰手尚未確定。公孫述不學習周公吐哺禮賢下士，反而盡搞這些華而不實的形式，把人搞得像個木偶人一樣，這種人怎麼能攏住天下人才，又怎麼能最終成就大業呢？」

不久，馬援又來到洛陽，拜見光武帝劉秀。遇到的情況與在四川公孫述那裡迥然不同。劉秀很快召見了他，只戴著頭巾，滿面春風地迎了出來，完全沒有那一套煩瑣的禮節。一見面就同馬援開玩笑說：「先生您可是遊走在兩個皇帝之間的人啊！」

馬援機智地解釋說：「當今之世，不單單是君主選擇大臣，大臣也要選擇君主啊！」

接著馬援談了自己的觀感：「臣與公孫述是同縣的老鄉，從小關係又好。可是上次臣去他那裡，他把衛兵擺滿了宮殿，然後才讓我進宮。而這次臣來陛下您這裡，陛下就沒有像公孫述那樣，又是儀式又是衛兵什麼的，您怎麼知道我就不是刺客奸人，為什麼如此信得過我？」

劉秀聽後笑道：「您不是刺客，是說客。」

馬援說：「如今天下紛亂，徒有虛名的人不可勝數。今天見到陛下，我感到您恢宏大度，很像漢高祖，我終於見識了本色率真的帝王風度。」

後來馬援投靠了劉秀，在東漢初年，西定隴右，南平交趾，北御匈奴，成為歷史上著名的伏波將軍。

四、維護團結，調解寇恂和賈復之爭

劉秀愛護人才，善於化解矛盾，避免內耗。寇恂、賈復都是深得劉秀信任的大將，但是兩人之間一度矛盾很大。寇恂做潁川太守時，執金吾賈復的部將在潁川殺了人，為了嚴明法紀，寇恂把殺人的將領明正典刑，斬首示眾，這下得罪了賈復。當時天下尚在草創階段，法令不很健全，軍中將領犯法，往往互相包容，搪塞了事。所以賈復對寇恂竟然不顧情面殺掉自己部將一事深為惱火，揚言有朝一日一定親手殺掉寇恂。寇恂聽說後，為了避免不必要的衝突，就常常藉故躲著賈復。有一次，賈復率部隊路過潁川，潁川是寇恂的地盤，賈復對左右隨從說：「我與寇恂同為將帥，卻被他羞辱，大丈夫豈有懷怨不報之理，這次如果見了寇恂，一定親手殺了他。」寇恂知道賈復的預謀，儘量不得罪他，還傳令各屬縣，多備酒肉，盛宴款待賈復的部隊。當賈復率軍進入潁川地界後，屬縣為將士們準備了雙份酒肉，寇恂先是出迎，寒暄完畢，稱病轉身而回。賈復想率兵去追，無奈士兵們吃的吃，喝的喝，很多人已經醉倒，只好悻悻作罷。

劉秀很快得知了寇恂、賈復的矛盾。他深知兩人都是忠心耿耿之士，相互內耗只會自損，決意出面調解。劉秀召兩人入朝，賈復先來，寇恂後到。寇恂一上大殿，抬頭正看見賈復也在殿中，於是轉身就想離開，被劉秀叫住。他對兩人說：「天下尚未平定，你們兩只猛虎怎麼能為個人的恩怨鬥個不停？

今日都聽從朕的勸解，從此攜手同心。」皇帝親自勸和，賈復哪敢不聽，何況寇恂寬宏大量，一再忍讓，賈復也有所省悟。於是兩人盡釋前嫌，君臣三人相談甚歡，出來時，賈復與寇恂同車而去。由此可見，光武帝劉秀不但會識人、用人，還善於誨人、教人。

▋「雲臺二十八將」之首鄧禹

西漢末年，王莽篡權，天下大亂。劉秀重建漢室，史稱東漢。跟隨光武帝劉秀鞍前馬後打天下的功臣很多，漢明帝劉莊在位期間，為了懷念這些開國名將，命人在洛陽南宮的雲臺繪製了二十八位開國名將的畫像，史稱「雲臺二十八將」。後又加上王常、李通、竇融、卓茂，總共三十二人。「雲臺二十八將」之首，就是鄧禹。鄧禹幫助劉秀建立帝業，立功甚偉。三國時孫權曾經將自己手下的魯肅比成鄧禹，唐太宗也曾把房玄齡比作鄧禹，足以顯示鄧禹在東漢開國諸將中舉足輕重的地位。

一、投奔劉秀

鄧禹（公元 2—58 年），字仲華，南陽新野（今河南新野）人。年少時聰穎好學，熟讀詩書，十三歲時，為了求學深造，來到了京都長安。長安是全國政治、經濟、文化中心，當時是王莽新朝的首都。長安政治氣候的變幻，是全國社會政治的縮影，各種社會矛盾都會在京城得到反映。鄧禹專心讀書，也很關心時事。新莽朝廷熱衷於改制，每有詔書發出，太學的學子們總是爭相閱讀，相互辯論。在長安遊學的數年間，鄧禹結識了比他年長八歲的同鄉學友劉秀，就是後來的漢光武帝。來自南陽郡的劉秀，為人謙誠隨和，好學深思，在學子當中是一個引人注目的人物。鄧禹不僅和劉秀是老鄉，而且與劉秀的二姐夫鄧晨是同族中人，所以，鄧禹時常跑來和劉秀切磋交流。這段機緣，也為他後來成為光武帝最得力的功臣埋下了伏筆。同學生涯是非常難得的時光，也有不少趣聞軼事。一天，劉秀、鄧禹一幫同學在街上閒逛，正逢負責三輔地區治安的武官執金吾率隊出巡。執金吾騎在高頭大馬上，手裡握著兩端塗金的象徵權威的「金吾」銅棒，衛隊前呼後擁，好不威風。劉秀擠在看熱鬧的人群中，情不自禁地嘆道：「做官當作執金吾，娶妻當娶陰麗

華。」陰麗華是劉秀家鄉一個有名的美人，也是少年劉秀暗自傾慕的對象。劉秀的話後來在同學中間傳為美談。

太學的學習生涯，使鄧禹學業大進。長安的生活，也使他增長了見識，開闊了眼界，結交了朋友。他從社會的動盪，人心的惶恐、懷疑和不滿中，看到新莽王朝不可避免的頹運。特別是結識了劉秀，對今後的人生道路產生了重要影響。

王莽年間，各地農民起義風起雲湧。荊州一帶由於遇到連年的大饑荒，農民到野澤中掘草根為食。新市（在今湖北京山境內）人王匡、王鳳行俠仗義，常替人排憂解難，調解紛爭，在饑民中威信很高，被推為首領。他們人數越聚越多，漸漸形成一支武裝力量，因占據隱蔽於綠林山中（在今湖北當陽境內），所以被稱作綠林軍。綠林軍很快發展到七八千人，起初本沒有攻城略地的打算，後來，王莽派遣荊州牧發兵進攻綠林軍，綠林軍出山迎擊獲勝，部眾增至數萬人，戰鬥意志高漲起來。公元 22 年，綠林山中疾病流行，綠林軍出山作戰，四處轉戰，勢力逐漸壯大。西漢宗室劉玄，南陽大地主劉縯、劉秀兄弟也投身進來。

公元 23 年，為了擴大影響，起義軍領袖準備擁立一位劉姓皇室宗室做皇帝，劉縯、劉秀兄弟雖然才能出眾，功勞卓著，但是遭到其他將領的猜疑和排擠，另一位劉姓宗室、平庸無能的劉玄被立為皇帝，更始政權建立。

這時鄧禹正在鄉里，因為平日廣接豪杰，又兼有文韜武略，鄉里豪杰們紛紛舉薦他到更始政權為官，但鄧禹始終不肯答應。更始政權雖然建立，但是塵埃並未落定，形勢還有待進一步觀察。鄧禹已經看出劉玄庸碌無能，終將難成大業，他對自己的老同學劉秀的行蹤始終非常關注，一直在等待著時機。

不久，王莽發兵四十二萬人進攻綠林軍。王莽軍前鋒近十萬人，將八九千名綠林軍包圍於昆陽（今河南葉縣）。劉秀率十三輕騎突圍出城，徵集援兵。當時昆陽城外，圍兵數十重，列營數百，王莽軍或挖地道，或發弓弩，昆陽城危在旦夕。在千鈞一髮的時刻，劉秀髮來數千援兵，與王莽軍展

開激戰，城中守軍乘勢出擊，內外夾擊，殺聲震天，王莽軍大敗，人馬相踏，死傷無數。這就是中國歷史上著名的以少勝多的昆陽之戰。

劉秀在昆陽之戰中顯露了出眾的軍事才能，戰後名聲大震。但是，綠林軍中的新市、平林集團的將領對劉氏兄弟日益壯大的名聲和勢力非常不安，與劉縯、劉秀的南陽集團矛盾日漸突出，最後終於導致劉縯被殺。劉縯被殺後，劉秀由於力量薄弱，不敢公開與更始政權決裂，他立刻趕到更始政權都城宛城，向劉玄請罪。新市、平林的將領原本以為劉秀一定會起兵為哥哥報仇，屆時正好以此為由除掉劉秀，斬草除根，但想不到劉秀卻主動跑到劉玄面前請罪，這倒使原來磨刀霍霍的新市、平林的將軍們不好辦了。劉秀緊緊抓住劉玄作為自己的庇護所。果然，劉玄把前來請罪的劉秀勸慰了一番，說這是你哥哥的事，和你無關，回去好好休息吧。劉官署的屬官聽說劉秀來到宛城，紛紛來到劉秀休息處，向他弔唁劉縯的冤死，勸他節哀。劉秀不發一句怨言，口口聲聲只說自己有罪，更不提一句自己在昆陽之戰中的功勞。他草草地埋葬了劉縯，也不為劉縯服喪，飲食、言笑同平時一樣。他雖然極度哀痛，但不得不強壓感情。劉秀深知，此時他還是寄人籬下，稍有不慎，就會身首異處。果然，他的一切言行都被劉玄和新市、平林的將領們所掌握，他們可以放心了。劉玄頗有愧意地封劉秀為武信侯，任破虜大將軍。但當回到官署，獨自一人時，劉秀不飲酒、不吃肉，經常暗中飲泣，為兄長之死悲傷。這一點被親信馮異看破，馮異勸劉秀尋找機會，逐步脫離更始帝，分道揚鑣，另樹旗幟。

昆陽之戰後，各方豪杰攻城略地，紛紛響應，王莽政權呈現土崩瓦解的局面。不久，綠林軍攻克長安，推翻了王莽統治。

更始帝劉玄決定遷都洛陽，他派劉秀為代理司隸校尉，先期到洛陽去整理那裡被戰火破壞的宮殿和官署。於是，劉秀乘機建立起自己的官署和僚屬團隊，以漢官的身份進入洛陽。本來，洛陽附近的民眾，看到更始軍的將士頭戴官帽而身穿婦女的雜色衣服，都不禁暗暗發笑，當看到劉秀所帶領的司隸校尉府署到來，一個個服色整齊，都非常高興，特別是那些舊日的老官吏，

更是流著眼淚說：「想不到今天能夠再見到漢官威儀！」因此，不少像鄧禹一樣有見識的人，都悄悄傾向於劉秀。

更始帝定都洛陽後，向全國派出許多使者，去說服地方官員歸順，稱：「誰先降服將恢復他過去的爵位！」但是，各地形勢仍然十分嚴峻，更始政權的政令所及，僅限於洛陽、長安、南陽一帶，其他廣大地區則處於分崩離析狀態，既有起義的農民軍，又有割據的地主武裝，還有一部分王莽政權舊官吏仍在行使管轄職權。尤以與洛陽近在咫尺的河北地區形勢最為嚴重，光是不相統屬的農民起義軍就有銅馬、青犢、五幡、五校、五樓、尤來、大槍、枌鄉、大肜、高湖、重連、鐵脛、富平、獲索等數十支，人數達百萬人。

為了爭奪河北地區，劉玄定都洛陽以後，想派一個得力的大將到河北去擴充勢力。劉秀也乘機積極活動，想乘外出帶兵之機擺脫更始帝的控制。繼劉縯任大司徒的劉賜向更始帝建議說：「南陽劉氏宗室的子弟當中，唯有劉秀可擔當此重任。」劉玄也有此意。可是對劉秀一直懷有戒心的大司馬朱鮪等人堅決不同意，朱鮪參與殺害了劉縯，他怕劉秀遠走高飛，一旦將來得勢，對自己極為不利。這又使劉玄狐疑不定。劉賜以宗室關係，一再勸說劉玄，舉棋不定的劉玄終於被說服，同意拜劉秀為破虜將軍，行大司馬事，讓他帶著作為朝廷憑證的符節，到河北等地鎮慰州郡。

劉秀以河北監軍的名義，帶著少數隨從，離開洛陽北行。在渡過黃河時，他回首望著洛陽郊外的山水，百感交集。起兵以來，經歷無數生死考驗，哥哥劉縯也死於自己人之手。此去北國，還不知將會有多少坎坷。

對劉秀一直關注的鄧禹，聽到劉秀赴河北的消息後，二話不說，立即渡河北上追趕劉秀。因為要趕路，所以還拄著一根拐杖。一路上歷盡艱辛，終於在邺城（今河北磁縣南）追到了劉秀，明確表示要輔佐劉秀成就霸業。

鄧禹不加掩飾的直言，觸動了劉秀的心思，使他又想起了當年「劉秀得天下」的預言故事。

那還是在鄉下老家的時候，有一次，劉秀和二姐夫鄧晨一起去拜訪名士蔡少公。由於他們都是後生晚輩，所以只能陪坐末席。這位蔡少公，喜歡研

究圖讖預言之學，這天的聚會也不例外。聊著聊著，他忍不住講出自己的研究心得：「以我對圖讖的研究，將來的天子將是劉秀。」話一出口，滿座中諸賓客頓時紛紛議論起來，最後有人想到了一個高高在上的大人物：王莽的國師劉歆。劉歆素來也喜歡研究圖讖，而且還剛剛改名為劉秀，莫非是他要應驗這個預言？一位賓客忍不住問蔡少公：「莫非預言所指的，就是國師劉秀？」蔡少公還沒有來得及回答，叨陪末座的劉秀半真半假地說道：「為什麼非要是國師？怎麼見得就不是我呢？」劉秀這句話頓時引來了滿堂的笑聲，大家都覺得這個文質彬彬的少年真會開玩笑。

鄧禹地來到，勾起了劉秀內心深處的慾望，使他少年時期的壯志又重新燃起。

夜裡，劉秀和鄧禹同宿長談。鄧禹對劉秀分析了當時天下的形勢並指出，要在亂世之中建功立業，必須具備「天時」與「人事」兩個條件，即客觀條件和主觀條件。鄧禹分析說：「如今山東動盪，赤眉、青犢有幾萬人。更始帝本是平庸之人，手下將領都是只顧蠅頭小利、圖一時快活的凡夫俗子。古代聖賢之所以成功，靠的是天時和人事。從天時看，更始當權之後，天下災變不斷；以人事論，帝王大業也非這班凡夫俗子所能勝任。明公您是皇家宗室，德行威望，天下信服，軍政齊肅，賞罰分明，希望您能招攬英雄豪杰，順應民心，若能如此，定能復興高祖大業，拯救百姓於水深火熱之中。」

以上「天時」與「人事」的一番話，實際上講的是政治方略。接著，鄧禹從軍事上進一步向劉秀提出了爭霸天下的步驟和策略，即先占有河北，以此為基地，向東占據山東，然後由北向南爭霸天下，逐步實現統一大業。鄧禹的對策，既闡明了逐步奪取有利地區的重要意義，又包含了分清主次緩急、各個擊破敵軍的思想，對劉秀戰略思想的形成產生了重要作用。劉秀在定都洛陽、平定關中後，基本按照鄧禹的思路，確定了先關東後隴蜀、先易後難、由近及遠、各個擊破的戰略方針。

劉秀對更始政權早有不滿，聽了鄧禹的獻策，深表贊同。兩位老同學促膝談心，相談甚歡。從此，劉秀常常讓鄧禹住在自己的營帳，一起商量軍機

要事，並吩咐身邊的人稱鄧禹為鄧將軍。鄧禹成為劉秀帳下參與決策的最親信的謀士。

　　鄧禹後來之所以能成為開國功臣之首，應該與他最早在鄴城向劉秀面陳爭霸天下的大計有著直接的關係。在劉秀的所有文臣武將中，鄧禹是最有遠見卓識的人。他本人的氣質才幹和他以後在劉秀集團中的身份地位，都與三國時的諸葛亮相似。他在鄴城對劉秀所說的一席話，與諸葛亮的「隆中對」一樣，也是經略天下的大政方針和軍事方略。二者不同之處是，劉備與諸葛亮從未相識，劉備三顧茅廬之後，諸葛亮方才推心置腹地陳述了自己對天下大勢的分析，並就劉備應採取的方針政策提出了自己的見解。而劉秀與鄧禹早就相識，鄧禹是一路追趕劉秀至鄴城後主動向劉秀開陳大計的。就對形勢分析的具體、細緻、深刻和日後的應驗程度而言，諸葛亮的「隆中對」較之鄧禹的「鄴城獻計」似更勝一籌。所以，前者對後世的影響更為廣泛，而後者則似乎不為人們所知。不過，鄧禹對劉秀所陳之計，也非一般人所能見識到，所以自有其存在的地位和價值。首先，鄧禹是第一個向劉秀詳細進陳爭霸天下大計的人。較之其他謀臣武將來說，這是十分難能可貴的。從歷史記載來看，劉秀雖深沉有大略，但起初似乎並無圖取天下的大志。據《後漢書·光武帝紀》記載，劉秀和他哥哥劉縯性情不同，劉縯廣為結交，志向遠大，而劉秀一開始興趣只在務農種地，在受到哥哥揶揄取笑後，才覺務農非終身之計，因而入長安拜師求學。大家勸說劉秀起事，劉秀起初不願，後見天下大亂，王莽敗亡之兆已經出現，才參與策劃舉事。更始政權派他來河北，他更多的是慶幸終於擺脫了在更始政權眼皮底下朝不保夕的日子，這時鄧禹的及時開啟誘導，對於堅定劉秀爭霸天下的雄心大志造成了重要作用。這也是劉秀不同於劉備的地方。其次，鄧禹對天下大勢的分析與判斷，雖然較為籠統，但總體上是準確的。西漢末年，王莽篡權，法令繁雜苛刻，加上遇到天災，終於導致天下大亂、群雄並起。但是，在這亂哄哄的群雄之中的確沒有一個是深謀遠慮的人物。新市、平林的諸多將領之所以堅持一定要立劉玄為帝而排擠劉縯，本意不過是因為劉縯威信高、能力強，不便控制，而劉玄則庸懦無能，好作傀儡而已。由此可見，新市、平林軍的將領並不是一些有遠大志向的人。這樣的人，事業興盛的時候只知道貪圖眼前享樂，等到衰敗的一天，

必然是無謀無勇，根本成不了氣候。在這種形勢下，有著漢室皇家名號的劉秀如能自強自立，掃蕩群雄，統一天下，確是一個千載難逢的機會。最後，鄧禹要劉秀招攬英雄豪杰，順應民心，復興高祖大業，的確抓住了問題的要害，為劉秀爭奪天下、光復漢室確定了基本方略。其中，復興高祖大業是遠大目標，招攬英雄、順應民心是具體措施。招攬英雄，就是要網羅人才。要想成就一番大事業，沒有一大批得力人才是不可能成功的。所以，歷代有作為的君主帝王，無不把招攬英雄當作自己的座右銘。順應民心，就是要爭取老百姓的擁護和支持。得人心者得天下，明智的君主帝王，無不留意於民心的向背。從劉秀的創業過程看，其最終能夠登上帝王之位，一統天下，與鄧禹首創大計密切相關。

二、平定河東

鄧禹不僅是一位善於運籌帷幄的謀士，而且還能文能武，出將入相，帶領將士衝鋒陷陣。他協助劉秀，在平定河北、河東和建立東漢政權的過程中發揮了重要的作用。

劉秀在河北遇到的主要敵人是割據勢力王郎。王郎在邯鄲起兵，公開與更始政權為敵，他對在河北的更始政權代表劉秀，必欲除之而後快，於是傳檄各地稱，有能擒劉秀者封十萬戶，使劉秀處於極為險惡的境地。在劉秀最為困頓潦倒的時期，鄧禹始終緊隨左右，不棄不離。為了躲避王郎的追捕，劉秀率鄧禹等人被迫逃離薊城。一行人晝夜不停地趕路，一路上備嘗艱辛。不敢進入城鎮，餓了就在路邊隨便吃點，累了隨處就睡。走到饒陽蕪蔞亭，饑寒交迫，隨行的馮異不知從哪裡搞來了熱氣騰騰的豆漿，端給劉秀。到了饒陽城下，大家疲憊不堪，劉秀決定冒一次險，他自稱是王郎的使節，堂而皇之地叫開城門。城裡官員聽說是王郎派員駕到，立刻設宴招待。劉秀、鄧禹、馮異等人，面對一桌子香噴噴的魚肉，顧不上體統，像叫花子一樣大吃大嚼起來。城裡的官員一看此狀，頓然起疑，這哪裡像是上面派來的使節？於是暗中派人，故意在外面擂鼓叫喊：「邯鄲將軍駕到！」劉秀、鄧禹等人一聽大驚失色，連忙跳上馬車，準備逃走，可是轉念一想，反正是被困城中，跑是跑不掉的，只得再回到座位上，硬著頭皮說：「既然邯鄲將軍來了，就

請來相見！」結果自然是一場虛驚。吃完飯後，大家慌忙離開饒陽，冒著風雪日夜兼程。到了南宮，遇上狂風暴雨，大家跑到一間空房子裡躲雨，馮異抱柴火，鄧禹忙著燃火，才使劉秀得以就著火爐灶烘烤衣服。這一段逃跑的經歷，無論對劉秀還是鄧禹來說都難以忘懷，也使鄧禹和劉秀建立了患難之交。

後來，劉秀派遣鄧禹率軍數千人，幾經苦戰，終於奪取了廣阿，在河北找到一個立腳點。夜裡，劉秀在廣阿城樓上點著燈火，查看地圖，對身邊的鄧禹感嘆道：「天下郡國這麼多，我現在好不容易才得到一座城，你以前還說平定天下不足慮，這什麼時候才能成就大業呀！」鄧禹開導說：「當今天下紛亂，百姓渴望明君就像兒子思慕慈母一樣，古來成就大事的人，主要在於對百姓仁德的厚薄，而不在於一時勢力的大小。」劉秀聽了點頭稱是。

鄧禹在平定河北的戰鬥中，隨劉秀進攻王郎手下的橫野將軍劉奉，取得大勝。他又曾奉命與另一位大將蓋延赴清陽一帶與銅馬軍作戰，蓋延部隊先到，作戰失利，被銅馬軍所圍。鄧禹指揮部隊趕來，奮勇向前，與銅馬軍展開大戰，大獲全勝。

鄧禹不僅能將兵，還善於發現將才，舉薦將才。劉秀當時任用將領，經常要找鄧禹諮詢意見。

為了戰勝銅馬軍，劉秀決定征發幽州十郡兵馬。但在選擇統率大軍的人選上，他反覆考慮，拿不定主意。一天半夜睡不著覺，劉秀召來鄧禹，請他推薦一名能與銅馬軍抗衡的將領。鄧禹極力推薦吳漢，說：「我和吳漢有過多次交談，發現這個人有勇有謀，其他將領比不上他。」劉秀接受鄧禹的建議，拜吳漢為大將軍，率領十郡騎兵征戰銅馬軍。後來的事實果然證明鄧禹看人準確，舉薦得當，劉秀為此非常信任他。

更始二年（公元 24 年），劉秀攻占了更始政權控制的河內郡。河內郡位於黃河以北，太行山東南，北通上黨，南迫洛陽，是進入并州、冀州的門戶。劉秀占據了河內，就可以直接威脅洛陽，並且能夠遏制黃河以南更始政權軍隊的北進，保證河北地區的安全。河內郡人口百餘萬，經濟並沒有遭到多大的破壞。劉秀曾說：「有河內的富饒，我必將以此為基地而振興！」但是，

如此重要的河內郡，派誰來鎮守呢？劉秀知道鄧禹有知人之明，又找來了鄧禹，請他推薦保衛河內郡的人選。鄧禹說：「當年漢高祖委任蕭何鎮守關中，從此對西邊毫無後顧之憂，高祖集中精力對付東部，最終成就了大業。如今河內郡地處黃河天險，人口旺盛而富足，向北可通上黨，向南可逼迫洛陽。鎮守此地，一定要找一個得力的大將。寇恂這個人，文武兼備，有駕馭領導之才，鎮守河內郡非他不可。」劉秀欣然採納了鄧禹的建議，拜寇恂為河內太守，行大將軍事。寇恂不負重託，完成使命，後來被人譽為劉秀的蕭何。

劉秀先消滅了王郎，擴大了自己的勢力。繼而打著更始的旗號，採用軍事進攻和分化瓦解的手段，鎮壓和收編了銅馬等幾十萬起義軍，終於控制了河北地區。

劉秀平定了河北之後，正值樊崇率赤眉軍進攻更始政權的都城長安。赤眉軍進展很快，迅速透過函谷關，直逼長安的更始政權。在赤眉軍壓境的情況下，更始帝劉玄急忙派王匡、成丹、劉均據河東，丞相李松據弘農，以抵抗赤眉軍。可是赤眉軍勢力強大，作戰勇猛，王匡等人抵擋不住。赤眉軍的入關作戰，迫使劉秀對作戰方略進行了調整。

劉秀經過分析認為，赤眉軍必破長安，並且赤眉和更始兩軍相爭，一定會兩敗俱傷。劉秀認為有機可乘，決定乘機吞併關中。然而，這時他正在河北指揮清剿河北農民軍，河內郡也是剛剛占領。在這種形勢下，劉秀無法分身率軍進入關中作戰。他經過慎重考慮，認為鄧禹為人深沉而大度，於是委任他為前將軍，率軍西進。

為了保證西征的勝利，劉秀對鄧禹統率的士兵和屬將都作了精心的挑選。劉秀選出精兵二萬人，特令鄧禹可以自選偏裨將以下的官員。於是，鄧禹以韓歆為軍師，李文、李春、程慮為祭酒，馮愔為積弩將軍，樊崇（與赤眉軍首領樊崇同名）為驍騎將軍，宗歆為車騎將軍，鄧尋為建威將軍，耿忻為赤眉將軍，左於為軍師將軍。

公元 25 年正月，由鄧禹統率的西征大軍開始向西進發。劉秀對西征軍寄予了很大的希望，親自送鄧禹出征。鄧禹率軍準備由箕關進入河東郡。這

時，河東郡尚在更始政權控制之下，郡都尉堅守箕關，阻止鄧禹大軍透過。鄧禹指揮全軍，在箕關激戰十天，終於攻破關口，獲輜重車千餘乘。

更始政權所屬將領，得知劉秀派鄧禹率軍西征，非常恐慌，他們拚死抵抗鄧禹軍。鄧禹大軍在攻破箕關，進入河東後，進展的速度便受到了阻礙。鄧禹大軍包圍安邑後，連攻數月，都沒有攻克。更始政權的各路援兵，紛紛趕到，試圖解安邑之圍。首先趕到的是更始大將軍樊參，他率領數萬人前來攻打鄧禹。鄧禹派遣所屬將領，在解南擊敗樊參部隊，並斬殺了樊參。

解南大捷給了更始政權以極大的震動。於是，劉玄急忙把防備赤眉軍的王匡、成丹、劉均等人調往河東，與鄧禹軍決戰。更始政權的各路將領，合軍十餘萬人，殺氣騰騰一起向鄧禹撲來。更始軍人多勢眾，給鄧禹軍造成很大的威脅。鄧禹指揮全軍頑強戰鬥到夜幕降臨，他的部將樊崇戰死，韓歆等手下將領見敵人氣勢很盛，都勸鄧禹乘夜色逃走。鄧禹清醒地認識到，同王匡、成丹、劉均軍的作戰能否勝利，關係到西征軍的成敗，所以他仍堅持再戰。在鄧禹軍初戰失利後的第二天，正巧是「六甲窮日」。這一天，按漢代的習俗，是不利於出戰的禁忌日，因而王匡等人停止出戰。這就使鄧禹有了重整軍隊的時間，經過一天的休整，鄧禹軍士氣重振。王匡等人想儘早消滅鄧禹軍，所以在禁忌日一過，就立刻率領全部軍隊，向鄧禹軍營發起衝鋒。鄧禹採取以逸待勞的戰術，令軍中不得妄動，等王匡軍來到營下，突然發令播鼓出擊，王匡軍措手不及，被殺得大敗。王匡等人棄軍逃走，鄧禹率部乘勝追擊，在戰場上俘獲了劉均、河內太守楊寶和持節中郎將弸強並把他們全部斬首，還繳獲了印綬五百，兵器不可勝數。這時，更始軍在河東的主力全部被殲滅，河東郡全境也被平定。為了確保河東郡的安定，鄧禹任命李文為河東太守。

攻占河東郡，為大軍進入關中打下了基礎。鄧禹在河東的勝利，也解除了更始軍對河北地區的威脅。更始政權喪失了河東郡後，不僅受到日益逼近長安的赤眉軍的威脅，而且鄧禹大軍也開始把軍鋒直接對準了更始政權。這時，在長安的更始政權，已處於岌岌可危的境地。

當鄧禹在河東郡與更始軍激戰時，劉秀基本上已全部平定了河北，稱帝條件已成熟。將領們紛紛勸劉秀早日稱帝，將軍馬武勸劉秀說：「大王雖然謙虛退讓，可是皇家宗廟與祭祀託付給誰？最好先定尊位，再行討伐。不然的話，像這樣亂闖亂打，到底誰是匪？誰是盜？」在文臣武將的反覆勸說下，公元 25 年，劉秀在鄗縣（今河北柏鄉縣北）即皇帝位，定都洛陽，建立東漢王朝。

剛剛稱帝的劉秀馬上任命鄧禹為大司徒。大司徒是三公之一，劉秀即位之初，三公權力很重，他對三公的人選也特別重視。在眾臣之中，劉秀最為看重鄧禹，認為他有軍事才能和識人之明，所以才派鄧禹專門統帥大軍進軍關中。鄧禹平定河東郡，劉秀十分高興，他特派使者持節前往鄧禹軍中，對其功績大加表揚，策文說：「制記前將軍鄧禹，深明忠義孝道，常與我謀劃策略於軍營的帳幕之中，決勝於千里廣闊的戰場上。孔子說，『自從我有顏回之後，門人弟子日益親附。』鄧禹斬殺敵將，攻破敵軍，平定山西，功傚尤其顯著。過去百姓互相不親善和睦，不講人倫教化，鄧禹擔任司徒後，應敬肅施行寬仁教化。現派奉車都尉授給印綬，封為酇侯，賜給萬戶世祿的田邑，以此作為敬意。」這時，鄧禹年方二十四歲。

三、關中失利

鄧禹攻破王匡後，繼續西進。從汾陰（今山西河津市南）渡過黃河攻克夏縣（今陝西韓城市南），又在長安東北的衙縣（今陝西白水縣北）擊敗更始左輔都尉公乘歙所部十萬之眾。正待鄧禹要繼續率軍向關中腹地挺進時，赤眉軍在十月占據長安。更始帝劉玄向赤眉軍投降，更始政權失敗。因此，鄧禹的西征軍，便由對更始政權軍隊作戰，轉向對赤眉軍作戰了。

赤眉軍攻入長安，但因軍紀不好，百姓紛紛逃難躲避。聞聽東漢將軍鄧禹的軍紀嚴明，沿途秋毫無犯，於是百姓扶老攜幼，都來投奔，人數日以千計。鄧禹對外號稱百萬，所到之處，見到父老兒童，就會停車下來，豎起象徵東漢政權的符節，對百姓噓寒問暖。百姓非常感動和高興，一時間，鄧禹在關西名聲大振。

鄧禹手下的將領都勸他乘勝進攻長安，鄧禹以為，自己的部隊人數雖多，但是士兵多是新來投軍，能打仗的並不多，而且軍糧不足，既無積蓄，又無暢通的後方運輸。而赤眉軍新破長安，財糧充裕，勢不可當。不如駐屯在長安外圍，掠取長安以北的上郡、北地、安定三郡，就地籌集糧草以養士兵，待時機成熟再攻長安。在這種思想指導下，鄧禹率軍向北到達栒邑（今陝西旬邑附近）。

劉秀見鄧禹久不進兵，便下令催促。在致鄧禹的信中，劉秀說：「鄧司徒，您是堯一樣的賢人，而敗逃的敵人像桀一樣的昏庸無能。長安的官吏百姓，整日惶恐不安，無所依靠。先生您應當抓緊時機進行討伐，以鎮定安慰西京，維繫百姓的心情。」鄧禹仍堅持己見，自己帶兵駐紮在大要（今甘肅寧縣），令部將馮愔、宗歆留守栒邑，其他將領攻略北邊各郡，同時徵兵徵糧，留守栒邑的馮愔為了爭權，殺掉了宗歆，並出兵反擊鄧禹。鄧禹率軍反擊，同時派人向光武帝匯報並請教計策。光武帝問使者，馮愔平日最要好的人是誰，使者說是護軍黃防。光武帝猜馮愔、黃防必不能長久和睦，讓使者告訴鄧禹說：「將來抓住馮愔的，肯定是黃防。」便派尚書宗廣帶著符節前去誘降黃防。果然不出光武帝所料，一個月後，黃防抓住了馮愔，叛亂也得到了平息。但是，這場內亂對鄧禹的威信和部隊的士氣，都產生了負面的影響。

過了兩個月，在長安的赤眉軍發生內亂，主力部隊西走扶風。鄧禹察知長安空虛，即率軍從小道日夜兼程，占領了長安。當時關中有個地方武裝首領叫延岑，勢力很強，他既不服赤眉，也不服漢軍，獨往獨來，橫行無忌，鄧禹與他交上了火。強龍難壓地頭蛇，鄧禹軍一時竟難以取勝。赤眉軍撤出關中後，原打算進入隴右，但隴右被另一個割據勢力隗囂所控制，赤眉軍攻打不勝，又回師關中。鄧禹正忙著對付延岑，結果被赤眉軍一個回馬槍打敗，只得撤到高陵。當時漢軍糧草極為短缺，士兵們每天只能靠野棗野菜充饑。在困難的形勢下，不少先前來依附的人又漸漸散去。

正當處境困難之際，光武帝下詔，令鄧禹帶兵東還，光武帝在詔書中命令各位將領不得擅自進兵，赤眉軍糧食匱乏，必定會引兵東來。他自會部署殲滅他們。

　　建武三年春，鄧禹率騎將軍鄧弘等引兵東歸，行至華陰（今屬陝西）以東，與光武帝派來的征西大將軍馮異相遇。馮異正率領所部自洛陽經弘農（今河南靈寶）西進關中，在華陰地區已與東歸的赤眉軍相峙六十餘日。鄧禹自覺未能完成攻占關中的使命，有負劉秀的重託，便和鄧弘一起要求同馮異一道攻赤眉。馮異以為赤眉軍尚有較強的實力，應該等待時機，與光武部署在澠池附近的大軍東西夾擊，一舉殲滅赤眉軍。鄧禹、鄧弘急於成功，不聽馮異的勸阻，向赤眉軍發動了進攻。

　　赤眉軍採取了誘敵之計，假裝失敗丟下輜重退走，車上盡裝泥土，僅用豆子覆蓋在表面，鄧禹的部將鄧弘率兵追來。士兵長期饑餓，見到豆子紛紛上去爭搶。赤眉軍突然殺了個回馬槍，把鄧弘軍打得大敗。鄧禹、馮異合兵前來相救，又被赤眉殺敗，死傷三千餘人，鄧禹只帶二十四騎逃歸宜陽。馮異棄戰馬徒步逃出，退至回谿阪（位於湖縣西），堅壁自守。

　　鄧禹逃奔宜陽，向光武帝請罪，引咎辭職，交還大司徒、梁侯（原封酇侯，建武二年改封梁侯）印綬，光武帝給予免官留爵處分。過了幾個月，又起用鄧禹為右將軍。建武四年（公元 28 年），光武帝命鄧禹率將軍鄧曄等擊破割據漢水流域的延岑，軍威重振。

四、功臣之首

　　公元 37 年，東漢削平各地割據勢力，完成了統一大業。鄧禹以功改封為高密（今山東高密西）侯，食邑達四縣之多。其弟鄧寬亦因鄧禹功封明親侯。

　　東漢初年，功臣眾多，封侯者百餘人，大的列侯封地多達六縣，超過漢高祖對功臣侯的封賞。但是在政治上，光武帝對列侯參與朝廷政事很有戒心，一反漢高祖以功臣任丞相執政的辦法，不給功臣實權實職，剝奪他們的兵權。功臣除了任邊將的以外，多在京城以列侯奉朝請。

　　長期的戎馬征戰，使光武帝劉秀認識到，百姓由於長期戰亂而疲憊貧困，對戰爭非常厭倦，渴望休養。所以在平定隴右、蜀郡之後，除非有特別緊急的情況，光武帝很少談論軍事。皇太子劉強曾經向他問及戰陣，光武帝說：「從

前，衛國國君向孔子請教戰爭，孔子不肯答覆。軍事方面的事，超出你的能力了。」在一次宴請功臣的宴會上，光武帝對群臣說：「朕要是不起兵討逆，可能就要終身做學問了。」鄧禹說：「我要是沒有遇到陛下，可能就是一個五經博士了。」

鄧禹深知光武帝追求天下太平，推崇文化教育，不願意看到有功勞的將領身在京城而擁有重兵。於是，鄧禹主動交出軍權，傾心鑽研儒家經典。像鄧禹一樣，耿弇等將領也交出軍權，都以侯爵身份，回到自己家宅，有時也參加朝廷的御前會議。

鄧禹為人淡泊名利，待人敦厚，他有十三個兒子，從不引導他們追求高官厚祿，而是讓他們各自精通一門儒家的經典，掌握安身立命、養家餬口的技藝。鄧禹家教嚴謹，他修整家庭倫理，教養子孫，食封邑，不置產業，不參與朝廷政事。光武帝看在眼裡，對鄧禹反而愈加敬重，命他與固始侯李通、膠東侯賈復與公卿大臣參議國家大事。光武中元元年（公元 56 年）又委任鄧禹為司徒，行宰相之職，這在東漢功臣中是罕見的破例之舉。漢明帝即位後，以鄧禹是開國首功之功，拜為太傅，甚為尊崇。太傅位在三公之上，是最高的官職。一般臣僚覲見皇帝都是北向，而明帝特許鄧禹見皇帝可以東向。永平元年（公元 58 年），鄧禹逝世，終年五十七歲，諡為元侯，有確認他為中興功臣之首的意思，所以後來凌煙閣標名也以鄧禹為首。

在東漢中興功臣中，鄧禹的戰功並不顯赫，其所以居中興功臣之首，自有其獨到的過人之處。他早年與光武帝為同學布衣之交，又在光武帝困難的時候前來投奔。在平定河北的過程中，他和光武帝朝夕相處，參與決策，時常給光武帝以及時的鼓勵，光武帝對他的感情自然非同一般。鄧禹知人薦賢，在一系列重大決策性問題上對光武帝幫助很大。他為人穩重，不居功爭權，天下統一後成為光武朝僅有的幾個繼續受任用的功臣。當時二十八宿中很多人已經不在人世了，而鄧禹任大司徒、太傅，當過太子劉莊的老師，劉莊當皇帝后，自然厚待鄧禹。

鄧禹生前曾說，我曾率領過百萬之眾，但是不曾妄殺一人，所以我的後代必能興旺。鄧禹死後，子孫相繼為高官。南陽鄧氏與扶風竇氏、弘農楊氏、

汝南袁氏都是東漢時期顯赫的世家大族。鄧禹的孫女鄧綏，是漢和帝劉肇的皇后，史稱鄧太后，漢和帝去世時她年僅二十五歲，先後策立殤帝、安帝，以太后身份臨朝稱制，執政達十七年，成為實際上的「女皇帝」。鄧太后治理天下，以古代賢王明君的政治經驗為借鑑，政治清明，為人節儉，是東漢傑出的女政治家，被譽為「皇后之冠」。

▌常勝將軍耿弇

　　東漢開國的「雲臺二十八將」，來自社會的各個階層，有的出身綠林義軍，有的出身豪強地主。其中有一位將領，出身王莽時期的官宦家庭，自小讀書習武，聰穎過人，帶兵打仗總是奇計迭出，以少勝多，深得光武帝劉秀的賞識和器重，這位將領就是耿弇。在範曄所寫的《後漢書》中，東漢許多開國功臣都是幾個人合起來作傳，唯獨耿弇，是一個人列傳，可見他在東漢開國諸將中的份量。

一、劉秀的「北道主人」

　　耿弇（公元 3—58 年），字伯昭，扶風茂陵人。祖籍原在河北鉅鹿，因祖上曾在漢武帝時任二千石的高官，便舉家由鉅鹿遷居茂陵。耿弇的父親耿況，字俠游，是王莽時期的上谷郡太守。耿況好讀書，為官之前曾拜名士安丘望之為師。安丘望之，字仲都，精通老子的《道德經》，清高不願做官，號稱安丘丈人。漢成帝聽說他有很高的才幹，便派人召他入長安，想拜他為官，安丘望之辭謝不就，以行醫為名隱於民間。耿況慕名尋到安丘望之，拜他為師，學習《道德經》，很快便在郡縣裡聲名鵲起。王莽改立新朝後，耿況被郡縣人舉薦，擔任朔調連率（即上谷郡太守）。

　　耿弇生於條件優越的太守家庭，從小好學，熟讀《詩》《禮》及《道德經》，尤其愛讀兵書。他特別愛隨父親一道，觀看郡裡的兵將操練。當看到健兒們舉旗擊鼓，飛馬射箭，耿弇總是羨慕不已。年終郡內比賽騎馬射箭，耿弇都踴躍參加，漸漸地在郡縣小有名聲。父親耿況見他喜愛兵事，便讓他在郡中的軍隊裡充當一名小將。

在風起雲湧的各地義軍的沉重打擊下，王莽政權很快覆滅，但天下紛爭並沒有停止。公元23年，劉玄的更始政權遷都洛陽，為了招撫天下，劉玄拜武信侯劉秀為破虜將軍，行使大司馬職權，派遣劉秀持節赴河北（今河北大部、河南一部及北京、天津等地）招撫王莽時期任命的州郡縣吏。

耿況所擔任的上谷太守，是王莽新朝任命的，眼看王莽垮臺，劉玄稱帝，更始政權向天下發號施令，原有的郡守縣令撤的撤，換的換，耿況心中志忑不安，想尋機改換門庭，投靠新主，於是便派二十一歲的兒子耿弇帶著府吏孫倉、衛包，攜上禮物去京城上貢，以求繼續使他任上谷太守。耿弇三人走到邯鄲附近時，正好遇上王郎偽稱漢成帝的兒子劉子輿，在邯鄲稱帝，與更始政權對立，並各處懸賞要捉拿更始政權派到河北的劉秀。在驛舍，孫倉、衛包見王郎勢力很大，想就近投靠王郎，兩人便勸耿弇說：「劉子輿是漢成帝的兒子，是正統皇帝，捨棄他不投奔，還到哪裡去呢？」耿弇手按寶劍，凜然怒斥說：「劉子輿哪裡是什麼皇子，分明是一個招搖撞騙的賤賊，早晚要成為階下囚。我此去長安，將向更始皇帝上奏漁陽、上谷的軍備情況，隨時以備朝廷調用。待我回到上谷，父親必率大軍從太原、代郡出動，用不了多久，就可以擊滅劉子輿的烏合之眾。你們二人不從長遠考慮，不辨真假明主，將來就會被滿門滅族。」二人不聽，偷偷溜走，投靠邯鄲的王郎去了。耿弇聽說更始政權的大司馬劉秀正在盧奴（今河北定縣），便晝夜兼行，前去拜見。劉秀留下了耿弇，委任他為門下吏。這時耿弇還只是個小夥子，才華還沒有充分顯露，劉秀對他不是十分瞭解。過了些時日，耿弇覺得擔任小吏沒什麼意思，不能發揮自己的才幹，便委託護軍朱佑向劉秀說情，能讓他返回上谷，說服父親，率軍攻打邯鄲的王郎。劉秀這才注意到身邊這個年輕人，覺得不可小覷，笑著說：「這小夥子居然有如此大的志向。」劉秀知道，要想在河北站穩腳跟，不能不依靠當地的勢力，於是便對這位上谷太守的公子另眼相看，幾次召見他，厚加恩慰，勸他暫時跟隨自己，有機會再回上谷。

更始二年（公元24年）正月，為了對付王郎，劉秀一行向北行進，想聯絡邊郡太守進攻王郎，耿弇一路跟隨。當時王郎的勢力正強，他讓人到處貼上告示：「有緝拿住劉秀者，封食邑十萬戶的列侯。」漢武帝的第六代孫劉接，在其父親劉嘉的封地廣陽（今北京城西南）起兵響應王郎。劉秀四面

楚歌，處境很危險。當到達薊時，劉秀一行又聽到傳言，說邯鄲王郎的使者將來薊，二千石以上官員必須出城迎接，大家非常慌張，急忙乘著黑夜，混在逃難的人群中溜出城。河北到處都是王郎的勢力，下一步該往哪裡去？劉秀與隨從們商量，大家都主張往南走。耿弇說：「往南就是邯鄲，有王郎的重兵駐守，再說王郎的使者正從南面而來，我們往南走，不是往敵人的虎口裡送嗎？」耿弇向劉秀提出：「漁陽太守彭寵是您的同鄉，上谷太守是我的家父，這兩人都可以依靠，請您率領大家北進。」劉秀心有所動，指著耿弇對大家說：「這就是我的『北道主人』。」劉秀和身邊的親信，大多都是河南人，在北方沒有什麼根基，劉秀把耿弇說成是自己的「北道主人」，是向耿弇以及他的父親耿況表明自己的一種信任和依賴。但劉秀手下大多數人對耿弇這個年輕小夥子的話覺得沒有把握，認為死也要死在南方，向北只會更加危險，堅決反對北進，於是隊伍只好南行。耿弇無奈，便暫時告別劉秀，自己一人先回上谷。劉秀一行向南至饒陽，饑困無食，受盡了苦難。

回到家中，耿弇向父親詳細講述了此行的經歷，還特別向父親談了對劉秀的印象，認為劉秀才略過人，可成大事，將來必得天下。他請求父親聯合彭寵，共同發兵進攻王郎，乘勝歸依劉秀。耿況被兒子說服，便派府吏寇恂去漁陽勸說太守彭寵，得到了彭寵的贊同。於是，彭寵令部下吳漢率漁陽騎兵兩千人、步軍一千人，與耿弇的上谷軍會合，共計騎兵四千人、步軍兩千人。

耿弇、吳漢、景丹、寇恂等人，率兩郡兵馬南下，沿途擊殺王郎大將、九卿、校尉以下官吏四百多人，獲得印綬一百二十五副，節杖二枚，斬殺敵軍三萬人，平定涿郡、中山、鉅鹿、清河、河間等二十二個縣。這時劉秀已在廣阿聚合起一支隊伍，正準備攻打邯鄲，突然聽說有兩郡兵馬殺來，又聽傳言說這兩郡兵馬是奉王郎之命前來進攻的，大家都很驚慌。待兩郡兵馬到達廣阿城下，耿弇等人求見，劉秀方知是來保護自己的，大喜過望，說：「我要與上谷、漁陽的士大夫們共立滅敵的大功！」於是，劉秀拜耿弇、吳漢、景丹、寇恂等人為偏將，加拜上谷太守耿況為大將軍，封為興義侯，允許其自任偏將。

除了上谷、漁陽二郡外，劉秀還得到了信都太守任光、和成太守邳彤、昌成人劉植、宋子人耿純等人的支持，幾處兵馬合在一起，已有數萬人，更始帝也派尚書僕射謝躬率軍前來，一是支援，二是對劉秀實施監督牽制。劉秀在廣阿休整兵馬，養精蓄銳，制定了進攻邯鄲的作戰計劃，然後大軍東進，首先包圍了鉅鹿城。王郎的大將王饒率軍堅守，一個多月過去了，鉅鹿仍沒有攻克，王郎援軍騎軍萬人又趕到，形勢十分緊張。劉秀採取圍城打援的戰術，率軍猛擊王郎援軍，斬數千人。見援軍被殲，鉅鹿守軍頓時軍心渙散，劉秀指揮軍隊一舉破城，取得勝利。更始二年四月，劉秀軍逼近邯鄲，耿弇、吳漢等偏將率軍奮戰，連敗王郎派出的軍隊，斬首和俘虜甚多。邯鄲守軍漸漸不支。劉秀指揮大軍不斷攻城，五月，終於占領邯鄲，斬殺王郎，河北大部分地區很快被劉秀所控制。

平河北、滅王郎，為劉秀後來稱帝奠定了穩固的基業。這段歷程也是劉秀最為艱難的時光，耿弇在這一時期立功甚偉，他發動的上谷、漁陽兵馬，使劉秀如虎添翼。

二、臥榻之前指點迷津

消滅王郎後，劉秀把自己的大司馬府設在邯鄲。遠在長安的更始帝見劉秀聲威日盛，遂起猜疑之心。為了防止劉秀另立爐灶，不受節制，更始帝劉玄派御史大夫黃黨持詔書來到邯鄲，封劉秀為蕭王，令其立即解散部隊，偕同手下立功的將領一起回長安待命。同時，詔書又更換了歸依劉秀的太守，派苗曾為幽州牧，韋順為上谷太守，蔡充為漁陽太守。更始帝的一紙詔書，等於是解除劉秀的兵權，把劉秀等人浴血奮戰得來的幽州、冀州憑空拿去。

更始帝的詔書把劉秀逼到了十字路口。劉秀看破了更始帝的用心，哥哥劉縯被殺的往事又浮上心頭，他深知一旦失去兵權，回到長安，自己的命運就掌握在別人的手中了。但是，公開抗旨就意味著與更始政權決裂，劉秀一時拿不定主意，心中鬱悶，就在王郎邯鄲宮的溫明殿裡蒙頭大睡。

機智的耿弇看出了劉秀的心病，有意前來指點迷津。他不讓人通報，獨自進入溫明殿，來到劉秀臥榻之前，用平時報告軍情的口吻對劉秀說：「我

剛才在軍營中查點兵馬，發現各部士兵傷亡很大，請讓我回上谷一次，再徵召些人馬來。」

劉秀覺得奇怪，問道：「王郎不是已經被消滅了嗎？河北已經基本平定，再去徵兵幹什麼？」

耿弇這才嚴肅地說：「王郎雖然被消滅了，可是天下的戰亂才真正開始呢！現在長安使者要我們解散軍隊，您千萬不能上當！」

劉秀聞聽，立即坐了起來，說：「你說這話可要當心，搞不好要掉腦袋的！」

耿弇不慌不忙地說：「主公您待我像父親一樣，所以我才敢把心裡的話掏出來！」

劉秀笑著說：「我是跟你開玩笑，你再說說看。」

耿弇分析說：「更始政權很不穩固，更始帝昏庸無能，任人唯親，大臣們離心離德，將領們擁兵自重，皇親國戚橫行霸道。天子的詔令不出都城，各郡縣的長官今日任明日換，搞得老百姓不知所從，惶恐不安。銅馬、赤眉等數十萬起義軍，各自獨立，更始帝不能制服。加上匈奴乘機犯邊，掠奪財物，搶掠婦女，百姓怨聲載道，認為還不如王莽的新朝。」

分析形勢後，耿弇勸劉秀樹起大旗自己做，他說：「大王您起兵於南陽，昆陽之戰大敗王莽軍百萬，名揚天下，現在又收復河北控制東方，占據有利地位。如果您舉起義旗征伐天下，各方必群起而響應，天下不戰而可得。社稷之重，不能讓於他人，請大王迅速自立大旗。更始帝派使者來，名義上封您為王，其實是削奪您的兵權，千萬不能聽從他們的安排。我願意返回幽州，聯合歸依的各方軍隊，將長安派來的官員統統趕走，以成就您的大業。」

耿弇一番話，猶如捅破了一層窗戶紙，劉秀的心裡一下子亮堂起來，更加堅定了擺脫更始政權的決心。主意拿定之後，劉秀立即找到更始使者，宣稱河北地界還有盜寇尚未肅清，不能接受罷兵回朝的命令，更始使者只得回長安復旨。從此，劉秀脫離了更始政權的控制，樹起自己的旗幟幹起來。

　　與更始政權決裂後，劉秀立即任命耿弇為大將軍，吳漢為副將，讓他們一同前去幽州，聯絡北部邊境諸州的軍隊。

　　耿弇回到上谷後，見到被更始帝免職在家的父親和弟弟耿舒等人，向他們述說了劉秀的近況和打算，然後秘密召見父親在軍隊的老部下，勸說他們歸依劉秀。取代耿況的上谷太守韋順和將領蔡充，是更始帝派來的，耿弇出其不意擒下二人，耿況得以恢復原職。與此同時，吳漢返至幽州，依靠舊部斬殺更始派來的州牧苗曾，收編了更始軍。耿弇、吳漢把幽州各郡的騎兵全部征發出來，南下支援劉秀。

　　耿弇跟隨劉秀，參加了鎮壓銅弓、高湖、赤眉、青犢、尤來、大槍、五幡等上百萬農民軍的戰鬥。農民軍各自分散，缺乏訓練，很快被劉秀各個擊破，除戰敗和投降以外，余軍向東北逃竄。劉秀率大軍追趕到薊，又派耿弇與吳漢、景丹、蓋延、朱佑、邳彤、耿純、劉植、岑彭、祭遵、堅譚、王霸、陳俊及馬武十三位將軍，繼續追擊到潞東、平谷，擊殺農民軍三千餘人，又追至無終（今天津市薊州區），俘虜數百人。餘下的農民軍，分散逃亡於遼東、遼西，被烏桓或貊人所滅。在頻繁不斷的戰鬥中，劉秀與耿弇建立了密切的關係。公元前 25 年，劉秀北征燕薊，與赤眉、銅馬軍作戰，連連取勝。但是有一次由於輕敵冒進，在順水（今徐水）一帶吃了敗仗。敵軍在後面緊緊追擊，兩軍已經短兵相接。耿弇護衛劉秀殺出重圍，一口氣逃到高堤之上，正遇見部將王豐。王豐把自己的坐騎讓給劉秀，讓他先走。劉秀摁著王豐的肩翻身上馬，對耿弇笑著調侃道：「差點叫賊人恥笑。」這時，敵軍追了上來，耿弇斷後，只見他沉著鎮定，連連發箭，追軍死傷數十人，再也不敢向前，劉秀得以脫險。

　　河北及東北平定後，經過受降和改編，劉秀的勢力大增。在率軍南返的途中，耿弇等文臣武將數次勸劉秀稱帝，劉秀推辭了幾次之後，終於在更始三年（公元 25 年）五月，大軍行至鉅鹿北面的鄗城（今河北柏鄉縣北）時，宣布登基為皇帝，年號為建武，史稱光武帝。稱帝不久，光武帝便論功行賞，拜偏將軍耿弇為建威大將軍、封好時侯，王梁為司空、鄧禹為司徒、吳漢為大司馬。

　　耿弇任建威大將軍後，與驃騎大將軍景丹、強弩將軍陳俊鎮壓敖倉（今河南滎陽故山）自立為厭新將軍的宗室劉茂，劉茂舉城投降，被光武帝封為中山王。光武帝令耿弇帶陳俊駐守於社津（今河南白河），防禦滎陽以東的割據勢力西侵。

　　建武二年（公元 26 年），光武帝封耿弇為好時候，食邑兩縣。至此，他與父親耿況均被封為列侯。

　　建武三年（公元 27 年），耿弇隨光武帝參與剿滅赤眉軍的戰爭。這年正月，光武帝派大將馮異率軍西進，軍紀嚴明，不殺無辜和不搶掠百姓，受到人民歡迎。馮異採取武裝鎮壓與攻心安撫兩種策略，宣稱無論是王莽舊吏，還是更始、赤眉故吏或武裝，降者一律赦罪不問。三輔地區的官吏和地主武裝，看到漢軍強大，便紛紛歸降，赤眉軍更加孤立，只得向東撤退。光武帝又派大將鄧禹率軍進至弘農（今河南靈寶），配合馮異進攻赤眉，自己親自帶領耿弇率軍埋伏於熊耳山（今河南洛陽以西），等待疲憊不堪的赤眉軍。樊崇等保護赤眉帝劉盆子邊打邊行，到達崤底（今河南澠池南）時，遭到鄧禹軍隊伏擊，戰敗後八萬人降漢。樊崇等人欲率殘兵進攻宜陽，到達熊耳山時又遭到耿弇大軍伏擊，赤眉軍走投無路，二十多萬人只得向光武帝投降。

　　消滅赤眉軍後，光武帝令耿弇率軍征伐延岑、杜弘。延岑自封為漢中王，在藍田（今陝西藍田）被漢軍擊敗後，沿武關道南撤，然後向東南流竄，進攻南陽（今河南南陽），穰（今河南鄧州）人杜弘起兵響應，攻占東漢縣府。耿弇率軍與延岑、杜弘軍大戰，斬敵三千餘人，俘虜將士五千餘人，繳獲大小官吏印綬三百餘枚，杜弘被迫降漢，延岑帶殘兵敗將逃入蜀，投靠在蜀稱帝的公孫述。

三、有志者事竟成

　　綠林、赤眉等農民軍及部分割據勢力被消滅後，光武帝成為占有豫（今河南）、冀、并州（今山西）及三輔（今陝西關中）大部分地區的勢力最大的武裝集團。耿弇在跟隨光武帝的征戰中屢立戰功，從未打過敗仗，深得光武帝的賞識和器重。

　　不久，北方又發生了彭寵叛亂，涿郡太守張豐、齊王張步等起兵響應，一時間，東北和東部大片區域已非東漢政權所掌握。耿弇擊敗延岑後，向光武帝自告奮勇地請求，願率兵馬北上漁陽平定彭寵，直取涿郡消滅張豐，收復富平、獲索，向東消滅張步，平定齊地。光武帝十分高興，稱耿弇有雄心壯志，甚為嘉許，於是決定派他去北方平定彭寵的叛亂。

　　彭寵和耿弇一樣，也是太守家庭的子弟，父親彭宏是漢哀帝時的漁陽太守，因反對王莽篡漢而被處死。各地爆發農民起義後，彭寵在父親舊部的支持下，在漁陽聚眾起兵，拉起一支武裝力量，自任太守，任吳漢為校尉。王莽為了拉攏彭寵，就做了個順水人情，正式任命彭寵為漁陽太守、吳漢為校尉。彭寵與上谷太守耿況相互關照，關係較好。劉秀經營河北，在耿弇的極力推動下，彭寵派出校尉吳漢率軍南下，幫助劉秀進攻王郎。戰勝王郎後，劉秀封賞了手下將領，包括彭寵派出的吳漢，但唯獨遺漏了彭寵。劉秀即帝位後，拜大將軍吳漢為大司馬，又未加封太守彭寵，因此引起彭寵的怨恨。恰好這時，彭寵與劉秀委任的幽州牧朱浮，關係搞得非常緊張。朱浮向光武帝上奏，指責彭寵傲慢無禮，要求將其調換。光武帝遂下詔令，召彭寵回雒陽（今洛陽）。彭寵本來對光武帝就有氣，一聽說召自己去雒陽，害怕自己有去無回，索性率兵反叛。彭寵軍很快攻占廣陽（今北京）、上谷、右北平（今遼寧凌源）二郡地，自稱燕王。涿郡太守張豐、齊王張步等起兵響應，一些農民起義的余軍也紛紛投靠彭寵。

　　光武帝計劃先剷除彭寵的附屬勢力，然後再討伐彭寵。建武三年十月，光武帝令耿弇率軍征伐。耿弇在河北素有威名，率大軍渡過黃河後，立即遣人各處廣傳光武帝詔令：「主動投降者不問罪，頑抗者堅決消滅」。涿郡太守張豐背叛漢朝，本身就沒有得到手下將士的擁護，將士聞耿弇率大軍來攻，十分恐懼，又見耿弇的宣傳，更加人心渙散，很多人還沒等開戰便悄悄逃走。耿弇大軍到達涿郡，張豐幾次迎戰，均被漢軍擊敗，死傷慘重。在耿弇大軍的重重包圍下，張豐日漸恐懼，終於出城投降。耿弇在返師途中，又擊敗富平、獲索等跟隨張豐的農民余軍，穩定了河北的局勢。

　　平定張豐後，光武帝令耿弇，繼續率軍向東北進攻彭寵。耿弇接到出征的詔令後，多了個心眼。他想，父親耿況與彭寵同為太守，同時歸依光武帝，關係一直較好。光武帝即位後，父親耿況與兄弟耿舒一直堅守上谷，自己的家人沒有一人在朝廷為官，自己率大軍去平定父親的故友彭寵，光武帝會不會放心？為了避嫌，耿弇上書光武帝，請求返回雒陽，另派人平彭寵叛亂。光武帝明白耿弇的顧慮所在，下詔撫慰說：「將軍舉家歸漢，為國效力，衝鋒陷陣，功勞卓著，聯深信不疑，何必顧慮？將軍放心出征，與涿郡守將王常共定征討方略。」耿弇的父親耿況知道這些情況後，為了表明心跡，立即送其三子耿國入雒陽聽候皇上調遣，實際上是以家人做人質，讓光武帝放心。光武帝見耿況送子來京，覺得耿家父子真是善解人意，非常高興，遂封耿況為榆糜侯，表彰他的忠心。耿弇這才表奏光武帝，謝恩出征。

　　耿弇與建義大將軍朱祐、漢忠將軍王常等，率軍進攻望都（今河北唐縣東北）、故安（今河北易縣東南），斬彭寵叛軍數千人。與此同時，征虜將軍祭遵、驍騎將軍劉喜等，已率軍接近漁陽。彭寵派其弟彭純率匈奴騎軍兩千餘人為先鋒，自己率軍數萬人，分兩路反擊祭遵、劉喜的漢軍。叛軍行至軍都（今北京市昌平區），耿況派其二子耿舒率騎兵攻匈奴，擊敗彭純軍，還斬殺了協助彭寵的兩個匈奴小王，彭寵退守軍都。耿況、耿舒父子率軍進攻，擊敗彭寵，占領軍都。建武五年（公元 29 年）二月，在耿弇等人大軍壓境的形勢下，彭寵的家奴子密等三人殺了彭寵一家老小，向耿弇投降。彭寵的尚書韓立又立彭寵之子彭午為燕王，繼續對抗。未過多久，叛軍內部又發生分裂，韓立殺了燕王彭午，帶殘部向漢軍投降，彭寵之亂徹底被平定。

　　彭寵是耿家的老關係，平定彭寵之亂，對耿家是一次考驗。為了證明耿家的忠心，耿況不但送兒子入京為質，而且耿家父子一起上陣，身先士卒，為平息叛亂立了大功。叛亂平息後，光武帝使光祿大夫樊宏持詔書去上谷迎耿況，詔令說：「耿況勞苦功高，邊郡地區條件艱苦，不宜久居，請公到京師居住。」不久，耿況與其子耿舒來到雒陽。光武帝隆重召見了耿況，並賜給府第，允其入朝議事，又封耿舒為牟平侯。耿弇則奉命與吳漢繼續率軍追擊跟從彭寵叛亂的富平、獲索等，追至平原（今山東平原縣東南），斬數千人，降者四萬多人，掃清了叛軍的殘餘。

接下來征伐的目標，是響應彭寵的張步。張步是琅琊郡（今山東諸城）人，西漢末年起兵攻占本郡，自立為五威將軍。之後，他接受山東割據政權梁王的封職，稱「輔漢大將軍」，招兵買馬，發展隊伍，相繼攻占泰山（今山東泰安）、東萊（今山東萊州）、膠東（今山東平度市東南）、濟南（今山東章丘西北）及齊（今山東淄博北）等十三郡，成為東方較大的一支武裝集團。劉秀即位後，派光祿大夫伏隆前去招降，張步卻殺了伏隆，雙方從此結怨。

建武五年（公元 29 年）十月，耿弇奉命征伐張步。受命後，耿弇迅速將投降的士卒重新整編，與漢軍一起組成新的部隊，帶領騎都尉劉歆、泰山太守陳俊，引軍東進，渡過黃河，向濟南郡進發。張步立即派大將費邑率軍駐守下歷（今山東濟南市），並分兵駐守祝阿（今濟南市西），列營數十個，嚴陣以待。耿弇大軍渡過濟水後，集中兵力攻打祝阿，迅速擊敗張步的守軍，占領了祝阿。戰鬥中，耿弇故意放開一條路，使潰逃的敵軍向鐘城方向逃去。鐘城張步的守軍一見蜂擁而至的逃兵，知道祝阿已失守，十分恐懼，像得了傳染病，也跟著棄城而逃。耿弇運用心理戰的戰法，不戰而屈人之兵，這一招使部下非常佩服。

費邑緊急派弟弟費敢率軍鎮守巨裡（今山東濟南市歷城區東北），企圖阻止漢軍向縱深發展，以保障下歷側翼的安全。耿弇審時度勢，計上心頭，決定採取圍城打援的戰術。他率軍來到巨裡城下，命令士兵砍伐樹木，整修攻城器具，揚言三天后攻城。並故意放掉一些俘虜，讓他們逃入下歷向費邑報告消息。費邑果然中計，親自率領三萬軍隊援救巨裡。耿弇用三千人圍攻巨裡，自己則帶著精銳軍隊，埋伏於費邑大軍必經的兩側山崗上。當費邑大軍進入埋伏圈後，耿弇的伏軍四起，箭如雨下，費邑的士卒死的死、傷的傷，費邑也被射死。戰後，耿弇令軍士找到費邑屍體，割下首級，送到巨裡城內讓守軍觀看，費敢嚇得魂飛魄散，急忙乘著黑夜棄城而逃，逃回張步大營。耿弇乘勝追擊，將費邑所設的數十個列營盡行拔除，占領了濟南郡。

當時張步據有城陽、琅琊、高密、膠東、東萊、北海、齊、千乘、濟南、平原、太山、臨淄十二郡（皆在今山東境內），以劇縣為都城。耿弇攻克濟

南郡後，進逼劇城。張步派其弟張藍率精兵兩萬駐守西安（今山東淄博），另派萬餘人馬駐守臨淄，兩城相距四十餘裡，相互構成掎角之勢，防禦耿弇大軍。

耿弇進至畫中（臨淄東南），在張步大軍所占的兩個城中間紮營。西安和臨淄，先打哪一個呢？耿弇透過仔細觀察和分析，認為西安城雖小，但堅固難攻，且張藍善戰，軍隊精良；臨淄城雖大，但不堅固，易攻難守，且守軍是從諸郡調集，人員龐雜，戰鬥力弱。於是他召集諸校尉議事，令大家加緊準備，說是五天后要進攻西安城。張藍聞訊，令部將率軍日夜輪班堅守西安城，並派人通知臨淄守軍，一旦西安被攻，要立即前來援救。

到了第五天半夜，耿弇召集諸校尉，突然命令諸軍帶軍糧急行軍，天明時在臨淄城下會合。大家對耿弇突如其來的變化感到迷惑不解，護軍荀梁提出：「軍隊已做好天明攻打西安城的準備，現在突然改變計劃，會引起混亂，」並向耿弇說，「攻臨淄，西安必救之；攻西安，臨淄不能救，不如仍攻西安。」

耿弇說：「你所說的，表面看來有道理，但實際上是不對的。西安城聽說我們要首先攻它，這些天正日夜準備，防範甚嚴；我們捨棄西安，出其不意地出現在臨淄城下，敵人必然驚慌失措，我軍只需一天即可拿下臨淄。拿下臨淄，西安勢必孤立，張藍與張步大軍隔絕，必然會棄城而逃，這就是所謂一箭雙鵰，打一而得二。如果先攻西安，一時不能攻下，我軍死傷必多，銳氣受挫。即使能攻下，張藍還會逃到臨淄繼續固守，敵軍兵合一處，靜觀我軍虛實，而我軍深入敵人的腹地，後方又沒有糧草轉運，不出十幾天，就會受困於此。所以說先打西安的主張不可行。」

耿弇一番精闢透徹的分析，說得部將們心服口服，大家對耿弇神出鬼沒的戰術十分佩服，遂依計而行。

次日天明後，駐守在西安城的張藍率兩萬軍隊緊張地等著漢軍前來攻城，誰知左等右等，不見動靜；臨淄的守軍，也等待西安城的消息，準備隨時前往增援，卻不料漢軍突然從天而降！守將一面堅守，一面派人向西安城告援。張藍留少數軍隊守城，帶大軍支援，未至臨淄，就傳來漢軍已攻占臨淄城的

消息，張藍掉頭急往回返，卻又傳來消息：漢軍伏軍已乘機攻占西安城！進退兩難的張藍只好帶軍東返張步的臨時王城劇縣。

耿弇致信給光武帝，向光武帝報告了戰況，並就下一步軍事行動提出了自己的思考，信中說：「臣下一步準備率大軍堅守臨淄，在城外築堡壘挖戰壕。張步大軍必會從劇縣來攻，我軍以逸待勞，可用誘敵深入之計消滅他們。敵人如果撤退，我軍就乘勝追擊。我軍依營而戰，士氣高昂，不出十幾日即可消滅叛軍，將張步的首級獻於陛下。」耿弇的方案得到了光武帝的同意。

耿弇遂停止東進劇縣，率軍駐紮臨淄一帶。他下令部隊不駐紮在城裡，而是出城在淄水上游修築工事，列營佈陣，做好迎戰準備。張步聽說漢軍不堅守臨淄城，也不東進，認為是漢軍怯戰，大笑說：「耿弇所率的這批漢軍，是招降納叛、臨時拼湊起來的，雖然號稱十萬，但實際上是一群烏合之眾，沒有什麼戰鬥力。我將親率大軍進攻他們！況且漢軍兵力少於我軍，又疲憊不堪，有什麼可怕的！」手下的謀臣勸道：「大王應該堅守劇城，派軍在城西邊設營紮寨，以逸待勞，等漢軍疲勞而來後再戰。漢軍糧運困難，不會持久，即使他們不東來交戰，也會自動撤軍。」張步不聽，帶其弟張藍、張宏、張壽，率軍來攻漢軍。兩軍大戰，耿弇指揮漢軍假裝戰敗，退回臨淄城，卻暗中使都尉劉歆、泰山太守陳俊列陣於城外，自己帶精銳主力軍埋伏於城內。張步見狀大喜，認為漢軍不堪一擊，遂令大軍進攻劉歆、陳俊，雙方展開激戰。正在這時，耿弇率軍突然從城內開門，從側翼猛攻張步軍。激戰中，耿弇腿部中箭，為了不影響戰鬥，他沒有讓部下知道，而是忍痛用佩刀砍斷箭矢，繼續指揮戰鬥，張步軍受到重創。次日，兩軍又戰，耿弇忍痛指揮，又擊退張步軍，雙方回營，暫時休戰。

光武帝見張步一時難以平定，便親率大軍前來支援。漢軍聽聞，群情振奮。部將陳俊向耿弇建議：暫時堅守不出，待援軍到後再戰。耿弇不這麼看，他說：「皇上駕到，我們當殺牛備酒，以戰功歡迎皇上和百官，怎麼能把大股敵軍留給皇上呢？」於是，耿弇率大軍連續出擊，數次擊敗張步軍。耿弇料定張步幾次大戰不能取勝，又擔心漢朝援軍到來，必定會悄然撤退，於是派軍暗伏於張步大營的後面兩翼。果然不出耿弇所料，一日大戰後，張步乘

著黑夜急忙下令撤軍，未行多遠，漢伏軍突然攔截，殺聲震天，張步軍大亂，黑夜裡分不清敵我，互相殘殺起來，頓時血流成河，幾乎被漢軍全殲。張步僅帶數百騎逃回劇縣。

不久，光武帝率軍來到臨淄，慰勞將士，表彰有功的人員，百官設宴慶賀勝利。光武帝表彰耿弇說：「當年韓信攻克歷下，從而開創了西漢基業；如今耿弇將軍攻克祝阿，聲名遠颺。二位將軍所攻之地，都是齊地的西界，單從這一點看，耿將軍與韓信功勞相等。但是，韓信當年攻擊的是已經準備投降、沒有多少戰鬥力的敵人，而耿將軍攻擊的卻是勁敵，所以說耿將軍取得的功勞要比韓信難得多。另外，當年齊王田廣的弟弟田橫烹殺了漢軍勸降的使者酈生，漢高祖傳令諸將，捕獲田橫赦而不殺；如今，張步曾經殺了我方的伏隆，但是如果他主動來投降，朕也要傚法高祖的寬厚，讓伏隆的父親、大司徒伏湛捨棄恩怨，寬恕張步。如果真的是這樣，這古今兩件相似之事豈不成為美談！」

光武帝宴會上喝得高興，不禁又想起先前耿弇曾經在他面前表示的決心，興奮地向群臣們說道：「先前在南陽，耿將軍當面向朕表示，立志率兵收取上谷，平定彭寵，消滅張豐，東掃張步，這些話朕始終記憶猶新。耿將軍立下宏願以後，堅定不移，步步實施，如今終見成效，將軍真可謂有志者事竟成！」「有志者事竟成」這句成語的來歷，正出自此處。

光武帝在文武群臣的護送下，放心地把餘下的戰事交給耿弇，起身回雒陽去了。

耿弇繼續率軍東攻劇縣，並及時派人將光武帝不殺張步的政策透露給敵方。張步被耿弇多次沉重打擊後，損失慘重，又聞光武帝有意寬恕自己，遂決定放棄抵抗，率部投降。張步等人祖露著上身，背著荊條，來到平壽（今昌樂西王城外）耿弇軍營請罪。耿弇得知張步來降，親自出營門迎接。漢軍進入劇城後，在城內空曠地樹立十二面大旗，張步召集投降的部眾分別站在旗幟下面，不多時便聚集了十萬餘人，輜重車七千多輛。耿弇當眾宣布了光武帝的詔書：投降者一律免罪，回鄉務農生產。張步的部眾歡呼一片，謝皇

上不殺之恩。隨後，耿弇派人護送張步等人去雒陽，自己率軍至城陽，繼續受降張步的余軍，整個齊地很快被東漢掌握。

東部平定後，耿弇又轉入了西部的戰鬥。隗囂占據上邽（今甘肅天水）地區，一度曾想歸依漢朝，但後來投靠了蜀帝公孫述，與東漢對抗。建武六年（公元 30 年）十二月，光武帝命令耿弇、馮異、祭遵、吳漢等將率軍西進，攻伐隗囂。次年正月，漢軍相繼攻占北地、上郡及安定地區，阻止了隗囂大軍的東犯。耿弇等人在東部進行打擊的同時，占據西河（今甘肅河西走廊）的竇融，也與隗囂斷絕了關係，並派兵策應漢軍，使隗囂更加孤立。秋天，隗囂在公孫述的支援下，率軍三萬人反攻安定，侵至陰磐（今陝西長武西北）。見戰局難以穩定，光武帝決定親征。建武八年（公元 32 年）春，耿弇等隨從光武帝出征，四月，到達高平（今寧夏固原），涼州牧竇融也率西河五郡兵到此會合。光武帝在派軍征伐的同時，令王遵致信給隗囂的部將牛邯，進行策反。十多天后，牛邯果然投降，光武帝拜他為太中大夫。牛邯的投降引發了連鎖反應，隗囂的十三名大將（包括十六個縣地）、十萬餘人陸續投降於漢朝。隗囂見大勢已去，慌忙攜妻帶子，逃往西城。光武帝繼續對隗囂進行勸降，隗囂仍負隅頑抗。光武帝令吳漢、岑彭、耿弇、蓋延率軍圍攻，自己起駕東返雒陽。耿弇等率軍不斷攻城，隗囂拚死抵抗，漸漸不支。但是時日一長，漢軍的糧草供應發生困難，也難以持久。此時，公孫述所派的五千名援軍趕到，吳漢、耿弇等人見勢不好，只好率軍東返。

據史書記載，耿弇在一生的戎馬生涯中，總共收復四十六個郡，攻克三百多座城池，連戰連捷，從未打過敗仗，當時被人稱為常勝將軍。耿弇在東漢開國的二十八將中雖然年紀最小，但是光武帝對他非常器重。征伐張步時，光武帝見耿弇作戰勇猛，嫺熟兵機，曾經把他與韓信相提並論，但後來光武帝又說過：「朕一定不會使耿弇有淮陰侯韓信的下場。」天下平定後，東漢君臣配合默契，耿弇主動解除了兵權，在家頤養天年。但是一旦四方有事，光武帝常常把耿弇召入宮中，詢問對策。建武十二年（公元 36 年），耿弇的父親耿況病重，光武帝親自來到耿家探視詢問，表示關切，並封耿弇的四弟耿廣、五弟耿舉為中郎將。耿況病逝後，小兒子耿霸繼承侯爵。至此，

耿家兄弟六人都成為將軍，為世人所稱道羨慕。建武十三年（公元 37 年），光武帝增封耿弇食邑戶數，任命其為大將軍，以列侯參與國家大事。

漢明帝永平元年（公元 58 年），耿弇病逝，享年五十六歲，兒子耿忠繼承了列侯爵位。耿弇的侄子耿秉、耿恭後來都成為東漢名將。

▌「燕然勒銘」的竇憲

北宋名臣範仲淹寫過一首很有名的邊塞軍旅詩詞《漁家傲》，其中有兩句：「濁酒一杯家萬里，燕然未勒歸無計。」意思是說，邊塞還沒有安定，大功還沒有建成，家是回不去了，只能濁酒一杯以消鄉愁，在邊塞為國盡忠。這裡的「燕然未勒」，出自一個東漢的典故。燕然，是指燕然山，即今蒙古國境內的杭愛山。東漢時期，大將竇憲追擊北匈奴，出塞三千餘裡，來到燕然山下。為了紀念遠征的勝利，竇憲命隨軍的史學家班固撰寫了銘文，鐫刻成碑，立在燕然山上，史稱「燕然勒銘」。竇憲的「燕然勒銘」，和霍去病的「封狼居胥」，後來作為開疆拓土、建立軍功的一種象徵，為無數沙場征戰的武將所嚮往。然而「燕然勒銘」的竇憲，不僅在歷史功績上，而且在名聲口碑上，都遠不能與霍去病相提並論，這是一個怎樣的人呢？

一、顯赫家世

說起竇憲，就不得不從他的曾祖父、東漢開國「雲臺二十八將」之一的竇融說起。漢文帝時立竇妃為皇后，竇皇后有兩個弟弟，都沾姐姐的光而被封為列侯。西漢末年，竇家傳至竇融。竇融有竇友等兄弟及妹數人，父親早逝，所幸家庭還比較富裕，兄弟姐妹隨母親生活。王莽當政期間，竇融以貴族子弟出任強弩軍司馬，先後率軍鎮壓翟義、槐裡兩支農民起義軍，因功被封為建武男。竇融非常善於結交權貴，他設法把自己的妹妹嫁給大司空王邑為妾，妹妹很快得到了王邑的寵愛，竇融也因此得以經常出入大司空王邑的府邸。這一時期，竇融住在長安，認識了不少上層人物，大家也都喜歡這個既圓融通達、又仁義豪俠的青年。王莽末年，綠林、赤眉縱橫天下，竇融跟從太師王匡出關鎮壓農民起義軍。他在昆陽大戰中，親身領教了農民軍的屬

害，對劉秀的大名有了深刻的印象，對王莽政權的前途也失去了信心。回到
長安後，經大司空王邑舉薦，竇融被王莽任命為波水將軍，賜黃金千斤，率
軍至新豐（今西安市臨潼區新豐鎮）駐守。很快，王莽政權在農民起義的暴
風雨中土崩瓦解。竇融還算靈活，立即倒戈投入更始政權的懷抱，在大司馬
趙萌手下任校尉。竇融善解人意，很快得到了趙萌的欣賞，不久趙萌就推薦
竇融出任鉅鹿太守。誰知竇融不領情，不願意出任鉅鹿太守，他天天纏著趙
萌，求他向更始帝上奏，讓他去河西任職。竇融的要求終於得到了滿足，他
被任命為張掖屬國都尉。

　　不去任鉅鹿太守而偏去在一般人眼裡偏僻荒涼的西北，這正是竇融眼光
高明之處。東方雖然相對比較富裕，可是那裡兵荒馬亂，局勢很不穩定，再
說竇家在鉅鹿一帶沒有什麼勢力和影響。河西地區則不然，竇家祖輩幾代在
這裡經營盤踞，竇融的高祖父曾任張掖太守，從祖父曾任護羌校尉，叔伯弟
又曾出任武威太守，竇家在河西勢力很大，很有影響。天下混亂之際，鹿死
誰手尚未有定，竇融選擇去張掖，積蓄勢力，靜觀天下之變，這是非常明智
的一招。他把自己的想法對家人一說，立刻得到了贊同，於是竇融兄弟舉家
遷居張掖。

　　西北是多民族雜居的地方，處理好漢族和少數民族的矛盾，在當時主要
是如何對待羌族，這是一件重要而細緻的工作。在張掖屬國都尉的任上，竇
融很注意安撫當地豪杰，對羌族首領尊敬有加，和睦相處，深得漢羌百姓的
擁護，所以儘管東部戰亂紛紛，地處西北的張掖卻局勢穩定。

　　東部的戰亂仍在繼續，隨著戰爭形勢的發展，曾經強盛一時的劉玄更始
政權也垮臺了。地處西北的地方豪強，非常關注事態的發展，對前途憂心忡
忡。當時，梁統任酒泉郡太守，庫鈞任金城郡太守，竺曾任酒泉都尉，辛肜
任敦煌都尉，竇融平時和這些人關係密切。更始政權滅亡後，河西與長安的
聯繫中斷，面對危險的局勢，竇融和梁統急召大家商議對策，竇融說：「如
今天下大亂，群龍無首。河西地處西北，隔在羌人和胡人當中，我們如果不
同心協力，就不能自保安全；如今郡守、都尉職位相等，又互不統屬，難以
統一行動，我們應當推舉一人為大將軍，統領五郡兵馬，以應對天下時局的

變化。」大家都認為有理。那麼，誰來當這個統領五郡兵馬的大將軍呢？各郡太守、都尉都互相謙讓，說自己不能勝任大將軍職，推來推去，最後一致認為，竇融世代任河西官吏，深受西北官民的敬仰，推舉竇融為統領河西五郡的大將軍最合適不過。只有武威太守馬期、張掖太守任仲，對於竇融出任五郡大將軍心有不服，可是眾意難違，兩人又不願委屈自己，索性棄官不做，回中原去了。於是竇融便做起了統領河西五郡的大將軍。上任後，竇融任命梁統為武威郡太守、史苞為張掖郡太守、辛肜為敦煌郡太守、庫鈞為金城郡太守，自己仍兼張掖屬國都尉，駐守張掖，設置從史分別監察五郡的事務。頒令各郡，要求各地為政寬和，善待羌人；招兵買馬，擴充軍隊，加強訓練；修築防禦工事，設烽火臺以便五郡互通警訊。由於竇融採取了得力的政策措施，西北五郡生產發展，局勢穩定，人心歸服。安定（今寧夏固原）、北地（今甘肅慶陽）、上郡（今陝西榆林）等地的官吏百姓，為了躲避戰亂，紛紛投向西去。

竇融的侄子竇固，這時也在大將軍府任職。竇固喜讀兵法，善於騎射，深受伯父竇融的喜愛。後來竇固征伐匈奴，成為東漢有名的將領。

中原的局勢漸漸明朗。劉秀稱帝后，勢力發展很快，天下一統的局面逐漸顯現。在歷史轉折時期，竇融又表現出善於抓住機會的本領。他與五郡太守商議，果斷決定歸依東漢。公元 29 年，竇融派長史劉均持書赴洛陽向劉秀貢獻駿馬，表示歸附之意。劉均走至半道，正好遇上劉秀派出的漢朝使者，於是漢使折回頭，帶著劉均一同回到洛陽。光武帝劉秀對西北早有掛念，正愁沒有機會聯絡，一見竇融派來的使節，心中大喜，遂賞賜劉均黃金 200 斤，任命竇融為涼州牧，下詔予以表彰和安慰。劉均歸報，竇融受寵若驚。如何向皇帝表示忠心呢？當時占據涼州的隗囂還沒有歸附東漢，這是光武帝劉秀的一塊心病，竇融揣摩到劉秀的心思，便使出渾身解數，反覆致書給隗囂，勸其歸依光武帝，隗囂置之不理。勸說隗囂不成，竇融聯想到自己擁兵在外，會不會也像隗囂一樣引起光武帝的不安？於是他又果斷做出下一步行動：上奏要求回歸京師。光武帝看到奏章後，知道竇融的疑慮和忠心，便賜書好言慰問，並約定竇融率領部卒配合漢軍進攻隗囂。不久，竇融與五郡太守率漢羌軍數萬人、輜重車五千輛東進，與西征隗囂的光武帝在高平第一城（寧夏

固原）會合。看到竇融謙恭禮備，光武帝十分高興，設宴款待，為了表示嘉獎，任命竇融的弟弟竇友為奉車都尉、叔伯弟弟竇士為太中大夫。兩軍攜手，共同攻打隗囂，隗囂戰敗，倉皇西逃。戰後，光武帝封竇融為安豐侯、竇友為顯親侯、武鋒將軍竺曾為助義侯、武威太守梁統為成義侯、張掖太守史苞為褒義侯、金城太守庫鈞為輔義侯、酒泉太守辛彤為扶義侯，命令他們仍然西返河西五郡屯守。

竇融仍然決定自行解除擁兵西北的大權，返回中原。東漢建武十二年（公元 36 年）在得到光武帝的批準後，竇融率五郡太守東歸洛陽。一行人浩浩蕩蕩，蔚為壯觀，乘車千餘輛，馬牛遍野，至洛陽城門外，無數民眾爭相目睹。竇融入城，向朝廷辭去一切職務和封爵，呈上所有印綬。光武帝接受了竇融的辭呈，但是讓使者送還了安豐侯印綬。接著，在皇宮隆重召見了竇融及五郡太守，大行賞賜。幾個月後，召拜竇融為冀州牧，不到十天，又拜為大司空。竇融兩次上書辭受，光武帝不予批準。建武二十三年（公元 47 年），又封竇融為衛尉，兼領將作大匠，加授特進，弟弟竇友被任命為城門校尉，統領守衛京師的禁軍。竇融的長子竇穆還娶了光武帝女兒內黃公主為妻。竇家在漢文帝時就是地位顯赫的外戚，這時又一次成為皇親國戚。

竇憲，就是生長在這樣顯赫的貴族家庭。祖母是光武帝的女兒內黃公主，母親是光武帝的孫女、漢明帝的侄女涅陽公主。

二、家道興衰

竇憲的祖父竇穆不是個安分守己之人。他雖然迎娶了光武帝的女兒內黃公主，可是仍不過癮，在外面拈花惹草，終於惹了官司。漢明帝永平五年（公元 62 年），有人上書明帝，控告竇穆為了強占六安侯劉盱之妻，仗勢逼迫劉盱休妻的罪行。明帝大怒，罷免了竇穆的官職，命他老老實實待在洛陽的家中，不準隨便外出。後來，又乾脆把竇穆趕回老家。兒子竇勛，也就是竇憲的父親，因為是涅陽公主的夫婿，被允許留住洛陽。可是竇穆屢教不改，不知怎麼又觸犯了法律，這次不但搭上了老命，更牽連上兒子竇宣、竇勛，也一同被處死。

　　少年的竇憲，既體會了貴族家庭背景帶來的榮耀，也感受到了沒落貴族的痛苦和失落。父親因祖父的不法而被連累處死，給他年少的心靈抹上了沉重的陰影。兄弟姊妹在母親涅陽公主扶養下艱難成長。從祖父竇固也受到了牽連，被免去中郎將閒居於家，對竇憲家裡常有照顧。竇固曾跟從竇融在西北五郡大將軍府上任職，擅長兵法，少年竇憲喜軍事，便常向從祖父求教。

　　東漢初年，匈奴乘東漢政權立足未穩，經常南下侵擾。東漢忙於穩固對中原的統治，對匈奴一度採取以防守為主的策略。公元 46 年，匈奴單于輿死，匈奴內部爆發了爭立單于的鬥爭。加上草原連年乾旱，赤地千里，草木枯死，很多牧民和牲畜因饑餓而死亡。公元 48 年，匈奴南邊八部大人共同商議，立比為呼韓邪單于，歸附東漢。這樣一來，匈奴就分裂為南北兩部。劉秀接受了南匈奴的歸附，先是令南匈奴進入雲中郡居住，後來又將他們遷入西河郡，並設置匈奴中郎將對南匈奴進行監護。東漢每年供給南匈奴一定數量的糧食、牛馬等物資。南匈奴則派遣侍子入朝為人質，並在北方協助東漢防禦北匈奴的侵擾。南匈奴歸附東漢，是漢匈關係史上的一件大事，加強了東漢的北部邊防，對北部邊疆的經濟文化發展造成了促進作用。

　　南匈奴歸附後，留在蒙古草原上的北匈奴勢力大大削弱。南北匈奴經過了幾次交戰，北匈奴都被擊敗。北匈奴單于無奈，多次向東漢派出使者，要求和親。東漢朝廷有人主張也像對待南匈奴一樣，使北匈奴歸附。劉秀擔心一旦接受北匈奴的歸附，會引起南匈奴的離心，引起新的紛爭；一味派兵攻打一時也不能徹底解決問題，於是採取禮尚往來的辦法，報答使者，兩廂和好。

　　漢明帝時期，隨著匈奴力量的削弱，原來受匈奴控制的烏桓、鮮卑，也先後擺脫了北匈奴的控制，歸附東漢。這樣一來，北匈奴陷入了十分孤立的境地。特別是由於經濟上阻斷了和中原的聯繫，造成北匈奴所必需的糧食、布匹、食鹽等日常生活品的獲得十分困難。出於生存的需要，北匈奴不斷南下搶掠東漢邊境。

　　東漢政府決定大規模反擊北匈奴的侵擾。漢明帝永平十五年（公元 72 年）冬，東漢重新起用廢為庶民的竇固為奉車都尉，率大軍征伐匈奴。永平

十六年（公元 73 年），竇固和騎都尉耿忠率酒泉、敦煌、張掖三郡軍隊，以及羌軍共一萬餘人，兵分四路，攻擊天山（今甘肅祁連山）匈奴呼衍王，斬殺匈奴軍眾一千多人，呼衍王率敗軍西逃。竇固、耿忠率軍乘勝追擊，至蒲類海（今新疆巴裡坤湖）又斬匈奴軍數千人。竇固留下一部分部隊駐守伊吾（今新疆哈密），然後班師。

竇固的勝利，為衰落的竇家注入了一針強心劑。在得到皇帝的賞賜後，竇固將漢明帝賞賜的財物分一部分給竇憲家。竇憲的母親涅陽公主高興異常，專門設家宴為從叔父接風慶賀。竇憲對從祖父竇固的赫赫戰功十分羨慕和敬仰，也夢想著有朝一日像從祖父那樣殺敵立功，重新振興門庭。

永平十七年（公元 74 年），竇固、耿忠又一次奉命出征。大軍出玉門關，在白山（今新疆天山）大敗匈奴，迫使車師向漢朝投降。

永平十八年（公元 75 年），漢明帝駕崩，漢章帝即位。章帝即位不久就封涅陽公主為長公主，封竇固為大鴻臚。建初二年（公元 77 年），章帝立涅陽公主的女兒、竇憲的妹妹為皇后。竇憲作為皇后的哥哥，被封為郎官，不久，又升任為侍中、虎賁中郎將，弟弟竇篤為黃門侍郎。一時間，皇帝對竇家兄弟恩寵有加，竇憲早晚侍奉在皇帝身邊，經常受到豐厚的賞賜。京城那些老牌的外戚如陰家、馬家，莫不禮讓竇家三分。

三、驕橫外戚

竇憲自小失去父愛，父親竇勛受祖父牽連被殺，使青少年時代的竇憲一直有一種被壓抑、受歧視的感覺，也使他養成了桀驁不馴的個性。父親是在漢明帝在位時被殺的，竇憲內心深處對明帝一直耿耿於懷。一次偶然外出巡遊，他發現漢明帝的女兒沁水公主的田園非常廣大，不禁心中來氣，不由得想起了痛苦的往事。他想當年明明是祖父犯法，父親未犯法，何況自己的母親又是公主，論理父親本不改被處死，也不該沒收母親的田園。竇憲越想越氣，於是便仗著自己是皇后之兄的權勢，派人轉告沁水公主，說是要買她的田園。沁水公主雖是章帝的姐姐，但知道竇皇后正受寵，竇家的權勢炙手可熱，哪敢不賣，誰知一問價錢，竇憲出的竟然比市場上價錢低得多。沁水公

主知道來者不善，也不敢硬碰，只得忍氣吞聲以低價將田園賣給竇憲，還不敢向章帝上告。

一天，漢章帝出宮遊玩，路過姐姐的田園時，發現田園煥然一新，新修了不少臺榭、樓觀，心中感到奇怪，就隨口問隨行護駕的竇憲是怎麼回事？竇憲理虧，不敢明說，胡亂支吾了一通，章帝更起了疑心。回宮後，章帝立刻派人去暗查，方知是竇憲強奪了姐姐的田園，這還得了！章帝大怒，召來竇憲劈頭蓋臉一頓斥責：「你身居朝廷要職，卻公然藐視國法，竟敢私奪沁水公主的田園！還當面欺騙君王，真是膽大包天！父皇在世時，常常責令陰黨、陰博、鄧迭三家外戚互相監督糾察，使他們謹慎從政，嚴守法紀。也曾不止一次地對舅父家下詔，要求他們不準仗勢侵奪民宅民田。如今沁水公主還健在，你就敢做出這等傷天害理之事，對公主都是這樣，何況百姓呢？你聽明白了，朝廷說用你就用你，說拋棄你，就像拋棄一隻老鼠、小雞一樣！」章帝的雷霆之怒，把竇憲嚇得魂不附體，跪在地上磕頭如搗蒜，乞求寬恕，章帝令人喝出。

竇憲害怕被殺，六神無主地跑到妹妹竇皇后面前哭訴求情。在竇皇后的央求下，章帝不再追問竇憲的罪名，只令他迅速退還公主的田園了事。但從此之後，章帝對竇憲再也不像以前那樣重用。竇憲經此一挫，整日小心謹慎，驕橫之氣有所收斂。時間一長，章帝漸漸淡忘此事，又看到竇憲勤勉問政，也有不少值得稱道之處，就逐漸恢復了對他的信任。漢章帝病重期間，竇憲以侍中的身份參與機密。

章和二年（公元 88 年），漢和帝即位，竇太后以皇帝年少為由，親自臨朝執政。竇太后對自己的兄弟委以重任，除竇憲外，弟弟竇篤被任為虎賁中郎將、竇景為侍中，竇氏兄弟掌握著朝廷的機要重地。朝廷發佈的詔令，名義上是漢和帝所發，實際上全出自竇憲之手。

竇憲掌權初期，也能克制自己，小心處理朝廷事務，在大臣們心中威望很高。為了取得朝臣的信任與好感，他任用了一些有聲名的官吏。太尉鄧彪深得先帝和朝臣的敬重，這時主動向朝廷提出辭職。為了挽留鄧彪，竇憲奏明和帝與太后，拜鄧彪為太傅。屯騎校尉桓郁，道德文章俱佳，祖上幾代都

是皇帝的老師，他本人也是皇帝的老師，這時也主動謙讓，要求辭官歸家休養。竇憲也進行了挽留，並上奏拜他為宮廷老師，入宮教王子公主們讀經書。竇憲雖然實際上獨掌著朝廷的大權，但表面上他還能按照程序辦事，一般朝政事務交由鄧彪處理，重大決策按程序奏報和帝與太后，所以朝野上下對竇憲好評如潮，認為他處事公允。

大權在握、威信日高的竇憲，始終對父親當年的冤死不能釋懷，總想尋機報仇。他派人經過一番調查，瞭解到當年父親竇勛身陷洛陽監獄，主審案件的是謁者韓紆。韓紆為了邀功升官，對父親嚴刑逼供，羅織罪名，直至處死。韓紆如今已死，他的兒子正繼承著官位。竇憲聞知這些後，立刻開始了他的復仇行動。本來事情已經過去多年，就算竇勛確屬冤枉，責任也在當時的主審官。但被覆仇心態折磨的竇憲不這麼想，他花錢雇派刺客，殺死了無辜的韓紆之子，並割下人頭放在父親的墳墓上以作祭奠。這件事轟動一時，許多人懷疑是竇憲指使，但是懾於竇憲的權勢，沒有一個人敢過問。

接著又發生了一件事，竇憲終於把自己折騰進了監獄。章帝去世時，都鄉侯劉暢入長安弔喪。劉暢是皇室宗親，為人頗有心計，一直想有所作為。乘著弔喪來京，劉暢四處活動，試圖找到向上的門路。劉暢與步兵校尉鄧迭往來親密。鄧迭的母親深得竇太后的寵信，於是就在太后面前為劉暢大唱讚歌，說劉暢是個人才。竇太后雖是竇憲的妹妹，但也覺得和帝早晚要親政，自己的兄弟獨掌朝政終究不是長久之計，長此以往不但劉氏皇族有情緒，對竇氏家族來說也不是什麼好事。透過竇憲刺殺韓紆之子一事，竇太后對自己這位專橫的兄弟更加擔心，生怕他再做出什麼不測之事。於是，竇太后想透過重用劉暢這位皇族宗親，對竇憲造成一定的權力制衡。在竇太后的安排下，劉暢住進了洛陽東門屯衛宿所，等待朝廷重用。竇憲對劉暢的行蹤早有注意，當他得知太后想用這顆棋子來制衡自己時，一不做二不休，竟然故伎重施，派刺客將劉暢刺殺，並放風說是劉暢的弟弟劉剛所為，還煞有介事地派御史去青州和青州刺史一起，查辦劉剛。但紙包不住火，竇憲的行徑被一些大臣察覺，有大臣上奏和帝，指出此事係竇憲所為。和帝將奏摺呈報皇太后，經查證果然屬實。竇太后吃驚之餘，甚為震怒，將竇憲所有職務盡行撤除，廢為庶人，囚於掖庭宮，等待最後處理。

等待竇憲的，本應是生死難料的按罪懲罰，不想事情又發生了奇異的轉折。

四、戴罪立功

北匈奴經過竇固的沉重打擊，日益困頓衰敗，一天不如一天。這時，又發生了內部爭權，呈現分崩離析之象，先後有數十萬人口入塞向漢朝投降。南匈奴見有機可乘，想起兵吞併北匈奴，便上書竇太后，請求派兵支持。太后召來大臣耿秉商議，同意出兵支持南匈奴。

有人迅速將這一訊息轉達給了囚禁中的竇憲。竇憲心領神會，知道機會來了，立即上書，請求出征匈奴，以贖死罪。太傅鄧彪本是竇憲起用，對竇憲有感恩之情，也想討太后的歡心，一見竇憲的上書，立即向竇太后進言說：「竇家的先輩起自邊塞，對邊境的風俗、地理瞭如指掌。竇憲曾向竇固學過軍事，有軍事才能，不如讓他戴罪立功。」竇太后自然是高興，馬上準許。

轉眼之間，竇憲由一個待罪的囚犯，變成了統率千軍萬馬的將軍。漢和帝永元元年（公元 89 年）初，東漢朝廷任命竇憲為車騎將軍，授金印紫綬。將軍府按司空府編制：長史一人，秩千石，椽署二十九人，令屬及御屬三十二人，地位與三公相等。任命執金吾耿秉為征西將軍，充當副將。京城的北軍五校、黎陽、雍（今陝西鳳翔）營、沿邊十二郡騎兵及羌、南匈奴軍等數萬人，均歸竇憲調遣。

竇憲下令，兵分三路出征：南單于屯屠河率領騎兵萬人出滿夷谷；度遼將軍鄧鴻及緣邊義胡八千人、南匈奴左賢王安國的萬餘騎軍出固陽塞（今內蒙古固陽附近）；自己和耿秉各率騎軍四千人從洛陽出發，與南匈奴左谷蠡王師子的萬名騎軍會合後，出朔方雞鹿塞。三路大軍各自行動，約定日期，在涿邪山（今蒙古國滿達勒戈壁附近）會合。

漢軍四五萬人馬在涿邪山會合後，竇憲召集軍將，研究制定軍事方案。決定兵分兩路北上，互相支援。副校尉閻盤、司馬耿夔、左谷蠡王師子、右呼衍王須訾等，率精騎萬人打先鋒；竇憲和耿秉率三萬六千人的大軍緊隨其後。漢軍進至稽落山（在今蒙古國西南部），與北匈奴單于所率大軍相遇，

雙方展開激戰。副校尉閻盤率萬名士兵奮勇衝殺，雙方各有傷亡。正激戰時，竇憲率領後續漢軍趕到，對匈奴軍形成了包圍之勢，北單于軍被斬數千人，損失慘重，急忙殺開血路，大敗而逃。竇憲指揮大軍乘勝追擊，直追到私渠比鞮海（今蒙古國杭愛山南），又與匈奴軍交戰，斬一萬三千餘人，獲牲畜百餘萬頭。溫犢須、日逐、溫吾等八十一個北匈奴部落被漢軍聲威震攝，先後有二十餘萬人紛紛向漢軍投降。

竇憲、耿秉對各路將士進行嘉獎後，繼續率軍前進。大軍進至燕然山（今蒙古國杭愛山），北單于早已逃得無影無蹤。竇憲率將士登上燕然山，極目遠望，心潮澎湃。這裡距離邊關三千餘裡，已是匈奴的腹心地帶，自己本是為了避禍而主動請纓，不料建立如此不世之功，人生世事的風雲變幻，令竇憲無限感慨！興奮之餘，竇憲想，必須在此地樹立一塊石碑，鐫刻上此次征伐的戰功，一來可以宣揚大漢威德，二來可以使自己流芳百世。於是，竇憲命隨軍而來的文學家、史學家班固作一篇頌文。

班固才思敏捷，一揮而就，一篇三百多字的頌文頃刻寫成。文章歌頌了東漢王朝的威德，宣揚了竇憲的赫赫戰功，將漢軍北征匈奴的浩大聲勢表述得有聲有色，慷慨激昂。班固所寫頌文用現代的語言翻譯過來如下：

永元元年七月，漢朝皇帝的舅父竇憲，英明忠信，輔佐漢室，統軍北征，師出朔方。麾下猛將有神鷹之勇，士卒有虎狼之威。南單于、東烏桓、西戎氏羌軍慕大漢之威，前來助戰。精騎三萬，鎧甲生輝；兵車萬乘，絡繹不絕；軍列八陣，旗幟招展；大軍出高闕，下雞鹿，橫穿大漠，浩蕩北進。斬溫禹王以祭旗鼓，殺屍逐王以血洗劍。校尉率軍衝殺，勇猛追擊，匈奴倉皇而逃，千里無蹤。大漢各路人馬會師涿邪山，一路挺進，打到稽落山、燕然山。昔日冒頓單于的腹地受到重創，當年老上單于的龍庭遭到焚燒。此戰痛雪高祖、文帝所受之辱，振興大漢之雄風！

竇憲讀罷，非常滿意，當即命工匠鐫刻在石頭上。銘文刻就後，竇憲、耿秉在記功石旁舉行了盛大的慶功大會，將士們歡欣鼓舞，興高采烈。

　　燕然刻石後，為了體現大漢的盛德，竇憲決定對匈奴殘餘勢力施行招撫，於是他派軍司馬吳汜、梁諷，持金帛出使北匈奴，宣曉皇恩，共謀和平。自己則率大軍凱旋南行。

　　吳汜等人依照竇憲的命令，向北進發。沿途招降的匈奴部族多達萬人。行至西海（今蒙古國哈拉湖附近），終於找到了北單于，便呈上了竇憲的書信。北單于的力量已被摧毀殆盡，徹底失去了與漢朝對抗的信心，於是決定率部隨吳汜入洛陽，向漢朝投降。吳汜便帶著北單于及其部眾一路向南，走到私渠比鞮海時，竇憲大軍剛剛進入漢朝邊塞。這時北單于忽然又猶豫起來，不願再去洛陽，而只願讓弟弟右溫禺王奉貢物入洛陽，自己說是要回去穩定北匈奴部眾。吳汜迅速飛報竇憲。竇憲為了穩住單于，決定讓單于弟弟右溫禺王也不必再去洛陽，而是和單于一道返回故地。竇憲將此決定上奏漢和帝，得到了和帝的允許。

　　為了表達對竇憲的敬佩，南匈奴單于贈給竇憲一尊能盛五鬥米的西周大銅鼎，鼎上銘文寫著「仲山甫鼎，其萬年子子孫孫永保用」的字樣。竇憲不敢享有這件寶器，派人護鼎回洛陽，獻給朝廷。

　　竇憲率軍行至五原郡（今內蒙古包頭市西），竇太后派遣的使者到達，朝廷下詔，拜竇憲為大將軍，授予印綬，封為武陽侯，食邑兩萬戶。竇憲接受大將軍的封職，但是辭受封武陽侯。

　　回到洛陽後，竇太后對竇憲的軍功大加表彰。太后同意了竇憲辭受武陽侯的請求，改之以提升官位以表彰。按舊例，大將軍位在三公之下，府吏配備與太尉府一樣，太后特賜竇憲的府吏配備在三公之上，將竇憲大將軍府上的長史、司馬提升為二千石，以下屬員的秩均有增加。同時委任竇憲的弟弟竇環為衛尉，竇景為侍中、奉車、駙馬都尉。並下詔在洛陽為竇憲四兄弟修築豪華的宅第。除了表彰竇氏兄弟外，竇太后還大行賞賜將士，規定凡是跟隨竇憲從軍出征的二千石子弟，均任命為二百石的太子舍人，這樣一來，將士們對大將軍竇憲無不感恩戴德。

　　次年（公元 90 年），有大臣上奏，建議朝廷還是應該封竇憲為列侯。朝廷遂下詔令說：「大將軍竇憲，前番出征，擊潰匈奴，北單于降漢，朕予

以封賞，大將軍辭謝不受。依照典章制度，舅父應該封有爵位。現封竇憲為冠軍侯，食邑二萬戶；封竇篤為郾侯、竇景為汝陽侯、竇瑰為夏陽侯，各食邑六千戶。」

竇家幾個兄弟均被封為列侯，但是只有竇憲，仍堅辭不受。大臣們被竇憲的行為搞得摸不著頭腦，不知他葫蘆裡究竟賣的是什麼藥。竇憲是個鋒芒畢露、快意恩仇之人，可能是覺得自己的個性太強，在朝廷容易招惹是非，也可能是仍然沉醉於燕然刻石的喜悅，對軍旅征戰戀戀不捨，於是，竇憲向朝廷提出請求：率軍駐守涼州，以侍中鄧迭行征西將軍職為副將。這個意見被皇帝恩準。

竇憲駐守涼州期間，正遇北匈奴單于派儲王（單于太子）來降。當初北匈奴單于本要親自來降，後來中途害怕，調頭北返。回去後又怕漢軍再來攻打，遂決定派太子南下洛陽向漢朝投降，並請大將軍竇憲派出使者在邊境導引。竇憲便派中護軍班固以中郎將身份，與司馬梁諷去迎接儲王。可是沒等班固、梁諷迎接到來降的北匈奴儲王，那邊南匈奴左谷蠡王師子率軍八千人，已向北匈奴發起了攻擊。南匈奴軍請漢朝中郎將耿譚派部將協助，從雞鹿塞出發，行至涿邪山下兵分兩路，左部北過西海至河雲北，右部從匈奴河水西繞天山，兩軍會合，趁著夜色向北匈奴單于發起攻擊，北匈奴措手不及，被殺得大敗，北單于受傷逃跑。南匈奴軍大勝，繳獲單于印璽，斬首八千人，俘虜單于閼氏及部卒數千。

北匈奴儲王本是打算南下洛陽投降，可是還沒有來得及走，就遇上南匈奴的攻擊，只得北逃。班固、梁諷等到達私渠比鞮海，聽說北單于北逃，只得返回涼州向竇憲匯報。

看到形勢有變化，加上南匈奴極力遊說漢廷消滅北匈奴，竇憲認為，北匈奴現在力量已大不如前，不如一鼓作氣將其徹底消滅，這樣既可以使自己建立軍功，又可造成南匈奴勢單力孤，從而更加親近漢朝。於是，竇憲放棄了先前派使者聯絡北匈奴的政策，轉而為軍事進攻。永元三年（公元91年），竇憲派右校尉耿夔、司馬任尚、趙博等率軍征伐北匈奴，在金微山（今新疆

阿爾泰山）與北匈奴展開戰鬥，北匈奴已是強弩之末，戰鬥力很弱，被漢軍斬殺和俘虜甚多。

北匈奴單于逃入康居（今哈薩克斯坦巴爾喀什湖與鹹海之間）後，其弟弟右谷蠡王自立為單于，率大小王侯以下眾數千人，東返至蒲類海（今新疆巴裡坤湖），派使者到涼州向竇憲求降。竇憲將情況上奏和帝，請求為北匈奴封立新單于。永元四年（公元 92 年），和帝派右校尉耿夔持節至蒲類海，授予北單于印綬，賜魚劍四具，羽蓋四馬駕車一乘，令中郎將任尚持節保護北單于，移駐伊吾（今新疆哈密市附近），與南單于一樣對待。

五、身死論定

透過與北匈奴的作戰，竇憲不僅威名大振，而且在戰爭中逐漸形成了自己的班底：以耿夔、任尚為左右手，以鄧迭、郭璜為心腹，班固、傅毅典文章，府吏為謀事骨幹。眼看著竇憲的勢力一天天壯大，朝中的一些大臣和漸漸長大的漢和帝開始憂慮起來。

外戚一旦大權在握，必然會與忠誠於皇權的大臣和新立皇帝產生衝突。更何況，掌握實權的竇太后與和帝之間有一段很深的仇隙。原來竇太后與漢和帝並非親生母子，和帝的生母梁貴人，當年正是被章帝的皇后竇後害死。眼看著和帝漸漸長大，宦官鄭眾等人又整天圍繞在他左右，竇太后越來越擔心有一天和帝會報生母被害之仇。憂慮之下，自然願意看到自己的兄弟竇憲勢力一天天壯大，想借助外戚的力量，以防不測。所以，當聽到尚書僕射郅壽、樂恢指責竇憲專權的聲言後，竇太后怒不可遏，嚴厲將他們訓斥一番，兩位大臣不堪壓力，被迫自殺。

大臣們十分驚恐，從此不敢有半點雜音，只管一味奉承逢迎，很多人順著太后的旨意，爭先恐後上書，為竇氏兄弟求封。竇太后順勢使和帝下詔，授竇篤為特進，享受三公待遇，並可舉薦高官；任竇景為執金吾、竇環為光祿勳，竇家一門，權勢登峰造極，傾動京城。竇家兄弟中，擔任執金吾的竇景最為橫行霸道，他家裡養著成群的家奴、賓客及數百護衛騎士，經常惹是生非，欺男霸女。竇景一出行，行人商賈如同遇見豺虎，紛紛躲避。執法的

衙門懼怕竇家的權勢，從來不敢過問。但是竇景的胡作非為，還是傳到了竇太后耳裡，太后對自己不爭氣的弟弟非常生氣，終於免去了竇景的執金吾官職。龍生九種，各有不同，另一個兄弟竇瓌則不同，他自小愛讀書，也很懂得約束自己，太后派他離京出任潁川太守。除了竇氏兄弟外，竇憲的叔父竇霸任城門校尉、竇褒任將作大匠、竇嘉任少府，竇家的勢力充滿朝廷。

日漸長大的漢和帝表面上十分依順竇太后的旨意，但是對太后臨朝、竇家專橫擅權十分惱怒，也非常擔心有一天自己會被竇氏廢黜，於是暗中與中常侍鄭眾密議，想除掉竇氏家族。唯一顧慮的是，竇憲統軍在外，稍有不慎便會引起兵變。於是設下一計，詔令竇憲離涼州回京述職。竇憲根本想不到十四五歲的和帝會向自己動手，於是率領大軍，回到洛陽。在和帝與鄭眾的佈置下，表面一切如常，令大鴻臚帶人出城，至郊外迎接，賞賜將吏財物，予以慰問和表彰。背地裡，和帝秘密召執金吾、五校尉率軍駐守南宮與北宮，只等竇憲前來。竇憲進城入宮，覲見皇上，誰知聽到的卻是和帝所下的捕殺令：捕竇憲的親信鄧迭、鄧磊、郭璜、郭舉等人入獄，迅即處死，家屬一律流放於合浦（今屬廣西）；令謁者沒收竇憲的大將軍印綬，更封為冠軍侯，令他與弟弟竇篤、竇景、竇瓌都回到封地去度日。為了照顧太后的面子，也是為了不落下殺舅的名聲，和帝沒有立即殺掉竇氏兄弟，而是將四兄弟趕離京師回封國，並分別派了厲害的國相去監督。一到封地，即令憲、篤、景自殺，家屬流放於合浦，宗族、賓客因竇憲而做官者，均罷官回鄉。唯有竇瓌，一向謙恭守法，暫時得以免罪，但後來也找了個罪名，改封他為羅（今湖南湘陰東北）侯，不準與外人交接，幾年後也被逼自殺。竇太后還政於和帝，在長樂宮安養，直到壽終。

與兩漢時期的其他軍事將領相比，竇憲是特殊的一個，也很具有代表性。他是東漢晚期外戚勢力的一個典型。同樣是外戚，漢武帝時期的衛青性格謹慎，為人低調，立大功而不自傲；竇憲卻是喜怒俱形於色，飛揚跋扈，恩仇必報，留下不少劣跡，被後世不少文人墨客視為東漢外戚專權的禍首，因而備受貶斥。同樣是北伐匈奴，衛青、霍去病、李廣等人或出自軍旅、出生入死，或長於謀略，用兵如神；竇憲卻是以戴罪之身率兵出征，戲劇般地演繹人生，竟然也成就了轟轟烈烈的「燕然勒銘」偉業！西漢時期的東方朔說過，有一

種人，「用之則為虎，不用則為鼠」，後世有人用這句話來嘲諷竇憲，笑話他以外戚身份，僥倖立下不世之功，其實這種評價並不見得公平。

綜觀竇憲的一生，從秉性上說，他確有率直聰明的一面，家族的熏陶和實踐的鍛鍊，使他具備了相當的軍事才幹；從歷史上看，他對東漢王朝乃至整個中國歷史發展的貢獻是應該肯定的。他統率大軍，大破北匈奴於稽落山和金微山，登燕然山，刻石勒功。逐北單于，迫其西遷，威名震撼了大漠南北。這一時期所奠定的中國北疆新格局，既是東漢光武、明、章三代的夙願，是中國邊疆統一和中華民族融合進程中的一個重要環節，也是渴望和平的北方各族人民的共同願望。所以竇憲的歷史功績是不應被抹殺的。

從軍事角度來看，竇憲作為指揮東漢第二次征伐北匈奴戰爭的漢軍統帥，成功地組織實施了稽落山之戰和金微山之戰等重大戰役，在中國軍事史上產生了一定的影響。竇憲用兵，善於針對敵軍弱點，及時掌握和準確判斷敵軍的動向，採取主動出擊的戰略方針，調遣優勢兵力與敵主力決戰。如漢三路大軍彙集涿邪山後，竇憲根據北匈奴勢力已大大削弱，不敢與漢軍正面交戰的狀況，派出精騎萬餘，向北單于王庭所在地稽落山一帶運動，迫使北匈奴主力出戰，並一舉將其擊潰。此役後，竇憲繼續主動出擊，盯住北匈奴主力不放，又在金微山取得重大戰果。竇憲在作戰中，注意揚長避短，根據漢軍準備充分、裝備精良、兵力集中，但深入大漠、遠離後方、不宜久戰的優弱點，以及北匈奴雖行動飄忽、反應快速，但力量薄弱、懼怕決戰，且有大量老少部民拖累的實際情況，採用長距離奔襲、迂迴包抄等戰術，往往輕裝疾進，速戰速決。如長途奔襲金微山，就收到了出其不意、出奇制勝的效果。同時，一旦抓住戰機，決不輕易放棄，每次擊潰敵軍後，均窮追猛打，不讓敵人有喘息的機會，儘量在追擊中殲滅敵人。對於他的功績應實事求是地予以肯定。

近代人物篇

▌陳望道

首譯《共產黨宣言》

陳望道，原名參一，字任重。1891年1月18日生於浙江義烏縣分水塘村，早年就讀於金華中學。1915年赴日本留學，獲中央大學法學士學位。1919年回國，翌年翻譯出版《共產黨宣言》，並與陳獨秀等人發起成立上海共產黨小組。1922年出任中共上海地方委員會書記，翌年因不滿陳獨秀的家長作風而脫黨。20世紀30年代任教於上海，研究文法修辭學，著有《修辭學發凡》，並倡導大眾語運動。新中國成立後，長期任復旦大學校長，並當選為全國人大第一、二、三、四屆代表，全國政協第二、四屆常委，民盟中央副主席。1957年重新加入中國共產黨。1977年10月病逝，享年八十七歲。

毛澤東和鄧小平在談到自己早年確立馬克思主義信仰時，都不約而同地提到了一本書——《共產黨宣言》。毛澤東還曾向埃德加·斯諾專門提到了令他印象深刻的此書中譯者：陳望道。這位參加過創建中國共產黨的同志雖曾走過一段彎路，但最後在骨灰盒上仍覆蓋上了錘鐮紅旗。

■在家鄉義烏的柴屋裡，翻譯了馬克思主義經典著作《共產黨宣言》第一個中譯本。它的出版對中國共產黨創立造成了重要的推動作用

■春節在鬧市散發一萬多張寫有宣傳口號的賀年片，一些人驚呼：「共產主義到上海來了！」

陳望道從六歲起在村裡讀私塾，後就讀於省立金華中學。後來由於對數理化等現代科學產生了濃厚興趣，於1915年懷著科學救國的理想留學日本。到日本後，陳望道先後在東京早稻田大學法科、東洋大學文科、中央大學法科學習。此間，陳望道結識了日本早期著名的社會主義者河上肇，並透過閱讀他翻譯的馬克思主義書籍，思想漸漸由「科學救國」轉變為立志社會革命。

1919 年春，「五四」運動爆發。陳望道於 6 月回國後到浙江第一師範學校任語文教師。他與進步教師一道提倡白話文，傳授注音字母，浙江頑固勢力曾揚言要用槍打死他。不久，學校發生風潮，陳望道受守舊派打擊而回到家鄉，同時，應上海《星期評論》之約開始翻譯《共產黨宣言》。1920 年春天，他在分水塘村的一間柴屋裡完成了這部書的中譯本，並於 8 月間付印。《共產黨宣言》在此時出版，教育了中國最早期的一代共產主義者，對中共建黨造成了重要的理論奠基作用。

1920 年夏，陳望道到達上海，與陳獨秀、李漢俊、李達等人組織起馬克思主義研究會，隨後成立了共產黨小組。他在組織中曾擔任工會部長，經常深入工廠區宣傳鼓動。1921 年農曆新年，陳獨秀建議大家用拜年的形式來宣傳馬克思主義。陳望道等人便買來許多賀年片，一面寫著「恭賀新禧」，另一面寫上宣傳口號。他與李漢俊、李達、沈雁冰等來到「大世界」和南市，沿途向各家送出一萬多張。一些人看到賀年片後驚呼：「不得了，共產主義到上海來了！」

■因與陳獨秀爭執而脫黨，但仍表示信仰共產主義終生不變，「在黨外為黨效勞也許比黨內更方便」

■大革命失敗後，他主持的中華藝術大學成為左翼文藝運動的中心，並發起過大眾語運動

陳望道為人正直，且有知識分子的清高習氣，話不投機往往拂袖而去。1921 年籌備黨的一大時，為審批組織經費出現糾紛，陳獨秀誤認為是李漢俊和陳望道合謀想奪他的權，便廣發信函予以指責。陳望道怒不可遏，要求陳獨秀澄清事實並向他道歉，遭拒絕後遂一氣之下提出要脫離組織，並因此未出席黨的一大。經過勸說，他暫時留在黨內，並出任了中共上海地方委員會第一任書記。

在領導崗位上，陳望道又與一些人合不來，時間不長便正式提交辭呈。1923 年 8 月，中央主管組織工作的毛澤東向上海委員會建議：對邵力子、沈玄廬、陳望道的態度應緩和，勸他們取消退黨的念頭。他還指派沈雁冰（即作家茅盾）前往對三人進行勸說，陳望道卻回答說：「現在陳獨秀的家長作

風依然如故，我如何又能取消退黨呢？我信仰共產主義終生不變。我在黨外為黨效勞也許比黨內更方便。」此後，陳望道雖然退黨，但對黨交辦的任務還是盡力而為。

陳望道長期任教於上海大學和復旦大學，於 1929—1930 年還應共產黨員馮雪峰和夏衍之邀出任代表左翼文化事業的中華藝術大學校長。大革命失敗後，要在上海舉行三四十人以上的集會非常困難，中華藝大卻成為能夠舉行半公開活動的極少數的場所之一，而且一度成為左翼文藝運動的中心，中國左翼作家聯盟成立大會也在這裡召開。在陳望道主持下，魯迅先後三次應邀前往中華藝大演講。但該校不久便因色彩太紅而被國民黨當局查封。

早在「五四」運動時期，陳望道便成為國內最早提倡使用新式標點符號的學者之一。20 世紀 30 年代初他蟄居上海，潛心寫下《修辭學發凡》一書，成為中國第一部系統兼顧文言文和白話文的修辭學書籍。1934 年，針對國民黨搞「新生活運動」並提倡「尊孔讀經」「文言復興」，陳望道與胡愈之、夏丏尊等人發起「大眾語運動」，倡導語言應「大眾說得出、聽得懂、看得明白、寫得順手」。「大眾語運動」規模不大，卻弘揚了「五四」精神，在文化上反擊了復舊倒退的逆流。

■國民黨特務在復旦校門口張貼萬言「公開信」，稱「新聞系的赤化，系主任陳望道應對此負總的責任」，陳望道處之泰然

■1957 年 6 月，陳望道重新回到共產黨懷抱，直到他參加共產黨的十大時才對外公開這一身份

1932 年，「一二八」抗戰爆發，陳望道與魯迅、茅盾等 43 人聯名發表《上海文化界告世界書》，他本人也被推為中國著作家抗日會秘書長。1940 年，陳望道隨復旦大學內遷至重慶，擔任新聞系主任。在重慶期間，他仍與中共地下組織保持聯繫，曾想過去延安，但因難以透過關卡未能成行。中共中央的老同志們也經常惦念他，曾秘密轉告他，歡迎他回到組織中。陳望道考慮到當時的鬥爭需要，誠懇地表示說：「現在還不是時候，但是總有一天我會回到黨的懷抱中來的。」

抗戰勝利後，陳望道回到上海，他所主持的復旦大學新聞系成為全校進步力量最強的一個系，並引起國民黨反動派仇視。1948 年下半年，國民黨「新新聞社」分子在校門口張貼了一份致陳望道的萬言「公開信」，其中稱：「新聞系的赤化，系主任陳望道應對此負總的責任。」面對威脅，陳望道處之泰然。上海解放前夕，國民黨特務瘋狂屠殺進步人士，他也被列入了黑名單。地下黨得知這一情況後，安排他暫時隱蔽，才躲過黎明前最黑暗時刻的大搜捕。

新中國成立後，陳望道親眼見到了自己的理想化為現實。他作為華東地區代表出席了第一屆全國文學藝術工作者代表大會。1952 年，他又被任命為復旦大學校長。直到 1977 年逝世，陳望道在這 25 年間始終是復旦大學校長，也是這一世界名校任期最長的校長。

新中國成立之初，陳望道是以民主人士身份工作，在見到當年的老同志時一再表示了重回黨內的願望。黨組織考察了他的歷史，認為雖脫黨三十多年，卻一直堅持革命和進步立場，並與黨經常保持聯繫。1957 年 6 月，中共中央直接吸收陳望道為中國共產黨黨員。至此，他又回到黨內，實現了他「願為共產主義事業奮鬥終生」的誓言。中央考慮到工作需要，長期沒有公開他的黨員身份，直到黨的十大召開前才予以公開，他還被選為上海參加黨的十大的代表。

在新中國成立後許多年間，陳望道致力於倡導語文改革，曾任國務院科學規劃委員會語言組副組長，為簡化漢字、推廣普通話、制定和推行漢語拼音方案做了大量工作，並於 1960 年接任了《辭海》總主編。1977 年 10 月 29 日，陳望道因病逝世，享年八十七歲。1980 年 1 月 23 日，上海市委根據黨中央的指示，在革命公墓為陳望道舉行了骨灰盒覆蓋黨旗儀式。

■吹盡狂沙始現金，陳望道一生雖然有過曲折，然而透過歷史的風塵，我們依然可以看到一個真理追求者的赤子之心、忠貞之志

沒有革命的理論，便沒有革命的運動，中國早期共產主義運動的興起，伴隨著馬克思主義的傳播，而陳望道在這一領域造成了特殊的作用。

近代中國因文化落後，加之東西文化隔閡甚深，在「五四」運動前系統翻譯出版西方的政治著作很少。20 世紀初，一批東渡的中國知識分子透過日本這一文化窗口，利用那裡對西方先進思想的介紹成果，才轉譯出最早宣傳馬克思主義的著述。1906 年，留日的朱執信寫出《德意志革命家小傳》，首次向國人提到了馬克思、恩格斯和他們的學說，不過卻是隻言片語。直到陳望道翻譯出《共產黨宣言》，才使中國革命者真正讀到了漢語寫成的馬克思主義經典之作，對第一批共產黨人進行了最初的啟蒙。

革命的理論要發揮作用，必須進行社會實踐。在這一方面，長年在書齋中的陳望道確有其弱點。不過，歷史人物的評判，應看其全部履歷及功過。陳望道早年負氣脫黨雖有緣由，但畢竟是憾事。他畢生追求真理，在組織之外仍自覺配合黨的要求，努力實踐「信仰共產主義終生不變」的誓言，而黨組織最終也對他作出了公正的評價。透過歷史的風塵，我們依然可以看到陳望道這位真理追求者的赤子之心、忠貞之志。

▌黃炎培

職業教育拓荒者

黃炎培，字任之。1878 年生於江蘇川沙（後屬上海市）一個私塾教師之家。1902 年中舉人，因「詆毀」清廷遭緝捕而逃亡日本。1905 年加入同盟會。辛亥革命中參與策劃江蘇起義，後任江蘇省教育司長，曾參加討袁運動。1915 年赴美考察。1917 年，在上海發起創辦中華職業教育社，主張「使無業者有業，使有業者樂業」。在「一·二八」事變中，組織上海市民支援十九路軍抗戰。抗日戰爭時期任國民參政員。1941 年，參與發起組織中國民主政團同盟。1945 年 7 月訪問延安，回渝後寫出《延安歸來》宣傳解放區的成就，同年末，聯合工商界人士發起建立中國民主建國會（民建）。1949 年初由上海經香港赴解放區。新中國成立時，任政務院副總理兼輕工業部部長，後任人大副委員長、全國政協副主席等職。1965 年 12 月病逝。

如今作為中國對外開放代表之一的上海浦東新區，追溯發展史時往往要提起最早在此以近代方式開發家鄉的黃炎培。黃炎培不僅是教育家，還是實業家們的組織者，在漫長歲月中又是同共產黨合作進行民主革命的堅強鬥士，他為推動中國現代化的進程作出了卓越的貢獻。

■從清末舉人轉為革命志士。因當面聆聽了孫中山「知難行易」的教誨，堅定了追求真理的決心

■最早在浦東興辦新學。作為中國職業教育的「拓荒者」，一改讀書只為做官的舊習，他開辦的職業學校強調學以致用

黃炎培十四歲喪母，十七歲失父，家境貧困激勵他發憤攻讀，二十五歲時鄉試中舉。1907 年，黃炎培在家鄉川沙（即今上海浦東）創辦浦東中學並任校長，這所學校以強調學以致用及聘請名師而著稱。當時國內評價中學質量時有「北南開，南浦東」之稱。他自己雖沒什麼產業，卻聯絡實業界人士投資浦東修路辦廠，雖因社會條件所制約而成就有限，卻為後來的發展奠定了最早的基礎。

透過接觸新學和興辦教育，黃炎培痛感清王朝腐朽，倡言變革，因此遭官府通緝被迫亡命日本。過去的老師蔡元培在深夜找到他，詢問是否願參加反清革命，黃炎培鄭重地宣誓參加同盟會。後來，他帶密碼回上海，擔任同盟會幹事，一面辦學，一面聯絡同志。

黃炎培在上海登門拜訪了孫中山。此時，孫中山已卸職，他拿出自己寫成的《孫文學說》書稿，虛心地請黃炎培對書稿提意見，並對「知」與「行」的關係發表了一番議論。對於這次會面，黃炎培終生難忘，並以此激勵自己畢生不懈地追求真理。

在辛亥革命後，黃炎培曾擔任江蘇省教育司長三年。任期內，他在省內興辦的教育事業為全國各省之冠。1917 年後，他曾赴美國、日本考察，深感中國傳統教育強調「學而優則仕」，導致所學的東西與經濟和生產實際相脫離。回國後，他不再入官場而是創建了中華職業教育社，國內知名人士蔡元培、嚴修、張元濟等都在成立宣言上簽名。1918 年，黃炎培創辦了中華職業

學校，提出「勞工神聖」和「敬業樂群」的口號，以「雙手萬能」為校徽，倡導手腦並用的精神，培養的人才深受實業界歡迎。當時，職業教育成為社會新風尚，黃炎培也在全國教育界聲名鵲起。

■蔣介石曾對黃炎培通緝追捕，又幾次拉他當官。黃炎培均拒絕，表示「不能自毀人格」

■發起成立民盟和民主建國會，在爭取民主的鬥爭運動中與周恩來等共產黨人結下了友誼

黃炎培興辦教育時，因支持學生員工的進步活動，被江浙買辦財團的一些人罵為贊同「赤化」。1927年，蔣介石以「學閥」之名對他進行通緝。黃炎培去蘇聯未成，流亡至當時的日租界——大連。回滬後，黃炎培閉門三年以賣文為生。這時，蔣介石又派黃炎培的同學邵力子來封官許願，黃炎培拒絕任職，只是將從日本購得的鼓吹侵華的書當面送給蔣介石。黃炎培說完對時局危機的預感，蔣介石一聲不吭，外交部部長王正廷則在旁邊挖苦。不久，「九一八」事變爆發，黃炎培趕赴外交部質問王正廷為何不抵抗，談話間示威學生擁入，將王正廷痛打一頓，黃炎培當即表示「應該！應該！」

抗戰期間，黃炎培雖任諮詢性質的國民參政會參政員，卻不肯當官，並反對國民黨打內戰。1941年3月，他代表中華職業教育社同其他民主黨派發起成立「中國民主政團同盟」（後改名中國民主同盟），立於國共兩黨之間爭取民主。抗戰勝利後，黃炎培與胡厥文等工商界、教育界人士發起成立民主建國會。當時，周恩來經常與黃炎培聯繫，在政協會議上配合行動。1946年7月，國民黨特務暗殺了李公樸、聞一多，蔣介石隨之又施以威脅利誘，拉黃炎培脫離民盟參加偽「國大」，並許以高官。黃炎培則堅決表示「不能自毀人格」。1947年10月，國民黨宣布民盟「非法」，並派軍警包圍民盟總部強令其解散。黃炎培赴南京與當局緊急交涉無功而返，慘痛的事實使他認識到「中間道路」走不通，便決心到解放區去。

1949年2月，黃炎培和夫人佯作赴上海永安公司購物，將尾隨的特務甩在商店門口，從後門上了中共地下黨安排的汽車赴碼頭，經香港到達北平。

他走後，留滬的次子被保密局抓捕，因堅貞不屈被打斷了腿，在解放軍進入上海前夕又遭殘殺。

■在延安與毛澤東促膝談心。兩人關於「週期律」的對話，尤令半個世紀後的人們深思

■在舊中國堅拒做官，不入汙泥，袁世凱曾說他「與官不做，遇事生風」。1949 年以後卻欣然出任人民政府副總理兼輕工業部部長

■在 1959 年因向主席催索借出的字帖，毛澤東戲稱他「不夠朋友夠英雄」

1945 年 7 月初，黃炎培與褚輔成、冷遹、左舜生、傅斯年、章伯鈞五名國民參政員從重慶飛往延安訪問了五天。出行前蔣介石曾約見他們，煽惑這些中間人士，想以此讓他們對共產黨產生惡感，結果這五天卻成為黃炎培一生中的重大轉折點。黃炎培目睹延安的施政措施和大生產成就，又同毛澤東在三天內促膝長談十幾個小時。黃炎培寫成《延安歸來》小冊子，而且打破國民黨送審的規定自行出版，在大後方很快被搶購一空。書中宣傳瞭解放區人人努力工作等新面貌，書中記載了一段他與毛澤東的對話，幾十年後仍為關注中國共產黨前途的人們耳熟能詳。

當時，毛澤東問黃炎培的觀感，黃炎培答：「我生六十多年，耳聞的不說，所親眼看到的，真所謂『其興也悖焉』『其亡也忽焉』，一人，一家，一團體，一地方，乃至一國，不少單位都沒有能跳出這週期律的支配力。……中共諸君從過去到現在，我略略瞭解一些。就是希望找出一條新路，來跳出這個週期律的支配。」毛澤東則說：「我們已經找到新路，我們能跳出這週期律。這條新路，就是民主。只有讓人民來監督政府，政府才不敢鬆懈。只有人人起來負責，才不會人亡政息。」半個世紀後的今天，後人每當讀到這段對話，仍言猶在耳，發人深思。毛澤東的回答令黃炎培大為折服，認為用民主來打破這週期律是有效的。

民國成立後，黃炎培憤於袁世凱及其後繼者的黑暗統治，雖然他們兩次發表任命他為教育總長的通告，但黃炎培均不就職，長期以不做官自許。

新中國成立前夕，周恩來到黃炎培家，請他出任政府公職。黃炎培以年已七十二歲推辭，周恩來則說：「現在是人民政府，不是做官，是做事，是為人民服務。」黃炎培終於願意出任政務院副總理兼輕工業部部長。隨後，他回答兒子的疑問時嚴肅地說：「以往堅拒做官是不願入汙泥。今天是中國共產黨領導下的人民政府，我做的是人民的官啊！」

新中國成立後，毛澤東在諸如對外政策、土改等問題上常聽取黃炎培的意見。此外，兩人也有私交。毛澤東得知黃家藏有一幅王羲之真跡，便說借一個月看並臨帖照寫。因字帖太珍貴，黃炎培只過一星期便頻頻打電話問看完沒有。在舉國歡呼萬歲時，中南海的衛士都對有人敢向這裡「逼債」而大感驚訝。毛澤東接過電話說：「任之先生，一個月的氣你也沉不住嗎？」隨後，又對衛士笑著說了句「不夠朋友夠英雄」。到了約期，黃炎培又客氣地傳話說：「主席儘管多看幾天沒關係。」毛澤東卻讓衛士在零點之前必須送還，並說：「朋友交往要重信義。」

■自稱「我是歷史的見證人」，經歷幾度興廢認識到強國真理，其職業教育的探索也啟發後人

黃炎培的一生，經歷了腐敗透頂的清王朝，軍閥割據的民國，蔣介石的獨裁統治，直到社會主義的新中國。他晚年常說：「我是歷史的見證人。」透過追隨孫中山反清、倒袁，自己搞教育救國和探索「中間道路」，一次次挫折沒有泯滅他追求真理的意志，一次次教訓使他擦亮了眼睛，最終投入共產黨領導的人民革命和建設的洪流中來。「路漫漫其修遠兮，吾將上下而求索。」黃炎培的一生，代表著近代以來先進的中國人為民族振興而不懈求索的曲折歷程，也真正實踐了他所信奉的座右銘：「理必求真，事必求是。言必守信，行必踏實。」

黃炎培出生和生長的上海，是中國近代引入西方商品最多並隨之帶來各種觀念影響之地。「十里洋場」雖然成為帝國主義侵華的據點和買辦集團的滋生地，卻也在封閉的舊中國最早傳播了適應市場經濟規律的商品價值觀，新型的職業教育在此發源也有其必然性。

▌馬寅初

首倡計劃生育者

　　馬寅初，字元善。1882 年生於浙江省嵊縣浦口鎮一個釀酒小作坊主家庭。二十歲時考入天津北洋大學，後赴美留學，獲耶魯大學碩士和哥倫比亞大學經濟學博士學位。1916 年回國，先後在北京大學、中央大學、交通大學任經濟學教授。抗戰中，因大力抨擊國民黨腐敗，被監禁達數年之久。新中國成立後，先後擔任中央人民政府委員、中央財經委副主任、華東軍政委員會副主席、浙江大學和北京大學校長，全國人大常委會委員，全國政協委員，中國科學院哲學社會科學部委員等職。1958 年，曾受錯誤的批判。1960 年，辭去北京大學校長之職。1979 年，平反後任北京大學名譽校長。1981 年，因他在人口發展理論方面的重大貢獻而受到亞洲議員人口和發展會議的專門表彰。1982 年 5 月，在北京逝世，享年一百歲。

　　提起馬寅初，人們就會想起他的《新人口論》。20 世紀 50 年代初期，馬寅初就預見到中國的人口如果不及時控制，將會成為工業化的負擔。然而，他的正確主張在當時卻被斥為「新馬爾薩斯人口論」，他本人也長期受到不公正的對待。在受到客觀規律的懲罰之後，中國從 20 世紀 70 年代末開始實行計劃生育政策，並把這一政策作為「基本國策」。回顧歷史，今天的人們對馬寅初的遠見卓識無不報以深深的敬意。

　　■出生正逢馬年、馬月、馬日、馬時，又姓馬，鄉間盛傳：「五馬」齊全，一定是個非凡人物

　　■中國留學生做畢業論文的「竅門」是選寫美國導師不熟悉的中國問題，而馬寅初的博士論文偏偏寫的是《紐約市財政》

　　1882 年 6 月 24 日，浙江省嵊縣浦口鎮釀酒小作坊主馬棣生家裡誕生了第五個兒子，既姓馬，又是馬年、馬月、馬日、馬時出生，鄉間盛傳：「五馬」齊全，一定是個非凡人物！

馬寅初十幾歲時，維新之風吹到家鄉。他受維新思潮的影響渴望外出讀書，父親卻要他留下繼承家業。為此，父親幾次對他進行罰跪並用竹篾抽打他，馬寅初總是咬緊牙關不服，為示抗議還憤而投河，幸被人救起。父親無奈，只好托在上海經商的好友將馬寅初帶走。1898 年夏秋之交，馬寅初進入教會學校「英華書館」，開始了中學生活。1901 年秋，二十歲的馬寅初又以優異成績考入天津北洋大學礦冶系。畢業後，他被錄取公費留學。1906 年秋，他進入美國耶魯大學礦冶系學習，後改學經濟學專業。

當時，留美的中國學生獲取學位的「竅門」是寫論文時選擇導師不熟悉的有關中國問題的題目。馬寅初在哥倫比亞大學做博士論文時，題目卻定為《紐約市財政》。他對紐約進行了翔實的調查後，高質量地完成了論文，此文還被哥倫比亞大學選為教材。

馬寅初回國後，應邀到北京大學擔任經濟學教授。1923 年，他發起成立了最早的全國經濟學學術性團體——中國經濟學社。20 世紀 30 年代前期，他又擔任南京中央大學經濟系教授兼系主任。為了顯示「禮賢下士」，蔣介石請馬寅初擔任立法院的財政經濟委員會委員長，實際上就是南京政府的最高經濟顧問，參與經濟政策的制定。在努力做中國經濟立法這項重大工作時，馬寅初切身感受到國民黨政府的腐敗，認識到自己的強國理想不可能在這樣黑暗的政權下實現。

■抗戰時期，提出要向發國難財者徵收「臨時財產稅」，公開指斥蔣介石是「家族英雄」

■被國民黨幽禁期間，學生們舉行「遙祝馬寅初六十壽辰大會」，並在重慶大學校園的梅嶺修建了「寅初亭」，馮玉祥親筆題寫了亭匾

■與周恩來的一席談話，改變了馬寅初的人生軌跡，從此「無時無刻不與共產黨在一起」

全面抗戰初期，馬寅初滿懷救國激情在重慶參與整頓經濟。然而，以蔣、宋、孔、陳四大家族為首的官僚買辦資本借抗戰名義聚民財入私囊，「皇親國戚」如孔二小姐之流走私舞弊無人敢管。馬寅初見此怒不可遏，在立法院

提出向發國難財者徵收「臨時財產稅」的議案，此論一出，各界轟動。他還在演講中指斥蔣介石：「有人說委員長領導抗戰，可以說是我國的『民族英雄』。但是照我看，只能說是『家族英雄』。因為他包庇他的家族親戚，危害國家民族啊！」

面對民族的災難，馬寅初開始關注共產黨。1939 年，他同周恩來、王若飛會面，聽到對抗戰形勢和中國前途的介紹，馬上感到有了希望。這也成為他一生的轉折點。後來，他回憶說：「在 1939 年以前，我是不與共產黨一起的，自那年起直到現在，無時無刻不與共產黨在一起。」

馬寅初的言行，使蔣介石惱怒萬分。1940 年 12 月，馬寅初被強令「外出考察」，實際上是被送往貴州息烽和江西上饒集中營關押。馬寅初被捕引起了各界憤慨。1941 年，重慶大學援馬大會舉行「遙祝馬寅初六十壽辰大會」，周恩來、董必武、鄧穎超聯合送來了壽聯：「桃李增華，坐帳無鶴；琴書作伴，支床有龜。」學生們還用捐款在重慶大學校園修建了「寅初亭」，馮玉祥題寫了亭匾。1944 年，國民黨軍隊在正面戰場大潰敗，各界怒罵一片指責之時，蔣介石被迫恢復了馬寅初的自由。獲釋後，馬寅初把第一篇文章《中國的工業化與民主不可分割》交給了中國共產黨的《新華日報》發表。

■在《新人口論》受到錯誤批判時，仍堅持原有的立場，聲稱：「決不向專以力壓服，不以理說服的那種批評者們投降。」

■從周恩來身上看到了共產黨人的高尚人格。周恩來逝世，按規定向遺體告別的人繞完一圈就要離去，但坐在輪椅上的馬寅初堅持要再繞一圈

新中國成立後，年近古稀的馬寅初煥發了青春。1951 年，他被任命為北京大學校長，一上任就馬上倡導北大教師開展思想改造學習運動。對中國建設的長遠規模，他也進行了深入思考。

1953 年，中國首次人口普查發現全國已有 6 億人，增長率達每年 2.2%。馬寅初憂心忡忡地認為這會「影響工業化」，應當實行計劃生育。他在廣泛調研的基礎上寫成提案。1957 年，他把提案提交一屆人大四次會議。後來，這篇提案又在《人民日報》上發表，這就是著名的《新人口論》。

對於控制人口的主張，周恩來曾表示贊成。毛澤東開始也認為有可取之處，並在會議上感嘆新增的糧產多被新增的人口吃掉。然而翌年，國內開始搞「大躍進」，人口首先是人手，人多是大好事，糧食多得吃不了等錯誤觀念一度充斥。在康生、陳伯達煽動下，1958—1959 年，全國各大報刊掀起了批判馬寅初的風潮，《新人口論》被說成是「馬爾薩斯主義在中國的翻版」。當時，馬寅初寫下《重申我的請求》一文，表示對各方挑戰，「我當敬謹拜受」「我雖年近八十，明知寡不敵眾，自當單槍匹馬，出來應戰，直至戰死為止，決不向專以力壓服，不以理說服的那種批評者們投降」。好心的人勸他公開認個錯，周恩來也勸過他。但馬寅初堅定地表示，為了堅持真理，「不怕油鍋炸，即使犧牲自己的性命也在所不惜」！

當時，有人想把馬寅初劃為右派，但受到周恩來制止。不過，1960 年初，馬寅初還是被迫辭去北大校長一職。此後，他的名字也很少出現在公開場合。到了 1964 年，經過三年經濟困難時期造成人口一度下降後，全國再次進行普查，統計人數又達 7.16 億。毛澤東也認為不得了，中共中央就此開始實行計劃生育政策，至 20 世紀 70 年代初，又採取極其嚴厲的節育措施。由於千百年傳統習慣勢力的影響，加上農村經濟狀況使許多家庭想多養孩子特別是想要男孩，這種頑固的慣性作用使全國人口不斷增長。把中國人口的增長說成是批判馬寅初的結果，未免誇大其詞。不過，他當年的預見及計劃生育的提議對保證中國社會的長遠發展仍作出了重大貢獻。

「文革」期間，周恩來起草的保護名單中包括馬寅初，得到毛澤東批準，這使他免遭劫難。1972 年，馬寅初患直腸癌後，周恩來又親自批準為他進行手術。周恩來逝世時，95 歲的馬寅初不顧家人勸阻，堅持要去向遺體告別，並激動地說：「我死了，也要去！」按規定，向遺體告別的人繞完一圈就要離去，但坐在輪椅上的馬寅初堅持要再繞一圈。繞完後，他又在家人的攙扶下站起，向周恩來遺體鞠了三個躬。

■在舊社會不畏強暴，敢怒敢言，愛國一片赤子之心，深受同仁敬重；為新中國嚴謹治學，實事求是，堅持真理不屈不撓，堪為晚輩楷模

　　1982 年 5 月，馬寅初安詳長逝時，距他的百年誕辰只差 1 個月 14 天。這位百歲老人一生經歷了清朝、民國和新中國。觀其平生，始終憂國憂民，並追求新思想，而且為堅持真理而不苟同、不氣餒，不怕孤軍奮戰，更是令人可欽可敬。

　　馬寅初生長於中國近代經濟最為發達的江浙，求學於美國，思想上既打上威武不能屈、富貴不能淫的民族傳統烙印，又能從現代經濟學的角度思考社會問題。他在人口問題上能最早提出寶貴見解並非偶然，是他長期追求先進思想和文化的成果。正是由於他看到中國強盛的希望在於共產黨的領導，雖然他受過不公正的批判和對待，但是對黨的信任卻矢志不移。

　　在馬寅初的葬禮上，有人送上這樣的輓聯——「馬師在舊社會不畏強暴，敢怒敢言，愛國一片赤子之心，深受同仁敬重；先生為新中國嚴謹治學，實事求是，堅持真理不屈不撓，堪為晚輩楷模。」

　　這副輓聯，便是這位百歲愛國老人一生的真實寫照。

邵飄萍

一支筆抵過十萬軍

　　邵飄萍生於 1886 年 10 月 11 日，浙江省金華市人，民國時期著名報人、《京報》創辦者。十三歲考中秀才，十六歲入浙江高等學堂。1912 年任《漢民日報》主編。曾在《申報》《時報》等報刊大量撰稿，抨擊袁世凱稱帝和北洋軍閥政府，有「鐵肩擔道義，辣手著文章」之稱。1916 年 7 月，在北京創辦了「新聞編譯社」，1918 年 10 月創辦《京報》，任社長。與蔡元培創辦「北京大學新聞學研究會」並舉辦講習會，毛澤東、羅章龍等參加第一期學習。1920 年後，致力於新聞教育事業並讚頌十月革命，介紹馬克思主義思想，對共產主義運動作了大量報導。1926 年 4 月 26 日，以「宣傳赤化」的罪名在北京天橋被奉系軍閥政府殺害。

　　九十多年前，一代報人、中國近代新聞事業的先驅邵飄萍被奉系軍閥殺害。這位畢生投身於新聞事業，堅持自由主義辦報理念的文人，成為民國以後的記者中被公開處決的第一人。

　　1936 年夏，在陝北保安縣城的窯洞裡，藉著搖曳的燭光，毛澤東向美國記者斯諾回憶起「五四」時期的風雲人物，帶著深深的懷念之情談道：「特別是邵飄萍，對我幫助很大」，他「是一個自由主義者，一個具有熱烈理想和優良品質的人」。此前十年便已殉難的這位報人，在「五四」時期曾在北京大學新聞研究會講課，對時任圖書館助理員的毛澤東走上辦報和宣傳之路有過重要的影響，也激勵了當時無數為中國探尋光明的有志之士。

　　追溯中國近代新聞事業的開創，不能不提到那位浙江金華才子邵飄萍。他生於 1884 年，十四歲便中秀才，十八歲入清廷開「新政」所辦的浙江高等學堂。隨之他為梁啟超「筆端常帶情感」的新文體所傾倒，潛心模仿，被《申報》聘為特約通訊員，從此走上報人之路。

　　辛亥革命後，中國有過一個短暫的社會輿論活躍期。1912 年，邵飄萍到杭州與人合辦《漢民日報》，因常在報上譏諷當局，兩年竟被捕三次。1914年，袁世凱索性下令封閉《漢民日報》，邵飄萍經營救出獄後流亡日本，入法政學校讀書。在日期間，邵飄萍聯絡三名中國同學組織了東京通訊社，日本政府向袁世凱提出旨在滅亡中國的「二十一條」後，他從外國報紙透露的消息中獲悉此事，立即馳報國內激起聲討巨浪，體現出新聞媒體的威力。

　　1916 年春，邵飄萍回到上海租界，擔任《申報》《時報》《時事新報》主筆。此時正值袁世凱復辟帝制，他在報上大力抨擊。不久，袁世凱死去，北京政治空氣有些鬆弛，邵飄萍離滬赴京任《申報》特派員，翔實報導了段祺瑞政府「前途黯淡」及政壇的種種醜行。

　　看到中國缺乏近代新聞業基礎的狀況，1918 年 7 月，邵飄萍在北京創辦了中國人自辦的第一個通訊社——新聞編譯社。該社自編自採本國新聞，同時直接翻譯外電分發各報館，打破了北京輿論界長期仰賴外國通訊社供應新聞的局面。同年 10 月 5 日，他創辦的《京報》在北京前門外三眼井 38 號問世，創刊詞中闡明辦報宗旨是「必使政府聽命於正當民意之前，是即本報之所為

作也」。這種以代表民意的自由主義辦報的態度，為新文化運動期間吹拂思想界的春風開啟了重要的門戶。

在中國社會變革的風口浪尖上，報人不「可能」沒有鮮明的立場，邵飄萍便是一個追求和宣傳新思想的激進者。1919 年「五四」運動爆發前一天晚上，在北京大學法科大禮堂抗議政府外交失敗的千人聚會上，邵飄萍慨然登臺，大聲疾呼：「現在民族危機系於一發，如果我們再緘默等待，民族就無法挽救而只有淪亡了。」他主持的《京報》為學生運動鼓勁叫好，遭北洋軍閥政府查封，他也被迫再次流亡日本。大阪《朝日新聞》慕名約邵飄萍任特約記者，此刻的「米騷動」及隨之而來的社會主義思潮傳播，進一步開拓了他的眼界。邵飄萍根據日本進步人士的介紹，寫下了《新俄國之研究》一書並在國內出版，成為在中國最早介紹「十月革命」的書籍之一，造成了「播火」作用。

1920 年，直皖戰爭使段祺瑞內閣下臺，邵飄萍回到北京重辦《京報》。他深感要發展中國的新聞事業就必須開展新聞學教育。在蔡元培的支持下，他在北大成立新聞學研究會，又受聘北京平民大學和政法大學，講授新聞採訪。他寫的《實際應用新聞學》《新聞學總論》等著作，也成為我國新聞學教育的奠基之作。

邵飄萍在他的編輯室裡，曾大書「鐵肩辣手」四個大字當成座右銘。復刊後的《京報》風格更加犀利，李大釗成為重要撰稿人，魯迅則主編了該報的《莽原》週刊。當時，毛澤東離京回湘創辦平民通訊社，在驅逐張敬堯運動中發出的大量驅張新聞，《京報》也予以登載。「二七」慘案後，《京報》大量刊登聲援罷工的文章，譴責軍閥吳佩孚施行屠殺的罪行。馬克思誕辰一百零五週年時，《京報》還破天荒地出版了紀念馬克思專號，免費贈送讀者。「五卅」慘案後，邵飄萍又下令《京報》停止刊登日、英廣告，同時免費刊登愛國廣告。當時，馮玉祥曾讚道：「飄萍一支筆，抵過十萬軍。」

隨著大革命的深入發展，北方軍閥對新聞界的鎮壓也由取締查封發展為血腥屠殺。1926 年 3 月 18 日，段祺瑞令衛隊向請願學生開槍造成慘案，邵飄萍連夜寫下《世界空前大慘案》的討段檄文。段祺瑞對邵飄萍恨之入骨，

把他列入通緝名單。4月間，馮玉祥的國民軍退出北京。以野蠻著稱的奉系軍閥入城後，官兵姦淫掠搶，還宣布對「宣傳赤化分子」一律格殺。此前，邵飄萍在報上公開支持馮玉祥的國民軍，還讚揚過郭松齡倒戈反奉，知道張作霖對自己懷恨在心，因而避入外國人開辦的六國飯店。

奉軍入城兩天后，即4月24日晚間，邵飄萍得知報館有些急務，便不顧危險化裝趕回處理。一名內奸將他的行蹤告密，邵飄萍返回住處時便在魏染胡同被軍警抓捕。消息傳出後，第二天早上北京各報代表去見奉軍第三軍團軍團長張學良請求釋放，得到的回答是奉天軍事會議已決定了處置。4月26日拂曉，邵飄萍被警廳以「宣傳赤化」罪名綁赴天橋東刑場殺害，時年四十一歲。

邵飄萍死後剛過百日，《社會日報》主筆林白水又於8月遭奉系軍閥張宗昌殺害，時人悲嘆為「萍水相逢百日間」。北方報界在高壓之下，從此陷入黑暗和沉寂之中。進步報人的身軀雖被黑暗勢力吞噬，可是他們的精神卻長留世間。現代人在進入傳媒高度發達的訊息時代之際，再回顧近代中國新聞事業先驅者的事跡，不能不感慨萬千並引發許多啟迪。

▌司徒美堂

改洪門為致公黨

司徒美堂，原名羨意，字基贊，1868年出生於廣東開平縣一個貧苦農民家庭。十二歲赴美國謀生，在舊金山加入洪門致公堂。1905年，在美洲華僑中創立安良總堂並任總理，支持孫中山的反清活動。抗戰爆發後，發起成立「紐約華僑抗日救國籌餉總會」。1941年，因被國民政府聘為華僑參政員而回國。1945年，在紐約將洪門致公堂改稱為「中國洪門致公黨」。隨後，回國見到國民黨腐敗不堪且一心打內戰，拒絕參加「國民大會」而轉赴香港。1948年5月，為呼應中共中央「五一口號」，寫了《上毛主席致敬書》。1949年9月，到北京出席新政協，就任中央人民政府委員。此後，又擔任過

全國人大常委會委員，政協第一、二屆全國委員會委員，中央人民政府華僑事務委員會委員等職。1955 年，因病在北京逝世，享年八十七歲。

1949 年 10 月 1 日，在天安門城樓上，一位銀鬚飄動、精神矍鑠的八十一歲老者特別引人注目，他就是名揚海內外的華僑領袖司徒美堂。在舊民主主義革命中，孫中山盛讚華僑是「革命之母」；在新民主主義革命中，這位華僑領袖又與時俱進，表現出更為難能可貴的精神。

■舊金山一美國流氓到華僑餐館吃「霸王飯」，司徒美堂憤然將他打死，在華僑中名聲大振

■同盟會的廣州起義失敗後，他將北美四所致公堂大廈典押出去籌足了十五萬美元支援國內。辛亥革命爆發後，孫中山回國的路費也由他籌措

1880 年，十二歲的司徒美堂經香港來到美國舊金山，在中國餐館幫廚。打工之餘閱讀《揚州十日記》《嘉定屠城紀略》等書，激於義憤加入旨在「反清復明」的洪門致公堂。當時，美國流氓欺負華僑，常來吃「霸王飯」，富有正義感的司徒美堂敢於挺身反抗，加上從小學過武術，常把對手打翻在地。有一次，他把一個美國流氓打傷致死，被捕後差點被判死刑，幸虧華僑人士募捐營救，囚禁十個月才獲釋。從此，他的名聲在旅美僑界廣為傳揚。

1894 年，孫中山在檀香山建立最早的資產階級革命組織興中會。同年，司徒美堂也集合致公堂一些有為青年在美國波士頓組織安良堂。這一組織以「鋤強扶弱，除暴安良」為號召，司徒被推為「大佬」（即洪門大哥）。1904 年，孫中山在美洲宣傳反清革命時，他發動洪門熱情接待，並請孫中山在家中居住，親耳聆聽了許多革命道理。1911 年春，廣州黃花崗起義失敗後，同盟會急需十五萬美元在國內救急，司徒便將北美四所致公堂大廈典押出去籌足了款項。同年武昌起義後，孫中山由美歸國的旅費，也是司徒等人提供。

司徒美堂為人正直，所領導的安良堂會眾日增，遍及美國三十多個城市。抗日戰爭爆發後，他發起組織華僑籌餉總會。三年間，國民政府財政收入的四分之一靠華僑支援，而美國僑界的捐款又是其中的大項。由於司徒為祖國作出巨大貢獻，成為海內外著名的華僑領袖。

■初到重慶時，蔣介石夫婦對他畢恭畢敬，到訪必迎，出則攙扶，並拉其入黨和許以國府委員之職，但司徒目睹國民黨的腐敗後拒絕入黨和任職

■聞聽共產黨召開新政協的倡議，立即寫成《上毛主席致敬書》，表示願意參加

抗戰初期，司徒美堂曾將強國的希望寄予國民黨。1941年，他被國民政府遴選為參政會的華僑參政員，那時他雖年過七旬仍回國參加抗戰。到達重慶後，蔣介石夫婦對他畢恭畢敬，到訪必迎，出則親自攙扶到門外。蔣介石還授意吳鐵城拉攏司徒加入國民黨，並許以國府委員之職。而司徒此時卻目睹了國民黨腐敗和大後方民眾困苦，對國民黨感到極為失望，於是便拒絕加入國民黨並不肯任官職。

司徒美堂到達重慶的次日，周恩來和鄧穎超也到旅館來看望，八路軍駐渝辦事處又專門為他舉行了歡迎大會。此前，他對共產黨及其領導的解放區並不瞭解，聽完周恩來向他介紹敵後根據地軍民堅持抗戰的情況，並親眼看到共產黨人的精神風貌後，他在寄給美國雜誌的文章中寫道：「透過那次會見，使我確信共產黨人正在與日本侵略者浴血奮戰，國民黨對他們的中傷都是謠言。」司徒美堂回到海外，便呼籲國內各黨派團結抗戰，反對國民黨的獨裁統治。

抗戰勝利前夕，司徒美堂等致公堂領袖決定組織華僑政黨，以便回國參加各黨派聯合政府。考慮到「堂」字帶有太重的舊式幫會氣味，1945年3月，他在紐約舉行的「美洲洪門懇親大會」上提出將組織改名為「中國洪門致公黨」，自己也在會上被選為全美總部主席。

1946年4月，司徒美堂率美洲各地洪門代表回上海參加「五洲洪門懇親大會」。回國前，他們分別緻電蔣介石、共產黨和民盟，中共和民盟均覆電表示歡迎。唯獨蔣介石因堅持一黨專制而不願有其他黨派存在，未予答覆。此次回國，司徒美堂又看到國民黨大員「劫收」時「五子登科」（搶房子、車子、票子、條子、婊子）的種種醜態，痛心疾首地對記者說：「如不用民主力量予以制止，將使國家淪於萬劫不復之地。」6月，司徒美堂前往南京梅園新村拜訪老朋友周恩來，接著周恩來又兩次回訪。在幾次長談中，他看

到了中國的希望所在。隨後，因蔣介石發動了全面內戰，司徒美堂毅然與之決裂，代表進步僑界宣布抵制偽「國民大會」，並轉赴香港。

1948 年 5 月，中國共產黨發出召開新政協會議的倡議，司徒美堂聞訊激動不已，寫了《上毛主席致敬書》，表示擁護共產黨的領導，「新政協何時開幕，接到電召，當即回國參加」。翌年 1 月 20 日，毛澤東親筆致信司徒美堂：「至盼先生摒當公務早日回國。」8 月，年逾八旬的司徒美堂最後離開居留近七十年的美國，回國出席了新政協第一次全體會議。

■因沒有現成的擔架去迎接司徒，毛澤東便吩咐用自己的藤躺椅在兩邊綁上兩根扁擔似的木棍，製成轎子

■討論國名時，有人設想在中華人民共和國的全稱後面加注「簡稱中華民國」。司徒美堂站起來大聲說：「我堅決反對什麼簡稱，我堅決主張光明正大地用中華人民共和國！」

司徒美堂剛到達北平，毛澤東就在香山雙清別墅同他會面。那裡坡陡，小轎車不易上去，過去來客常在香山慈幼院下車換乘吉普車開上去。毛澤東考慮到司徒年高體弱，不便乘坐吉普，囑咐用擔架去接。警衛人員一時找不到現成的擔架，毛澤東便出主意，用自己的藤躺椅在兩邊綁上兩根扁擔似的木棍，製成人工轎子，並特別叮嚀抬的時候要輕要穩，不要晃動。司徒美堂被接上來時，毛澤東親迎攙扶，老人大為感動。新政協籌備會經過討論，將國名全稱定為「中華人民共和國」。一些代表考慮到以往的傳統，在籌備會上提出應在全稱後面加注「簡稱中華民國」的字樣。為慎重起見，周恩來邀請了二三十位年逾七旬的辛亥革命以來有影響力的代表人物，在東交民巷六國飯店舉行午宴，就國名問題聽取意見。司徒美堂站起來發言說：「我是參加辛亥革命的人，我尊重孫中山先生，但對於『中華民國』這四個字則絕無好感。理由是『中華民國』與『民』無涉，最近 22 年來更給蔣介石、CC 派弄得天怒人怨，真是痛心疾首。我們試問，共產黨領導的這次革命是不是跟辛亥革命不同？如果大家都認為不同，那麼我們的國號應該叫中華人民共和國，拋掉又臭又壞的『中華民國』的爛招牌。仍然叫『中華民國』，何以昭

告天下百姓？我們好像偷偷摸摸似的，革命勝利了，連國號也不敢改。我堅決反對什麼簡稱，我堅決主張光明正大地用中華人民共和國！」

司徒美堂的話語鏗鏘有力，博得全體在座者的一片掌聲。馬寅初、沈鈞儒、陳嘉庚紛紛發言表示贊同。中華人民共和國的國名就這樣正式確定。

■長期在美國社會中生活，最後在中國民主革命的大潮中找到了自己的歸宿

司徒美堂自幼漂洋到美國，在那裡生活了近七十年。他所在的舊金山是旅美華僑聚集的中心，因當年闖海外者有許多是東南沿海失業且敢鬥的舊式會黨成員，又受美國西部牛仔的作風影響，造成當地幫會林立和械鬥不絕的風氣。在內訌紛爭和外受美國人歧視壓迫的社會環境中，早年的司徒美堂投身於洪門，以舊式會黨的落後方式捍衛自己和周圍華僑的利益。歷史證明，沒有先進政黨組織方式的堂幫，最終難以適應現代社會的進步且容易為黑勢力所利用。

司徒美堂的可貴之處，就在於他勇於跟隨歷史的潮流汰舊逐新。他在追隨孫中山反對清朝的過程中，也受到近代民主思想的熏陶。他雖與國民黨有深厚的歷史淵源，卻無法容忍其獨裁與反動，最後在共產黨身上看到了民族的希望。他在國內民主革命潮流的影響下，毅然決定將舊式堂會發展成新式政黨，垂暮之年還回到祖國參加建設。由於司徒美堂目睹近代中國的榮辱興衰，心中留下難以磨滅的痛楚，站立起來的新中國才使他感到無比欣慰。司徒美堂晚年撰文說：「我還能看見中華民族有昂首挺胸的這一天，使人吐了一口憋在心裡幾十年的『弱國之民』的悶氣。」由愛國走向追求民主並擁護社會主義，司徒美堂老人是僑界光輝的榜樣。

▌陶行知

踐行平民教育

陶行知，本名文濬，1891 年生於安徽省歙縣西鄉一個貧寒的教師之家。1910 年入金陵大學文科，1914 年留學美國入伊利諾伊大學獲政治碩士學位，

後入哥倫比亞大學研究教育，師從杜威。1917 年秋回國，先後任南京高等師範專科學校和東南大學教授、教務主任等職。1923 年與晏陽初等人發起成立中華平民教育促進會總會，後赴各地開辦平民識字讀書處和平民學校。1930 年 4 月遭國民黨通緝被迫流亡日本，1931 年又回國開展教育普及工作。「一二‧九」運動後，與宋慶齡等發起組織上海文化界救國會。1938 年參加國民參政會，致力於抗戰期間的教育活動。1941 年，參與發起成立中國民主政團同盟。1945 年，加入中國民主同盟，任中央常委兼教育委員會主任。1946 年 7 月 25 日，因突發腦出血在上海去世。

古代的孔子開私學提倡「有教無類」，首開平民教育之先河。近代的「五四」運動之後，中國又出現了一位努力踐行平民教育的人物，並根據「生活教育」的理論創辦了各類新型學校。這位被人們尊稱為「當今聖人」，被毛澤東譽為「偉大的人民教育家」的人就是陶行知。

■因信仰王陽明的「知行合一」學說，取名「知行」。後來認識到「行是知之始，知是行之成」，遂又改名為陶行知，並終生在教育實踐中探索求知

■開展平民教育運動，反對鼓吹「勞心者治人」而脫離生產勞動的不良傳統。他雖是從美國歸來的留學生，卻脫下西服，穿上草鞋和師生一起開荒，並倡導學習「南泥灣精神」

陶行知的父親靠教書為生，家境貧寒，他自己全靠勤奮求學成才。他原名文濬，大學期間推崇明代哲學家王陽明的「知行合一」學說，取名「知行」。四十三歲時，他在《生活教育》上發表《行知行》一文，認為「行是知之始，知是行之成」，並改本名為陶行知。雖然王陽明學說含有主觀唯心主義的成分，陶行知卻從中悟出學習與實踐相結合的道理，且終生以此自勉。

陶行知從美國學成歸國之時，正值國內興起「五四」新文化運動，他馬上以極大熱情投身教育改革，並決心改變只為上層統治者服務的辦學方式，用平民教育為「中國教育尋覓曙光」。他認為中國教育改造的根本問題在農村，主張「到民間去」，還立下宏願，要籌措一百萬元基金，徵集一百萬名同志，提倡開設一百萬所學校，改造一百萬個鄉村。

為了實踐理想，1926 年，陶行知在南京神策門外老山腳下的小莊創建了一所鄉村師範學校，自任校長，還改地名為「曉莊」，取日出而作之意。在這所馳名中外的曉莊師範，陶行知脫去西裝，穿上草鞋，和師生一起開荒，一起建茅屋。他提出「生活即教育」「社會即學校」「教學做合一」「在勞力上勞心」的理論，目的是要「發展學生的生活本領」。抗日戰爭期間，陶行知又在重慶創辦了育才學校，把「生活教育」理論運用在培養「人才幼苗」的實踐中。育才學校擇優選拔有特殊才能的優秀兒童，並根據學生的興趣和條件聘請大批專家學者擔任教師。校內不僅教學生文化課，還努力與社會實踐緊密結合。陶行知又派學生戴愛蓮等人到八路軍駐渝辦事處學習《兄妹開荒》等秧歌劇，在校內組織演出。他還倡導學習「南泥灣精神」，帶領師生開荒三十畝，建立了育才農場。這種中國近代教育史上引人注目的創舉，使陶行知獨特的教育理論和實踐響滿中外。

■針對蔣介石以「剿匪」之名進攻蘇區，陶行知在《申報》連發時評稱：「今日舉國之匪，皆黑暗之政治所造成。」蔣介石大發雷霆，下令「《申報》禁止郵遞」

■「七君子事件」發生時，陶行知正出訪國外。沈鈞儒說，倘若陶行知留在國內，一定和我們在一起，「七君子之獄」就變成「八君子之獄」了

陶行知在投身平民教育時，也時刻關注社會上的政治運動。1930 年春，曉莊師範師生為抗議英商和記洋行工人被毆，舉行遊行示威。時值中原大戰，因陶行知與馮玉祥有私交，蔣介石斷定曉莊事件是響應馮玉祥的反蔣行動，遂怒令關閉曉莊師範並通緝校長，陶行知被迫流亡日本。後通緝解除，過了一年陶行知才回到上海，從此更立志反抗蔣介石的獨裁統治。

在滬期間，陶行知經黃炎培舉薦被聘任為國內有名的《申報》的顧問，曾化名「不除庭草齋夫」發表了大量雜文和時評。當時，蔣介石以「剿共」之名進攻共產黨領導的蘇區，陶行知連續發表了《剿匪與造匪》等三篇時評，語驚天下地指出：「今日舉國之匪，皆黑暗之政治所造成。」國民黨當局很快查明這些文章出自陶行知之手，蔣介石大發雷霆，批示「《申報》禁止郵

遞」。為《申報》館的生存計，總經理史量才忍氣吞聲，表示今後不再續登陶行知的文章，蔣介石方解除禁令。

面對外患日深和國內的黑暗統治，陶行知感到不能只坐在校園書齋。「一二·九」運動爆發後，他與宋慶齡、鄒韜奮等著名人士發起成立了全國各界救國聯合會。1936 年 7 月，他擔任了救國會的「國民外交使節」出訪歐亞非二十六國，爭取各地華僑和國際友人支持中國的抗日鬥爭。途經香港時，他與沈鈞儒、章乃器等聯合發表《團結禦侮宣言》，贊同中國共產黨建立抗日民族統一戰線的主張。這一宣言震動國內外，受到了中共中央和毛澤東的熱情支持。出訪期間，國內發生了國民黨政府逮捕救國會領袖的「七君子事件」，陶行知又一次被通緝。沈鈞儒後來說，倘若陶行知留在國內，一定和我們在一起，「七君子之獄」就變成「八君子之獄」了。

■李公樸、聞一多遭暗殺後，聽說特務已經把陶行知列為下一個對象，他馬上表示：「我等著第三槍」，並給育才師生致信「為民主死一個就要加緊感召一萬個人來頂補」

■周恩來趕到之時，陶行知的手尚有微溫。在發給延安的電文中，周恩來稱陶行知「是一個無保留追隨黨的黨外布爾什維克」

在爭取民主並為群眾爭取教育權利的長期奮鬥中，陶行知閱讀了許多馬列著作和中共中央文件，在思想日益一致的基礎上同周恩來等共產黨人結下了深厚的友誼。出訪歐洲期間，陶行知曾三次拜謁馬克思墓，並賦詩曰：「光明照萬世，宏論醒在下。」他在重慶主辦育才學校時，又邀請鄧穎超對師生進行革命傳統教育。

抗戰勝利後，陶行知作為民盟中央民主教育委員會的主任，與共產黨密切合作，積極投入反內戰、反獨裁、爭民主的鬥爭，他在重慶創辦的社會大學成了民主人士的堡壘。1946 年 4 月，陶行知來到上海，三個月後傳來李公樸、聞一多被國民黨特務暗殺的消息。陶行知聞訊異常激憤，到處演講譴責。當社會上傳說特務已把他列為下一個暗殺對象時，周恩來派秘書陳家康去報警，要他提防特務的無聲手槍。陶行知當即毅然表示：「我等著第三槍！」

他還給育才師生留下了一封信，發出「為民主死一個就要加緊感召一萬個人來頂補」的錚錚誓言。

陶行知因長期勞累過度，健康過損，受李、聞事件的刺激又過深，1946年7月25日在上海愛棠路愛棠新村十三號突然去世。驚悉噩耗後，周恩來匆忙趕到，陶行知的手尚有微溫。許多民主人士猜測這可能又是特務暗害，經沈鈞儒行醫的兒子診斷判明應屬因腦出血病亡。不過，聽說蔣介石得知這一眼中釘除去曾竊喜不已。陶行知去世當日下午，周恩來便向延安發電評價：「十年來，陶先生一直跟著毛澤東同志為代表的黨的路線走，是一個無保留追隨黨的黨外布爾什維克。」「假使陶先生臨終時能說話，我相信他必繼韜奮之後請求入黨。」次日上午，上海萬國殯儀館擠滿了前來悼祭的群眾。中共代表團的輓聯是「中國人民教育旗手，民主運動巨星」。8月11日，延安各界在中央大禮堂也舉行陶行知追悼會，毛澤東送的輓詞是「痛悼偉大的人民教育家」。

■「捧著一顆心來，不帶半根草去」，陶行知以赤子之忱表達的思想和實踐，代表了近代中國先進文化的前進方向

陶行知投身教育，與他生長的環境息息相關。由於他有當教師的父親，六歲蒙館，十四歲入歙縣基督教內地會所辦的崇一學堂。因家境貧寒，他靠教會資助考入南京金陵大學文學系。在美國留學的經歷，使陶行知更深深地認識到祖國傳統教育的一些弊病，並立志去改造。

近代中國的危機多難，又使「教育救國」成為許多知識分子的夢想，陶行知正是其中最為傑出的人物之一。他以「捧著一顆心來，不帶半根草去」的赤子之忱，為中國教育探尋新路。最可貴的是，他不僅在理論上進行探索，又以「甘當駱駝」的精神努力踐行平民教育，三十年如一日矢志不移，其精神為人所同欽，世所共仰。在長期的艱難跋涉中，陶行知逐步認識到，不改造舊中國黑暗的政治，就不可能真正繁榮中國的文化教育。因此，在20世紀40年代中期他發表了《民主教育之普及》等文章，揭露和抨擊國民黨推行的法西斯教育，提出了生活教育的四大方針，即民主的、科學的、大眾的、創造的教育。這一思想，同毛澤東提出的新民主主義文化已是精髓相通。由

於思想上的一致，他和許多知識分子不約而同地站到了人民革命力量的一邊，成為周恩來所讚譽的「無保留追隨黨的黨外布爾什維克」。

▌聞一多

以身殉志的詩人

聞一多，原名聞家驊，字友三，1899 年生於湖北省浠水縣。1912 年考入北京清華學校，1922 年 7 月赴美留學，先後在芝加哥美術學院、科羅拉多大學和紐約藝術學院接受西洋美術教育。1923 年 9 月，他的第一本詩集《紅燭》在國內出版。1925 年 5 月他回國後，在北京、南京、武漢、青島等地任教。1937 年全面抗戰爆發，他毅然南遷，在清華大學、北京大學、南開大學聯合組成的國立臨時大學（後改為西南聯合大學）任教。1944 年加入中國民主同盟，抗戰勝利後出任民盟中央執委。1946 年 7 月 15 日在悼念李公樸大會上怒斥國民黨特務，發表了著名的《最後一次的講演》，當天下午即被特務暗殺，年僅四十八歲。主要著作有《紅燭》《死水》《唐詩雜論》《離騷解詁》等。

「你可知『MACAU』（媽港）不是我的真名姓？我離開你的襁褓太久了，母親！但是他們擄去的是我的肉體，你依然保管著我內心的靈魂。三百年來夢寐不忘的生母啊，請叫兒的乳名，叫我一聲『澳門』！母親！我要回來，母親！」1999 年澳門回歸前夕，隨著電視紀錄片的播放，這首感人肺腑的歌曲在全國不脛而走。它的詞作者，就是現代著名詩人、學者和民主鬥士聞一多。

■「五四」之夜，手書岳飛《滿江紅》貼於學校飯廳門前，並成為清華園內學運的活躍人物

■把澳門、香港、臺灣等七個被割讓、租借的地方比作從母親身邊擄走的七個孩子，創作了《七子之歌》，在 1999 年澳門回歸時廣為傳唱

1912 年，十三歲的聞一多便以鄂籍第一名的成績考入清華留美預備學校（清華大學前身），在那裡度過了十年學子生涯。其間他學習刻苦，參加了

多種學生團體並成為活躍人物。「五四」運動爆發當天，聞一多激情難耐，深夜手書岳飛《滿江紅》貼於飯廳門前。這年暑假他破例沒有回家，致信父母說：「國家育養學生，歲糜巨萬，一旦有事，學生尚不出力，更待誰人？」他在學校參加了宣傳，並作為清華代表出席了全國學生聯合會成立大會。

1922 年 7 月，聞一多赴美留學，先後進入芝加哥美術學院、科羅拉多大學和紐約藝術學院學習。他在專攻美術時，又喜歡戲劇並酷愛詩歌。1923 年 9 月，他的第一部詩集《紅燭》由郭沫若協助在國內出版，奠定了他在詩壇的地位。留美期間，弱國子民所受的歧視愈發激起聞一多對祖國的熱愛。他說：「我要讚美我祖國的花；我要讚美我如花的祖國！」把澳門、香港、臺灣等七個被割讓、租借的地方，比作從母親身邊擄走的七個孩子，創作了《七子之歌》。七十多年後迎接澳門回歸之際，《七子之歌·澳門》又被譜曲廣為傳唱。

1925 年聞一多歸國，任北京藝術專科學校教務長，隨後參加徐志摩主編的北京《晨報》副刊並編輯《詩鐫》。奉系軍閥槍殺著名報人邵飄萍後，聞一多南下武漢，應鄧演達之邀任北伐軍總政治部藝術股長。曾親繪一幅反軍閥的大壁畫，懸於黃鶴樓前。

■早年信奉國家主義，對共產主義有偏見。抗戰時期目睹國民黨腐敗和人民困苦，遂走出書齋吶喊：「現在只有一條路——革命。」加入民盟之時表示「將來一定請求加入共產黨」

■身為名教授，卻在課外靠刻字養家。國民黨高官以重金請他刻印章時，卻拒絕不為

1927 年以後，聞一多先後受聘於南京中央大學、武漢大學、青島大學、清華大學等，由浪漫詩人轉而成為嚴謹學者，研究領域由漢魏六朝詩到《楚辭》《詩經》，由《莊子》而《周易》，並兼及古文字學、音韻學、民俗學，令郭沫若嘆為「不僅前無古人，恐怕還要後無來者」。此外，他在美術、戲劇、書法、篆刻等方面也造詣頗深，其篆刻以高深的美學修養和古文字功底剛柔得體，時人奉為精品。盧溝橋抗戰炮聲響起後，聞一多鄙視文人周作人等為

家室所累而留城甘受敵統治，不惜捨棄多年的珍藏，為不當亡國奴在戰火中隻身南下。

在清華讀書時，聞一多信奉國家主義，認為無政府主義、共產主義思想都是只破壞不建設。他參加過幾次國家主義派在北大召開的大會，幾乎每次都與共產黨人發生激烈衝突。抗戰期間他走出書齋深入社會，思想便發生了變化。從北京到昆明的大轉移中，他參加了歷時兩個多月、橫跨湘黔滇三省共一千五百多千米的步行團，深入瞭解到社會下層的痛苦和國民黨政權的腐敗。1943 年春，蔣介石拋出《中國的命運》一書宣揚新專制主義，聞一多認為是公開向「五四」精神挑戰，他是無論如何受不了的。不久，他讀到瞭解放區詩人田間的詩，深為其戰鬥精神所震驚，立即發表了《時代的鼓手——讀田間的詩》一文，在大後方引起震動。他透過閱讀各種進步書籍，詳細瞭解到共產黨的各種情況，發自內心喊出：「現在只有一條路——革命！」在進步教授吳晗和中共地下黨負責人華崗介紹下，聞一多參加了地下黨組織的西南文化研究會，並於 1944 年夏秘密加入民盟，並表示「將來一定請求加入共產黨」。

抗戰後期，國統區物價飛漲，貪汙盛行，沒有「外快」的教授靠工資大都難以養家餬口。聞一多在西南聯大是國內名師，除上課外也要穿有補丁的破長衫，只好給人刻印章以維持全家生活。雲南省政府代主席李宗黃慕其盛名，派人找他刻印並稱可出重金。聞一多出於對國民黨的鄙視，不顧得罪此人可能帶來的危險，對其拒絕之。

■在李公樸追悼會上拍案而起，面對臺下特務威脅發表了著名的演講，堅定地表示「前腳跨出大門，後腳就不準備再跨進大門」。幾小時後，他在回家路上便被特務打死

■毛澤東曾說：「我們應當寫聞一多頌。」如今聞亭屹立在清華園內，前面有他叼煙鬥的塑像

日本投降後，聞一多積極參加各種集會，寫下了充滿戰鬥精神的雜文和宣言。特務學生對他極為仇視，在稱為「民主堡壘」的西南聯大中張貼恐嚇傳單，故意將其名改為類似俄國人的「聞一多夫」。1945 年 12 月 1 日，昆

明大中學校學生在西南聯大舉行反內戰時事講演晚會，國民黨當局竟出動由特務等組成的「軍官總隊」，沖入校園投擲手榴彈，製造了震驚中外的「一二・一」慘案。聞一多悲憤至極，親赴烈士靈堂祭奠，並手書「民不畏死，奈何以死懼之」的輓聯，在為四烈士舉行的出殯遊行時走在隊伍最前列。

1946 年夏，西南聯大解散，聞一多也想隨師生北返清華，卻苦於全家搬遷費用而滯留。這時國民黨當局認為昆明民主力量削弱，又囂張起來，於 7 月 11 日夜間用無聲手槍暗殺了民盟中央委員李公樸。當時一些名學者跑到外國領事館要求避難，市內又盛傳黑名單下一個便是聞一多，地下黨通知他暫時隱蔽。聞一多卻把生死置之度外，毅然參加了 15 日下午在雲南大學舉行的李公樸追悼會。會上本沒有安排他發言，當李夫人介紹丈夫被害經過泣不成聲時，混入會場的特務卻叫嚷搗亂，聞一多忍無可忍，對著會場內的千名師生和囂張的特務，發表了一生中著名的最後演講，宣布自己「前腳跨出大門，後腳就不準備再跨進大門」。會後他又趕赴《民主週刊》社參加記者招待會，五時許返回西倉坡宿舍途中，便遭射殺，長子聞立鶴為保護父親也身負重傷，兇手則驅車揚長而去。這一「李聞慘案」使中外震驚，周恩來在南京憤怒譴責說：「國民黨進攻共產黨，雙方都有武器還可以對打；對李、聞這樣手無寸鐵的文人竟也下此毒手，而且還要採取怯懦的暗殺方式。」面對全國聲討浪潮，軍統便出面詭稱是其成員聽到聞一多「辱罵領袖」，因「義憤」擅自開槍而非上峰指令。

1949 年 8 月，毛澤東在《別了，司徒雷登》一文中讚揚了聞一多「拍案而起，橫眉怒對國民黨的手槍」的精神，提出：「我們應當寫聞一多頌、寫朱自清頌，他們表現了我們民族的英雄氣概。」後來毛澤東讀《二十四史》寫下的批語中，又稱頌聞一多「以身殉志，不亦偉乎」！幾十年後的清華園中，已分別矗立起聞亭和自清亭。聞亭前屹立著聞一多瘦身材、戴圓眼鏡、叼煙斗的塑像。石碑上刻著他的名言：「詩人最主要的天賦是愛。愛他的祖國，愛他的人民。」

■「朝聞道，夕死可矣」，從「五四」狂放詩人最終成為共產黨的擁護者，聞一多完成了自己生命的昇華

　　聞一多的人生充滿變化。他曾是以《紅燭》《死水》而飲譽一時的詩人，繼而從感情奔放的詩人轉為冷靜的學者，最終走出書齋，為民主自由而英勇獻身。這看似充滿矛盾，實則一以貫之，即無論是詩人、學者還是戰士，聞一多總是在為探尋救國之路而上下求索。

　　從少年時代起，聞一多就受到民族文化的熏陶，赴美後看到的巨大反差更增強了他的愛國情懷。正如他所說：「我愛中國固因她是我的祖國，而尤因她是有那種可敬愛的文化的國家。」他想從歷史和文化的淵源中尋找醫治民族病症的藥方，在書齋內探尋無效後終於走上了社會活動。聞一多早年曾信奉反共的國家主義，但他透過長期的切身體會和不斷尋求真理的過程，終於端正了認識，在抗戰後期轉而擁護共產黨的方針政策。「朝聞道，夕死可矣。」他以為民主事業奮鬥而不惜犧牲的事跡，完成了自己生命的最高昇華。

▌章士釗

「孫中山」的起名人

　　章士釗，字行嚴，湖南善化縣（今長沙）人。生於 1881 年。二十歲時就讀於武昌兩湖書院，結識了黃興。不久，入南京陸軍學堂學軍事。1903 年，在上海與章太炎、張繼、鄒容結拜為異姓兄弟，並受聘任《蘇報》主筆，以登載革命文章著稱。此後，赴日本、英國留學，修法律政治。1913 年，參加「二次革命」，為孫中山起草反袁宣言書。1917 年，受北京大學之聘，任文科學研究究院教授兼圖書館主任，後任北京農大校長。1924 年 11 月，被段祺瑞任命為臨時執政府司法總長。翌年，兼任教育總長。抗戰期間，任國民政府參政員。抗戰勝利後到上海再執律師業。1949 年，被李宗仁委任為國共和談代表，和談破裂後留北京。新中國成立後，當選全國政協委員及常務委員，全國人大常務委員。曾任中央文史館館長等職。1973 年 7 月病逝於香港。

　　在近現代中國，章士釗有著頗不平凡的人生經歷，他和毛澤東的友誼也被傳為佳話。雖然在舊社會的汙泥中未能一塵不染，而留下些許非議之處，

然而，他的愛國情懷和關於民主法制的寶貴思想，以及他對推動先進文化傳播和國家建設起過的作用，將始終在史冊上生輝。

■翻譯日文《三十三年落花夢》時，因一時疏忽，誤將孫文的本名同化名「中山樵」連綴成文，遂使「孫中山」之名從此流傳

■在《蘇報》登章太炎《駁康有為論革命書》，罵光緒皇帝為「載湉小醜」，引發《蘇報》案

1903 年 4 月，國內發生為保衛東北領土而起的拒俄運動。當時在南京陸師學堂的章士釗與三十多位學生毅然退學赴上海，加入蔡元培等人組織的國民教育會並任軍事教習。在此期間，章士釗不但與章太炎、張繼、鄒容結拜為異姓兄弟，同時他對孫文非常敬佩。章士釗將日本人宮崎寅藏的新作《三十三年落花夢》譯出時，改題為《大革命家孫中山》。這一翻譯，其實是誤將孫文的本名與在日本的化名「中山樵」連綴成文。不料這一差誤卻使「孫中山」之名從此流傳天下。

章士釗到上海後受聘任《蘇報》主筆，在報上連續登載章太炎的《駁康有為論革命書》《〈革命軍〉序》等反清文章，其中直斥光緒皇帝為「載湉小醜」，國人無不為之震動，《蘇報》也聲名鵲起。清政府惱羞成怒，勾結上海租界當局逮捕了章太炎和鄒容，並查封了《蘇報》。因主辦此案的江蘇候補俞明震是章士釗在陸師學堂的老師，章士釗得以逃出此劫。

1904 年 8 月，黃興組織的華興會準備在長沙起義，章士釗等人在上海暗中接濟。不料起義泄密，章士釗等被捕，後經蔡鍔營救被保釋。章士釗出獄後赴日本，因欣賞日本的立憲變法而對革命產生疑慮。所以，1905 年同盟會成立時，章士釗並沒有參加，而是遠赴英國學習法律政治。辛亥革命後，章士釗應黃興之邀回國主持《民立報》，並兼任江蘇都督府顧問。隨後，他一度為袁世凱所惑，到北京政府任職。不久，他又投身反袁「二次革命」，並成為孫中山討袁軍的秘書長。

章士釗因政治態度屢變曾受人指責。不過，這也反映出他思想上總在求索而不盲從，有著知識分子的獨立人格的一面。民國初年，章士釗在北京主

辦《甲寅》刊物，陳獨秀、李大釗都是當時這一刊物的主要骨幹，他們的思想和文風均受章士釗的影響，若論及新文化運動的興起，章士釗也功不可沒。他擁護國民黨早期的革命，卻直言指出其辛亥革命後的種種錯誤，尤其是「暴民專制」和藐視絕大多數民眾的公民權。他還聯繫法國大革命的歷史教訓，認為走向極端而拒絕調和必然導致災難性的後果，併力倡言論和財產自由是現代公民全部自由的基礎。黨的十一屆三中全會後，國內學術界開始反思法國大革命對中國革命也有負面影響時，人們對這些見解才深切地感到可貴。

　　■曾募捐資助毛澤東的革命活動，四十多年後毛澤東笑談要「還債十年」，每年向他贈款兩千元

　　■重慶談判時，章士釗在紙上寫下一個「走」字，建議毛澤東「三十六計走為上」；曾策動程潛和陳明仁舉行長沙起義

　　毛澤東與章士釗於 1919 年在北京相識。當時，風華正茂的毛澤東時常出入老師楊懷中家，而章士釗與楊懷中早年在長沙時就是至交，二人結識於楊家。1920 年，毛澤東為組織湖南青年赴歐洲勤工儉學急需經費，便找章士釗幫助，章士釗立即發動社會各界名流捐款，籌集了兩萬銀圓全部交來。毛澤東後來說，這筆錢幫了共產黨的大忙。從 1963 年起，毛澤東每年春節都會派秘書給章士釗送兩千元錢，說是「還債」。章士釗托當時教毛澤東學習英語的女兒章含之轉告，不能收此厚贈。說當初的銀圓是募集來的，自己也拿不出那筆巨款。毛澤東告訴章含之：「你不懂，我這是用我的稿費給行老一點生活補助啊！」毛澤東深知章士釗一生慣於助人並無多少積蓄，明說「補助」怕他不收，故託名「還債」，送錢直到章士釗病逝。

　　1945 年，毛澤東赴重慶談判，章士釗非常擔心此行安全。兩人相見敘談時，章士釗認為蔣介石無和談誠意，重慶不可久留，曾在紙上寫下一個「走」字，建議「三十六計走為上」。

　　1949 年初，蔣介石下野後，李宗仁出任國民政府代總統，章士釗先後兩次被任命為代表到北平「和談」。談判破裂後，他與邵力子聯名寫信給李宗仁說：「中共讓步不能算少，而國民黨中兩派不願和。」隨後，他與張治中、邵力子等人留在北平，參加建設新中國。

　　解放軍南下前，毛澤東為爭取湖南和平起義，委託與國民黨湖南省主席程潛私交甚厚的章士釗去做工作。程潛因被共產黨列上公佈的戰犯名單而頗有顧慮，章士釗便向他轉達了毛澤東既往不咎的態度，使他如釋重負。同時，章士釗又轉達了對兵團司令陳明仁的諒解態度。章士釗兩次轉達的意見，對程潛和陳明仁產生了重要影響，促使他們於 1949 年 8 月在長沙起義。

　　■整風運動中向共產黨發出肺腑之言「物必自腐而後蟲生」，不料引起軒然大波。「文革」中再次諫言不要打倒劉少奇

　　■九十二歲時受毛澤東、周恩來委託坐輪椅乘專機飛赴香港「探親」，實際是促進國共和談

　　在 1957 年共產黨整風運動中，章士釗作為民主人士暢所欲言。他引用古語「物必自腐而後蟲生」，說譬如一個果子自核心處腐爛生蟲，雖表面光鮮，但從裡而外逐漸腐蝕，最終此果不可食。章士釗說共產黨是國家興旺的柱石，猶如果實的核心。社會其他方面有些毛病並不可怕，唯共產黨核心之健全最為重要。這本是肺腑良言，不料在緊接下來的反右派運動中，他的這番話被說成是攻擊黨和社會主義。章士釗再三檢討不得透過，被迫向毛澤東寫信求助。毛澤東立即批示政協，說章士釗雖有過激言辭，然用意是好的，不要再批評他了，章士釗方得過關。

　　「文革」開始時，章士釗雖經周恩來的佈置得到保護，但他卻對共產黨內的爭鬥和混亂的局面十分憂慮。他曾致信毛澤東建議不能打倒劉少奇，毛澤東回信稱「尊計似宜緩行」，委婉地拒絕了他的意見。不過，在「文革」那種「打倒一切」的惡浪中，毛澤東還特別批準出版了章士釗寫的《柳文指要》，在當時荒蕪的文壇中成為少見的奇觀。

　　1973 年 5 月 25 日，新華社發出通訊稱：「章士釗先生前往香港探親，今天由北京乘專機抵達香港。」一個政協委員若是享受國家派專機待遇到香港「探親」，這本身並不太符合情理。事實上章士釗此行是毛澤東親自授命，由周恩來安排的。他名為探親，實則肩負著促成國共再次和談的重大使命。到港後，章士釗自感已是九十二歲高齡，來日無多，所以抓緊時日，盡力利

用舊關係聯繫各方面的朋友，向臺灣當局做工作。因年高體弱，7月1日，章士釗因病逝於香港。

　　■他一生經歷複雜，在軍閥段祺瑞臨時執政府任教育總長，因主張讀經和壓迫學生受到魯迅痛責。他當過革命者，也曾守舊復古；當過新報人又任過舊社會高官；最終站到共產黨領導的人民革命和建設的行列中

　　章士釗一生的歷史頗為複雜：他曾鼓吹資產階級革命，卻又拒絕參加同盟會。最為後人所不容的是他任段祺瑞臨時執政府教育總長時的一段歷史。他在任上鼓吹尊孔讀經，壓迫進步學生，遭到魯迅等各界進步人士的激烈反對，甚至把他形容為「落水狗」而主張痛打。當時，他所辦刊物《甲寅》封面繪有一虎，故當時人送雅號「老虎總長」。然而綜觀其一生，正如毛澤東後來在同章含之的談話中所說的中肯的評價──「一生走過彎路，但大部分是好的」。

　　章士釗一生的曲折，正是中國社會發展道路曲折及環境複雜的反映。作為一位成長於新舊思想激烈碰撞的時代，並親身考察過中西文化和社會制度對比的思想家，他大半生都在苦苦求索。在推翻封建帝制後，他曾主張調和立國論，這在社會矛盾空前激化的中國革命進程中固然被實踐證明是錯誤的。然而，其民主法制的觀念在統一的國家政權建立後仍值得人們重視。

　　由於歷史積澱的包袱沉重，章士釗曾由一個激進的資產階級革命派而轉向復古守舊一邊。最後，他追隨時代的發展，晚年又站到人民革命和建設的行列中。風雲激盪，大浪淘沙，章士釗複雜的人生經歷，折射出中國近代歷史的風雲變幻，蘊含著令人回味的深刻哲理。

史論篇

▌準確理解鄧小平所說的「耽誤了二十年」

1992 年初，鄧小平南方談話在回顧社會主義建設事業所走過的道路時，曾語重心長地說：「我們自己還耽誤了二十年。」這裡主要是指在二十年的時間裡黨的事業受「左」傾思想的影響，前進的步伐受到嚴重的干擾。正確理解鄧小平的談話，有一定的現實意義。

一、關於「二十年」的時間界定

黨史研究一般把新中國成立以後的歷史分成四個階段：1949—1956 年，為基本完成社會主義改造時期；1956—1966 年，為開始全面建設社會主義時期（又稱「前十年」）；1966—1976 年，為「文革」時期；1976 年以後為社會主義現代化建設新時期。有的同志據此誤以為鄧小平所說的「二十年」是指「文革」十年和「文革」前十年的二十年。其實這裡所說的「二十年」，指的是 1958—1978 年黨的十一屆三中全會的二十年。關於這個時間界定，鄧小平曾不止一次地談到過。1985 年 4 月 15 日，鄧小平會見坦桑尼亞副總統姆維尼時說：「從 1958—1978 年整整二十年裡，……生產力沒有多大發展。」1987 年 6 月 12 日，在會見南斯拉夫客人科羅舍茨時，鄧小平再次指出：「中國社會從 1958—1978 年二十年時間，實際上處於停滯和徘徊的狀態，國家的經濟和人民的生活沒有得到多大的發展和提高。」在這裡，鄧小平很清楚地把 1958—1978 年的二十年專門提出來，作為一段特殊的歷史時期進行考察。鄧小平把「二十年」的上限界定到 1958 年是經過慎重考慮的。「左」傾錯誤實際上在 1957 年反右擴大化中就表現出來了，但這時的錯誤還是局部的。到了 1958 年情況就不同了，如鄧小平所說：「『左』的思想發展導致了 1958 年的『大躍進』和人民公社化運動，這是比較大的錯誤。」「二十年」的下限定到 1978 年，「界限的劃分是我們黨的十一屆三中全會」。因為 1978 年 12 月召開的黨的十一屆三中全會，從根本上衝破了長期的「左」

傾錯誤的嚴重束縛，果斷作出把工作重心轉移到社會主義現代化建設上來的戰略決策，這次會議是黨的歷史上具有深遠意義的偉大轉折。

二、為什麼要專門提出「二十年」

鄧小平把 1958—1978 年的二十年作為一個歷史時期進行考察，有兩方面的意義：一是提醒人們高度注意「左」的錯誤在黨的歷史上的長期性、頑固性和危害性。1958 年的「大躍進」和人民公社化運動，使得以高指標、瞎指揮、浮誇風和「共產風」為標誌的「左」傾錯誤嚴重泛濫，造成了國民經濟的巨大損失和人民生活的嚴重困難，國民收入損失一千二百億元。從「大躍進」到 1959 年廬山會議，再到黨的八屆十中全會以後的階級鬥爭擴大化，「左」傾錯誤不斷發展，終於導致「文化大革命」十年內亂。「文革」十年實際上是經濟停止發展的十年。據不完全統計，這期間，國民收入至少損失了五千億元。1976 年粉碎了「四人幫」，但是黨仍在「左」的陰影下徘徊了兩年，直到 1978 年黨的十一屆三中全會才從根本上改變了這種狀況。如果用這二十年同鄰國日本比較一下，就會看到很大差距。1957 年日本的國內生產總值為三百零七億美元，跟我國差不多，而到 1978 年日本的國內生產總值已達九千七百一十三億美元，我國僅為二千二百零三億美元，日本高出我們四倍多。二十年的歷史足以證明，「左」的思想根子很深，時間很長，影響深廣，危害極大。考察這一段歷史，我們對於鄧小平用「根深蒂固」來形容「左」的思想就會有更深的領會。「中國要警惕右，但主要是防止『左』」——這是鄧小平為全黨全國各族人民敲響的振聾發聵的警鐘。二是可以突出黨的十一屆三中全會的歷史地位。黨的十一屆三中全會的召開，結束了粉碎「四人幫」後兩年黨在「左」傾陰影下徘徊的局面；結束了「文革」以來「以階級鬥爭為綱」的錯誤理論和實踐；從根本上消除了 1958 年以來「左」傾指導思想的干擾，重新確立了馬克思主義的思想路線、政治路線和組織路線。黨的十一屆三中全會成為結束過去二十年中的失誤、開創建設有中國特色的社會主義道路的新起點，成為實現黨的歷史上把馬列主義基本原理同中國實際相結合的第二次偉大飛躍的新起點。我們只有充分認識這二十年中「左」傾錯誤的嚴重危害，才能深切感到黨的十一屆三中全會衝破長期

「左」的束縛是何等的來之不易；才能深切感到黨的十一屆三中全會以來取得的建設有中國特色的社會主義的成果是多麼地值得珍惜。

三、要科學分析「二十年」

黨對「文革」十年的錯誤理論和實踐是全盤否定的。鄧小平提出「耽誤了二十年」，好像是把「文革」十年同「文革」前八年和後兩年相提並論，其實真正用意是使人們能清楚地認識「左」的思想的來龍去脈，並不意味著要對「二十年」進行全盤否定。對「二十年」要做科學具體地分析，可分為三個階段。

（一）1958—1966 年「文革」爆發前

這一時期同「文革」有質的不同，不能簡單否定。《中國共產黨的七十年》指出，黨在這一時期的指導思想有兩種發展趨向：一是正確的和比較正確的理論和實踐上的探索，特別是 20 世紀 60 年代國民經濟調整時期我們取得了成功的經驗，這些是這一時期黨的工作的主導方面。二是這一時期「左」的錯誤在逐步發展，經濟建設上以「大躍進」和人民公社化運動為典型，政治上強調階級鬥爭的「左」傾錯誤越來越嚴重，發展到「文革」前夕的「四清」運動，就提出要整「黨內走資本主義道路的當權派」。鄧小平曾說：「『文化大革命』實際上從 1965 年就開始了，1966 年正式宣布。」考察這一時期的歷史，我們既不能把它等同於「文革」而加以全盤否定，又不能割斷它同「文革」的歷史聯繫，低估「左」的錯誤的發展。

（二）十年「文革」時期

「文革」是「左」的錯誤惡性發展的產物。「文革」十年中全局性的「左」傾錯誤始終在中央占支配地位。對於「文革」的錯誤理論和實踐，應予全盤否定，既不能「三七開」，也不能機械地「一分為二」，更不能如有的人那樣去竭力發掘「文革」發動的所謂「合理動機」。

（三）「文革」後兩年

　　這兩年和「文革」既有區別又有聯繫。由於結束了十年動亂，黨的各項
工作有所進展。但由於當時黨的主要領導人繼續堅持「文革」及其以前的
「左」傾錯誤，推行「兩個凡是」，「左」傾指導思想沒有根本改變，有的
還有所發展，直到黨的十一屆三中全會才改變了這種局面。總的來看，正如
鄧小平所說，由於「左」的干擾，社會主義事業在 1958—1978 年整整耽誤
了二十年。其中「文革」十年是「左」傾錯誤登峰造極的時期；「文革」之前，
「左」有量變的積累；「文革」之後，「左」有自然的延伸，對不同時期應
科學分析，不能一概而論。

　　此文原刊於《中共黨史研究》1994 年第 5 期，原標題為《一個值得重視
的新提法——準確理解鄧小平所說的「耽誤了二十年」》

馬克思主義中國化的歷史進程

　　1840 年鴉片戰爭以來，中國人民在鬥爭實踐中得出了兩個最基本的歷史
結論：一是中國革命要獲得勝利，沒有馬克思主義不行；二是有了馬克思主義，
不同中國的具體實踐相結合也不行。毛澤東說過，馬克思列寧主義的偉大力
量，就在於它是和各個國家的具體實踐相聯繫的，對於中國共產黨人來說，
就是要學會把馬克思列寧主義的理論應用於中國的具體環境，使馬克思主義
中國化。

　　馬克思主義中國化，這是由馬克思主義的科學本性所決定的。馬克思主
義從本質上來說是革命的、批判的。它給人們提供的不是教義，而是方法。
也正是基於這種認識，列寧明確地指出，對於俄國社會黨人來說，尤其需要
獨立地探討馬克思的理論，因為它所提供的只是總的指導原理，而這些原理
的應用具體地說，在英國不同於法國，在法國不同於德國，在德國又不同於
俄國。我們同樣可以說，在俄國也不同於中國。中國同志學習運用馬克思主
義，必須把它和中國實際結合起來。所謂馬克思主義中國化，強調的就是馬
克思主義理論和中國實際的結合。這種結合，一方面，是要用馬克思主義來
說明、解釋、指導中國實踐；另一方面，是要用中國的實踐經驗來豐富、發

展馬克思主義。馬克思主義中國化的歷史,就是馬克思主義基本原理和中國具體實際日益結合的歷史,就是毛澤東思想、鄧小平理論形成發展的歷史。

一、毛澤東思想的形成

　　十月革命一聲炮響,為中國送來了馬克思主義。「走俄國人的路」成為當時先進的中國人的指南。但是,在中國「如何走」俄國人的路,中國共產黨人經過長時間的摸索才得出答案。毛澤東在回顧黨對民主革命規律認識過程時說,對中國革命的一系列重要問題,如革命「怎麼革法,革些什麼,哪些先革,哪些後革,哪些要到下一階段才革,在一個相當長的時間內,都沒有弄清楚,或者說沒有完全弄清楚」。只是在經過兩次勝利、兩次失敗之後,到了抗日戰爭時期,「我們才制定了合乎情況的黨的總路線和一整套具體政策」。

　　毛澤東是馬克思主義中國化的第一人。他在黨內最早提出「馬克思主義中國化」的命題。1930 年他在《反對本本主義》一文中,表述了「馬克思主義理論和中國具體實踐相結合」的原則。1938 年 9 月,在延安召開的黨的六屆六中全會上,毛澤東第一次提出「使馬克思主義在中國具體化」的命題。他說:「使馬克思主義在中國具體化,使之在其每一表現中帶著必須有的中國的特性,即是說,按照中國的特點去應用它,成為全黨亟待瞭解並亟須解決的問題。」

　　提到《反對本本主義》,這裡還有一段歷史插曲。《反對本本主義》寫於 1929 年,但後來丟失了。直到 1959 年,中國革命博物館才從福建龍巖收集到這篇文章。當這篇文章重新擺到毛澤東面前時,毛澤東欣喜異常。他多次向人們提到,自己是喜愛這篇文章的,「我對自己的文章有些也並不喜歡,這篇我是喜歡的」。《反對本本主義》於 1964 年編入《毛澤東著作選讀》,首次公開發表。值得特別注意的是,毛澤東在最後的定稿中,親筆加了一句話:馬克思主義的本本是要學習的,但是必須跟我國的實際情況相結合。我們需要本本,但是一定要糾正脫離實際情況的本本主義。這是毛澤東對這篇文章所作的唯一一處涉及實質內容的改動。

　　毛澤東從投身中國革命開始，就致力於把馬列主義和中國實際相結合。第一次大革命時期，毛澤東主要從事農民問題研究，著力於中國社會各階級的分析，並在階級分析的基礎上提出了黨在民主革命中依靠誰、團結誰、打擊誰的基本路線。1927年大革命失敗後，他又總結經驗教訓，提出了「槍桿子裡面出政權」的重要論斷，並躬身實踐，親自組織秋收起義。土地革命戰爭時期，根據地被敵人封鎖，得到馬列的書很不容易。1932年4月，紅軍打下福建第二大城市漳州，意外地得到了一些馬列書籍，有恩格斯的《反杜林論》，列寧的《兩個策略》《「左派」幼稚病》等，毛澤東如饑似渴地閱讀起來，並在書上寫滿了批語，還有「某年某月初讀」「某年某月二讀」「某年某月三讀」的字樣。他還推薦給別人讀，先將《兩個策略》送給彭德懷，在書上寫道：此書要在大革命時讀著，就不會犯錯誤。後又將《「左派」幼稚病》送給彭德懷，又在書上寫道：你看了以前送的那一本，叫做知其一而不知其二。你看了《「左派」幼稚病》才會知道「左」與右同樣有危害性。可以看出，毛澤東讀馬列，總是結合著中國革命的實踐來思考問題，並以此教育啟發黨的幹部。在土地革命、創建根據地的實踐中，毛澤東初步總結經驗，寫出了《中國的紅色政權為什麼能夠存在？》《井岡山的鬥爭》《星星之火，可以燎原》等著名文章，在馬克思主義發展史上首次提出併科學論證了「工農武裝割據」的概念，形成農村包圍城市的中國革命道路的基本思想。這一理論的產生，標誌著中國共產黨對馬克思主義的理解和運用達到了一個新的高度。

　　延安時期，可以說是毛澤東思想比較完整地形成起來的時期。紅軍時期，教條主義者曾經譏笑毛澤東是「狹隘經驗論」，這對毛澤東刺激很大。到了延安後，他發奮讀書，深入思考問題。這一時期他讀了很多馬克思主義的書籍。有時候得到一本好書，便通宵達旦讀完，並寫讀書筆記，如今天讀某某書，讀了幾頁，都有詳細記載。1938年，毛澤東在延安組織了一個哲學小組，參加的人有艾思奇、何思敬、楊超、和培元等，每週三晚上，在楊家嶺毛澤東自己的窰洞裡，學習馬克思主義。他還指示成立中央編譯局，大批翻譯馬克思、恩格斯、列寧和斯大林的書。有的懂翻譯的幹部不安心本職工作，想到地方或部隊去，毛澤東勸他們要為全黨著想，學個唐三藏，「實是功德無量」。

　　一邊讀書，一邊思考和總結。毛澤東首先從總結黨的歷史入手。1938年，在黨的六屆六中全會上，毛澤東指出，我們黨的十七年，最大的進步是學會了運用馬列主義，這是十七年革命實踐所取得的成果。黨的歷史經驗，使我們懂得了馬列主義不是教條，而是行動的指南。他痛心地說，過去，我們在工作中公式主義太厲害，吃過許多虧，由此不知流了多少血，犧牲了多少生命。

　　毛澤東對馬克思主義中國化的論述，圍繞著以下三個方面而展開。

　　（一）學習和研究馬克思主義

　　馬克思主義要中國化，首先必須學習和研究馬克思主義，這是基本的前提條件。所以毛澤東要求「一切有相當研究能力的共產黨員，都要研究馬克思、恩格斯、列寧、斯大林的理論」。那麼，用什麼態度和方法來學習和研究馬克思主義呢？在這個問題上，黨內一直存在著兩種截然不同的情況。一種是教條化地對待馬克思主義。這種態度和方法，或是僵死地鑽研個別詞句和結論；或是與中國實際脫節，言必稱希臘，言必稱莫斯科。對於這些教條主義者，毛澤東批評起來既尖銳辛辣，又形象幽默。他批評那些動不動就「拿書本來」的「馬克思主義書呆子」說：「世界上沒有比隨意打開合上一本書更容易做的事了，比炊事員準備飯容易得多，比叫他去殺一頭豬更容易得多。炊事員殺豬，必先逮住這頭豬，豬可能跑，豬還會叫。但放在桌子上的書不可能跑，也不會叫，你可以任意處置。還有什麼比這更容易做到？」他又說：「教條主義狗糞不如，狗糞可以肥田，人的大便可以養狗。但是教條呢？它們既不能用來肥田，也不能用來養狗。毛澤東用一副對子，形象地為那些只知背誦馬恩著作若干詞句的人畫像，叫做『牆上蘆葦，頭重腳輕根底淺；山間竹筍，嘴尖皮厚腹中空』。」

　　與教條主義態度相反，另一種是立足於中國的實際來學習和研究馬克思主義。這種態度和方法，是在中國的環境中學習和研究馬克思主義，眼中看到的是中國，是中國的革命，中國的社會和中國的人民。把馬克思主義看成是一種能夠指導革命實踐的強大武器，注重把握其科學的內涵和活的靈魂。毛澤東指出，讀馬克思主義的書籍是很容易的，只要你認得字、讀得書本就

可以。但只會讀不會用，就是把它讀個千八百遍，背個爛熟，那連一文錢都不值。讀馬克思主義的書，為的是要拿馬克思主義的理論、立場與方法來分析中國的實際，解決中國革命的問題。毛澤東形象地把學而不用比作「無的放矢」，指出要做到「有的放矢」，用馬克思主義這個「矢」去射中國革命之「的」。

（二）立足於中國實際運用馬克思主義

從當時中國革命的具體情況看，毛澤東重點強調應該研究三個方面的實際：一是對於近百年的中國歷史進行詳細的研究。毛澤東嚴厲批評了那些「對於自己的歷史一點不懂，或懂得甚少，不以為恥，反以為榮」的同志，指出「不要割斷歷史。不單是懂得希臘就行了，還要懂得中國；不但要懂得外國革命史，還要懂得中國革命史；不但要懂得中國的今天，還要懂得中國的昨天和前天」。他主張全黨應聚集人才，分工合作地去開展研究，先作經濟史、政治史、軍事史、文化史幾個部門的分析研究，然後再作綜合的研究。二是要研究中國的國情，最重要的是「中國現在的社會性質是什麼」，以及「現時中國革命的性質是什麼」「只有認清中國社會的性質，才能認清中國革命的對象、中國革命的任務、中國革命的動力、中國革命的性質、中國革命的前途和轉變，所以，認清中國社會的性質，就是說，認清中國的國情，乃是認清一切革命問題的基本的根據」。三是對敵友我三方的經濟、財政、政治、軍事、文化、黨務各方向的動態進行詳細的研究，然後引出應有的和必要的結論。毛澤東曾向延安的幹部們講過這樣一個故事：有個八路軍旅長對毛澤東說，八路軍到了某地後，要把一切苛捐雜稅免除了。毛澤東問他，原先都有些什麼苛捐雜稅，收多少，怎麼收的？他卻連一樣都不知道。毛澤東告誡黨的幹部，不調查不研究就不得了，就要亡國、亡黨、亡頭。

（三）在新的實踐中創新馬克思主義

馬克思主義中國化不僅僅是一個接受的過程，同時也是一個轉化的過程，更是一個創造的過程。「化」的核心所在，就是要在堅持馬克思主義的基礎上發展馬克思主義，創造出中國的馬克思主義理論體系。就像植物的生根、生長、開花、結果一樣，馬克思主義在中國這塊土地上生根、生長、開花、

結果，就是馬克思主義中國化的完整過程。毛澤東指出：「隨著革命形勢的發展，不但可以而且一定要以馬克思主義新的結論去代替舊的結論。」「我們要把馬、恩、列、斯的方法用到中國來，在中國創造出一些新的東西。」

延安整風以後，我們黨終於創造出了這樣「新的東西」。延安時期，是毛澤東思想多方面展開而達到成熟的時期。毛澤東創作了一系列重要著作，系統地闡明了中國共產黨人的世界觀、方法論；系統地闡明了關於統一戰線的理論與政策；系統地闡明了獨具特色的毛澤東思想的軍事理論；系統地闡明了新民主主義革命和新民主主義社會的理論以及獨具特色的黨建思想。最終，馬克思主義與中國革命實際相結合的產物——毛澤東思想誕生了。

毛澤東思想賦予馬克思主義以全新的、中國化的內容。科學回答了在中國這樣一個東方大國如何進行革命的命題。比如，毛澤東提出新民主主義革命理論，這就是一個富有中國特色的創新，實際上就是有中國特色的民主革命理論。之所以「新」，是因為提出了不同於一般民主革命的思想。他認為，中國革命雖然是資產階級性的民主革命，但卻必須由無產階級領導才能完成（一般的民主革命是由資產階級領導的）；革命必須衝破「城市中心」觀點的束縛，走「農村包圍城市」的道路；必須同民族資產階級（有時還要同大資產階級）結成統一戰線，採取聯合又鬥爭即以鬥爭求團結的政策；革命的結果，既不是建立資產階級專政的國家，也不是立即建立無產階級專政的國家，而是要建立無產階級領導的各革命階級聯合專政的新民主主義共和國。所有這些，無不帶有濃厚的中國特色，無不是馬克思主義發展史上的嶄新結論。

馬克思主義一經中國人民掌握並創造性地運用，便會發生無窮的威力。在毛澤東思想的指引下，黨領導人民取得了抗日戰爭的偉大勝利。接下來的三年解放戰爭，中國面臨兩種命運、兩種前途的大決戰。黨正確嫻熟地制定和運用各項方針政策，團結帶領全國各黨派各階層的力量，形成雄偉的人民大革命之勢，勢如破竹，迅速取得全國革命的勝利。這個時期，毛澤東思想得到了進一步的豐富和發展。1949 年中華人民共和國成立，中國歷史由此進

入了新紀元。毛澤東又組織領導了我國的社會主義改造，形成了社會主義改造的理論。

二、鄧小平理論的形成

毛澤東思想成功地解決了什麼是中國革命、怎樣進行中國革命的問題，並指引我們贏得了中國革命。隨著革命的勝利，從 1956 年開始，我國進入社會主義建設的新時期。於是，什麼是社會主義，如何建設社會主義的問題，歷史地擺到了黨的面前。

關於社會主義，馬克思、恩格斯做過一些科學的預測，但又反覆強調他們的理論是發展著的理論，不是現成的教條。對如何建設社會主義，他們歷來主張由後人自主探索。歷史上第一個社會主義國家是蘇聯。在沒有任何經驗可資借鑑的情況下，俄國布爾什維克黨開始了建設社會主義的艱難探索。但後來的歷史表明，蘇聯搞得並不成功，鄧小平曾指出，社會主義究竟是個什麼樣子，蘇聯搞了很多年，也並沒有完全搞清楚。

中國的社會主義建設應該怎麼搞？雖然國際共產主義運動未能很好解決這個課題，但毛澤東下決心不走或少走彎路，探索出一條「自己的路」。1956 年，在中國剛剛步入社會主義建設之路的時候，毛澤東曾說：「解放後，三年恢復時期，對搞建設，我們是懵懵懂懂的。接著搞第一個五年計劃，對建設還是懵懵懂懂的，只能基本照抄蘇聯的辦法，但總覺得不滿意，心情不舒暢。」毛澤東的這段話，道出了中共第一代領導人的共同心聲，也反映出毛澤東決心開拓出一條中國自己的社會主義建設之路的迫切願望。

1956 年黨的八大前後，毛澤東等黨的領袖對中國社會主義道路的思考異常活躍，產生了許多創造性的理論觀點，可惜歷史的車輪在 1957 年反右派運動以後發生了嚴重偏離。黨的八大的正確路線被輕率改變。主要的改變表現在兩個方面：一是在政治領域，改變了黨的八大關於社會主要矛盾的正確論斷，階級鬥爭擴大化的錯誤愈演愈烈；二是在經濟領域，改變了黨的八大所制定的既反保守又反冒進，在綜合平衡中穩步前進的方針，這直接導致了「大躍進」和人民公社化運動。到了後來的「文革」，更是以極端的形式充

分暴露了各種社會矛盾。痛苦和教訓促使人們警醒、反思。鄧小平後來說道：「『文革』也有一『功』，它提供了反面教訓。沒有『文革』的教訓，就不能制定黨的十一屆三中全會以來的思想、政治、組織路線和一系列政策。」

鄧小平理論的形成可以追溯到 1975 年。這一年，鄧小平主持中央日常工作，著手進行全面整頓。全面整頓雖然沒有也不可能明確指出「文革」從根本上錯了，但又的確是針對「文革」的錯誤的。他後來曾說，說到改革，其實在 1975 年已經試驗過一段，那時用的名稱是「整頓」。毛澤東不能容忍鄧小平系統地糾正「文革」的錯誤，所以搞了「批鄧、反擊右傾翻案風」。

粉碎「四人幫」後，中國向何處去？社會主義事業的航船如何撥亂反正？人們在翹首以待。三落三起的鄧小平，此時已經七十三歲。他說：「坦率地講，出來工作可以有兩種態度，一個是做官，一個是做點工作，我想，誰叫你是共產黨員呢？既然當了，就不能做官，不能夠有私心雜念。」

鄧小平勇敢地挑起了歷史賦予他的重任，他必須面對以下兩個歷史性問題。

（一）要衝破「左」的禁區，糾正對毛澤東思想的神聖化和教條化

當時有所謂「兩個凡是」，即「凡是毛主席作出的決策，我們都堅決維護；凡是毛主席的指示，我們都始終不渝地遵循」。1978 年 5 月，《光明日報》特約評論員發表的《實踐是檢驗真理的唯一標準》一文，引發了一場持續半年多的關於真理標準問題的討論。這場討論的實質，歸根結底就是敢不敢解放思想，衝破「左」的禁區和「兩個凡是」的束縛。鄧小平在討論中旗幟鮮明地指出，如果只是毛澤東同志講過的才能做，那我們現在怎麼辦？馬克思主義要發展嘛！毛澤東思想也要發展，否則就會僵化！9 月 13—20 日，鄧小平訪朝歸來視察了黑龍江、吉林、遼寧、瀋陽軍區、鞍山、天津等地，按他自己的話說，「一路煽風點火」，先後發表了六次談話。1978 年年底，歷史終於揭開了新的篇章。黨的十一屆三中全會重新確立了馬克思主義的思想路線、政治路線和組織路線，引導黨和人民從以「階級鬥爭為綱」轉到以經濟建設為中心。鄧小平在黨的十一屆三中全會之前召開的中央工作會上，

作了《解放思想，實事求是，團結一致向前看》的重要講話。這篇講話成為開闢新時期新道路、開創建設有中國特色社會主義新理論的偉大宣言書。

（二）怎樣才能打開一條新路

走出「文革」陰影、衝破了歷史禁錮之後，接下來就是如何開闢新道路。在二十年「左」的干擾下，各項事業已是積重難返。鄧小平指出：「如果現在再不實行改革，我們的現代化事業和社會主義事業就會被葬送。」1978 年12 月，安徽鳳陽縣梨園公社小崗生產隊突破禁區，首創包產到戶的責任制。隨後，改革開放在城市全面展開，黨率領億萬群眾投入一場社會主義建設史上前無古人的事業中。改革開放，成為決定中國社會主義命運的關鍵一招。

改革開放，是一場全新的事業，馬克思沒有講過，我們的前人沒有做過，其他社會主義國家也沒有幹過。這自然會引發一系列問題。正如鄧小平後來回憶道：我們的這些政策，很自然地在人民和幹部中間提出一個「是不是堅持社會主義道路」的大問題。

一個時期裡，鄧小平在多種場合反覆向人們提出的問題是：什麼是社會主義，如何建設社會主義？這一問題提出的本身，就具有石破天驚的意義。建國這麼多年，搞了這麼長時間的社會主義，難道還不知道「什麼是社會主義，如何建設社會主義」？胡繩曾經回憶，大約在 20 世紀 50 年代末，毛澤東的秘書田家英說過一句使他留下很深印象的話。這句話大致是這樣：如果可以重新從頭搞社會主義，我將用另一種方法來搞。胡繩說：「這句話可以說是屬於書生的狂論，但也的確反映了他的一種心境。」田家英去世後多年，這句話常常在胡繩的記憶中浮現。

實際上，多年以來，在黨內許多有識之士的頭腦裡，揮之不去始終縈繞著的，是如何使馬克思主義進一步中國化，如何探索中國自己的社會主義建設之路這個問題。黨的十一屆三中全會以後，鄧小平鮮明地提出「什麼是社會主義，如何建設社會主義」這一問題，有著豐富的歷史內涵，折射出黨在馬克思主義中國化探索上的歷史軌跡。

黨的十一屆三中全會以後黨的理論和實踐，為「什麼是社會主義，如何建設社會主義」提交了科學的答案，為馬克思主義中國化做了生動的詮釋。

鄧小平理論的形成發展大致可分為以下三個階段。

1. 從黨的十一屆三中全會造成黨的十二大，是鄧小平理論開始形成主題的時期

這一時期最為經典、最有代表意義的事件，是鄧小平在 1982 年 9 月黨的十二大開幕詞中指出：「把馬克思主義的普遍真理跟我國的具體實際結合起來，走自己的道路，建設有中國特色的社會主義，這就是我們總結長期歷史經驗得出的基本結論。」在這裡，鄧小平第一次明確提出「建設有中國特色的社會主義」的命題。這一命題，準確科學地反映了黨所進行的偉大事業，因而獲得了全黨的一致共識，並在後來成為鄧小平理論的名稱和主題。後來南斯拉夫《共產主義者》週刊請鄧小平題詞，鄧小平又一次鄭重寫道：「把馬克思主義的普遍真理和本國的實際情況結合起來，走自己的路。」

2. 從黨的十二大到十三大，是鄧小平理論在全面改革中逐步展開，初具輪廓的時期

黨的十二大以後，改革開放全面展開，經歷了從農村改革到城市改革，從經濟體制的改革到各方面體制的改革，從對內搞活到對外開放的波瀾壯闊的歷史進程。隨著改革開放的全面展開，黨的理論創新力度進一步加大。1984 年 10 月，黨的十二屆三中全會透過《關於經濟體制改革的決定》，首次提出「社會主義商品經濟」的概念。鄧小平對此給予了很高的評價，稱它是「馬克思主義基本原理和中國社會主義實踐相結合的政治經濟學」。並指出，這個文件好就好在解釋了什麼是社會主義。1987 年 10 月，黨的十三大總結實踐經驗，第一次明確提出了「建設有中國特色社會主義理論」的概念，並概括了這一理論的十二個重要觀點，鄧小平理論的總體輪廓開始顯現。

3. 黨的十三大到十四大這五年，是我們沿著中國特色社會主義道路繼續前進的五年，也是鄧小平理論形成體系、走向成熟的五年

　　說鄧小平理論走向成熟，一是因為它經受了 80 年代末 90 年代初國內風波和國際變局的嚴峻考驗；二是鄧小平發表了著名的南方談話。南方談話是時代的最強音，是鄧小平輝煌人生的精彩樂章。南方談話提出了一系列新思想、新觀點，構成了比較完備的理論體系。1992 年 10 月，在南方談話精神指引下，黨的十四大從社會主義的發展道路、發展階段、根本任務、發展動力、外部條件、政治保證、戰略步驟、領導力量和依靠力量，以及祖國統一九個方面，對鄧小平理論作了全面的概括。

　　鄧小平理論，從中國的實際出發，不拘泥於馬列主義理論中的個別原理和個別結論，而是以適合當代中國歷史條件的新原理和新結論，第一次比較系統地初步回答了在中國這樣的經濟文化落後國家如何建設社會主義、如何鞏固和發展社會主義的一系列基本問題，既繼承前人，又突破陳規，開拓了馬克思主義的新境界。

　　比如關於社會主義本質的理論，就是對馬克思主義的一個重大發展。打開鄧小平文選，人們會發現許多時候鄧小平總是在苦口婆心地強調著同一個道理。他總是告訴人們：貧窮不是社會主義；馬克思主義最注重發展生產力；社會主義的根本任務是發展生產力；能不能發展生產力，是衡量一切工作的根本標準。終於，到了南方談話，他多年來對社會主義本質的思索，昇華到新的理論高度。他提出，社會主義本質是解放和發展生產力，消滅剝削，消除兩極分化，最終達到共同富裕。這是科學社會主義歷史上第一次對社會主義本質作出的全面、深刻而精闢的論述，大大豐富和發展了馬克思主義的科學社會主義理論。

　　再比如，人們長期以來，從馬克思主義經典作家的論述和蘇聯模式中，一直認為社會主義的本質特徵就是計劃經濟。而鄧小平早在 1979 年就提出，說市場經濟只限於資本主義社會、資本主義的市場經濟，這肯定是不正確的。社會主義為什麼不可以搞市場經濟？到了南方談話，鄧小平這一思想更加成熟，他明確指出：「計劃多一點還是市場多一點，不是社會主義與資本主義的本質區別。計劃經濟不等於社會主義，資本主義也有計劃；市場經濟不等於資本主義，社會主義也有市場。」黨的十四大明確決定，中國經濟改革的

目標是建立社會主義市場經濟體制。社會主義市場經濟理論，第一次把社會主義同市場經濟有機結合，這是對什麼是社會主義的新認識，是中國社會主義實踐的新經驗，是對馬克思主義的新發展。

鄧小平理論的其他一些重要思想，如關於社會主義初級階段的理論；關於改革是中國的第二次革命；關於「三個有利於」的判斷標準；關於中國的發展離不開世界，要進一步擴大開放等，都圍繞「什麼是社會主義，怎樣建設社會主義」這個根本問題，從理論上作出了馬克思主義的新回答。

1993 年 12 月 13 日，將近九十歲高齡的鄧小平由吳邦國等人陪同，興致勃勃地察看了上海浦東新修的內環線路。從不吟詩的他這一次卻破天荒地吟道：「喜看今日路，勝讀十年書。」並說，「這是出自我內心的話」。這裡的寓意十分深刻。正如鄧小平所說，馬克思主義是很樸實的道理。但是再好的理論，不去實踐，不去幹，到頭來不過是僵死的教條。鄧小平是為馬克思列寧主義畢生奮鬥的老戰士，在晚年，看到中國特色社會主義事業蒸蒸日上，看到馬克思主義真正「化」為中國億萬群眾的實踐，結出了新的碩果，其內心的喜悅溢於言表，令人感動！

三、馬克思主義中國化的歷史啟示

回顧馬克思主義中國化的歷史進程，我們可以得到這樣幾點重要啟示。

（一）處理好堅持和發展的關係，這是馬克思主義中國化的一個基本前提

如果不堅持馬克思主義，對馬克思主義採取否定的虛無主義態度，就談不上發展馬克思主義，也就談不上馬克思主義的中國化；如果不發展馬克思主義，對馬克思主義採取教條主義的態度，也就不能很好地堅持馬克思主義，同樣也談不上馬克思主義的中國化。因此，必須把堅持和發展很好地統一起來，在堅持中發展，在發展中堅持。毛澤東在 1959 年指出：「馬克思這些老祖宗的書，必須讀，他們的基本原理必須遵守，這是第一。但是，任何國家的共產黨，任何國家的思想界，都要創造新的理論，寫出新的著作，產生自己的理論家，來為當前的政治服務，單靠老祖宗是不行的。」鄧小平指出，

對馬克思主義的信仰，是中國革命勝利的一種精神動力。他在強調「老祖宗不能丟」的同時，又提出要「說新話」。

（二）處理好馬克思主義理論和中國實際的關係，堅持理論聯繫實際，這是馬克思主義中國化的根本原則

馬克思主義中國化的過程，就是實現馬克思主義基本原理與中國具體實際相結合的過程。毛澤東把「結合」稱為我們黨領導中國革命必須解決的「第一個重要問題」；鄧小平把「結合」稱為「我們吃了苦頭總結出來的經驗」。不學習、不懂得馬克思主義理論，就談不上馬克思主義中國化。不瞭解、不研究中國實際，更談不上馬克思主義中國化。只有很好地學習、真正懂得馬克思主義理論，又認真研究、真正瞭解中國實際，並把二者很好地「結合」起來，才能做到馬克思主義中國化。正是基於這種認識，毛澤東多次強調，馬克思主義的本本是要學習的，但必須跟我國的實際情況相結合。他對於不會聯繫中國實際的空頭理論家總是給予尖銳的批評。延安有所謂「青年理論家」，讀了三年馬克思主義，還是不識一事，不會解決實際問題，不知道調查研究。毛澤東憤然批評這樣的人叫做「青年無用家」！學習本本，又不搞本本主義，而是以馬克思主義為指導研究中國實際，透過實際問題的研究揭示規律、找出辦法、形成理論。唯有這樣，馬克思主義才能中國化。

（三）繼承中國歷史優秀文化，這是馬克思主義中國化的重要條件

馬克思主義誕生於西方，在其話語和表現形式上，不可避免地帶有西方文化的特點。要把它融入中國文化並成為我們的指導思想，必須使它與中國文化相結合。中國是一個文化大國，有歷史悠遠、內涵豐富的優秀文化遺產，對馬克思主義中國化提供了有利條件。無論是毛澤東思想的形成發展，還是鄧小平理論的形成發展，都充分利用了這種文化條件。比如毛澤東，他對中國文化典籍涉獵之廣泛、研究之深入、認識之精到，是世人所公認的。中國傳統思想歷來講求實用理性，即要求用一種理性的信仰作為行動的指針。青年毛澤東就曾以「不說大話，不務虛名，不行駕空之事，不談過高之理」作為自己立身行事的準則。早在主辦《湘江評論》時，他就極力提倡「踏著人生和社會的實際說話」。當他成為馬克思主義者之後，更是發揚求實精神，

強調「沒有調查就沒有發言權」，他用馬克思主義觀點賦予中國典籍中「實事求是」一詞以全新的含義。實事求是，最早出自東漢班固所撰《漢書·河間獻王傳》。漢景帝之子、河間王劉德喜好學問，班固在《漢書》中稱他「修學好古，實事求是」。這裡的實事求是，原是指根據實事，求得真相。毛澤東則賦予實事求是以馬克思主義的詮釋，使之成為毛澤東思想的基本點、精髓和活的靈魂，既體現了馬克思主義科學世界觀和方法論，也體現了中國古代「經世致用」的優良傳統。在國內外研究毛澤東思想同中國傳統文化關係中，就有過一種觀點，認為毛澤東思想的主要理論來源不是馬克思主義，而是中國傳統文化。這種觀點當然是不正確的，因為它忽視了這樣一個事實，即毛澤東思想作為中國化的馬克思主義，它在形式和內容方面都批判吸收了中國傳統文化中的積極因素，然而它又是馬克思主義的繼承和發展，與馬克思主義同屬一個科學思想體系。再比如，鄧小平強調的改革，既體現了馬克思主義的品格，也浸潤著中華民族的優秀文化。《周易》裡講「窮則變，變則通，通則久」，《四書·大學》裡有「苟日新，日日新，又日新」。變通的理念，革故鼎新的理念，在中國典籍和歷史中隨處可見。鄧小平理論將中國傳統文化與馬克思主義精神完美結合，水乳交融，這既為馬克思主義注入了新的神韻，又為古老的中華文化增添了新的活力。我們可以這樣說，沒有對中國傳統文化的研究和繼承，就沒有毛澤東思想、鄧小平理論的形成發展，更沒有馬克思主義的中國化；要推進馬克思主義中國化，就必須研究和繼承中國的優秀文化。

(四) 堅持群眾觀點和群眾路線，是馬克思主義中國化的根本保證

人民群眾是推動社會發展的實踐主體，其實踐是創立和發展科學理論的源泉。堅持馬克思主義基本原理同中國具體實際相結合，歸根結底是要同人民群眾的實踐相結合。推進馬克思主義中國化，要以人民群眾的實踐經驗為源泉。離開人民群眾，離開人民群眾的社會實踐，理論就將失去其真理性和指導性，變成毫無意義的空談。毛澤東在談到自己的著作時說：「《毛澤東選集》，什麼是我的？這是血的著作！是群眾交給我們的，是付出了流血犧牲的代價的。」他始終認為革命是群眾的事，「真正的銅牆鐵壁是什麼？是群眾，是千百萬真心實意地擁護革命的群眾。這是真正的銅牆鐵壁，什麼力

量也打不破的」。毛澤東提出的「從群眾中來，到群眾中去」「領導和群眾相結合」等工作方法，把領導人的智慧和群眾的智慧結合起來，把實踐的觀點同群眾的觀點結合起來，把唯物辯證法的認識論同歷史觀結合起來，運用於中國革命的具體實踐，極大地推動了馬克思主義中國化；鄧小平在制訂方針政策的時候，也總是把「人民擁護不擁護」「人民贊成不贊成」「人民高興不高興」「人民答應不答應」作為出發點和歸宿。他不止一次地說，改革開放中許許多多的東西，都是群眾在實踐中提出來的。他舉例說，鄉鎮企業是誰發明的，誰都沒有提出過，我也沒有提出過，突然一下子冒出來了，發展得很快，見效也快。家庭聯產承包責任制也是由農民首先提出來的，這是群眾的智慧，集體的智慧。我的功勞是把這些新事物概括起來，加以提倡。堅持群眾觀點和群眾路線，一切為了群眾，一切依靠群眾，從群眾中來，到群眾中去，是馬克思主義中國化的一條寶貴經驗，也是不斷推進馬克思主義中國化的強大動力和根本保證。

（五）解放思想，勇於創新，是馬克思主義中國化的不竭動力

無論是當年的農村包圍城市，還是當代的改革開放，都曾遭到各種非議。有人曾譏笑毛澤東是「山溝裡的馬克思主義」，說革命力量轉入貧困的農村，會「吃掉老百姓的最後一只老母雞」；也有人說堅持農村游擊戰爭，必然會墮落成李自成、張獻忠。在改革開放初期，有人對家庭聯產承包責任制、對辦特區，從一開始就有不同意見，擔心是不是搞資本主義。有人指責辦特區是搞「變相租界」，是「賣國」。他們認為，多一分外資，就多一分資本主義。「三個代表」提出後，有人對允許包括企業主在內的社會其他階層先進分子入黨不理解等。面對這些責難，以毛澤東、鄧小平為代表的中國共產黨人並沒有被嚇倒，而是解放思想，大膽創新，不斷闖出革命、建設和改革的新路，不斷開創馬克思主義發展的新境界。

在馬克思主義中國化的過程中，時常會遇到一只攔路虎，就是人們頭腦當中長期以來自覺或不自覺地形成的一種「唯書」「唯上」的思維定式。認為只有書上說的，「老祖宗」講過的才是對的，否則，就是不可靠的。這正像鄧小平所描述的那樣：「書上沒有的，文件上沒有的，領導人沒有講過的，

就不敢多說一句話，多做一件事，一切照抄照搬照轉。把對上級負責和對人民負責對立起來。」這種思維定式嚴重禁錮了人們的思想，束縛了人們的手腳。不衝破這種思維定式，不解放思想，就邁不開步子，更談不上馬克思主義的中國化。

據吳邦國同志回憶：1991年2月10日，鄧小平在吳邦國等人的陪同下到工廠參觀，小平同志走到一部機器前，沉思了一會兒，意味深長地指著離子注入機問我們：「你們說這臺設備是姓『社』還是姓『資』？」當我們正在發愣的時候，小平同志接著說，「這臺設備原來姓『資』，因為是資本主義國家生產的；現在它姓『社』，因為在為社會主義服務。『資』可以轉化為『社』，『社』也可以轉化為『資』。」對外開放就是要引進先進技術為我所用，這臺設備現在姓『社』不姓『資』」。在改革開放的歷程中，每當黨的事業被姓「資」、姓「社」等僵化觀念所束縛而邁不開步子時，鄧小平總是鼓勵人們「膽子要大一些，敢於試驗，不能像小腳女人一樣。看準了的，就大膽地試，大膽地闖」「沒有一點闖的精神，沒有一點『冒』的精神，沒有一股氣呀、勁呀，就走不出一條好路，走不出一條新路，就幹不出新的事業」，表現出勇往直前的革命品格。

回顧歷史我們可以看出，一部馬克思主義中國化的歷史，實際上就是中國共產黨把馬克思主義普遍原理同中國革命、建設和改革實際相結合的歷史，是黨對中國革命、建設和改革的規律認識不斷深化的歷史，是中國共產黨理論和實踐不斷創新的歷史。馬克思主義的發展是沒有止境的。在21世紀，社會生活的變動將更加劇烈和深刻。馬克思主義是科學的理論體系，必定會隨著時代、實踐和科學的發展而不斷發展。解放思想，實事求是，與時俱進，不斷開創馬克思主義中國化的新天地，是中國共產黨人神聖而崇高的歷史使命！

思想文化領域的改造

一、馬克思主義意識形態主導地位的確立

新中國的成立，揭開了中國歷史的新紀元。黨在領導人民對客觀世界進行偉大改造的同時，也迫切需要人們改造主觀世界，以確立與新的社會制度相適應的意識形態。清除舊思想，特別是剝削階級的舊思想，樹立馬克思主義的世界觀，確立馬克思主義在全社會的指導地位，成為建國初期意識形態領域的迫切任務。

1950 年，毛澤東提出，對知識分子和廣大幹部，「要讓他們學社會發展史、歷史唯物論等幾門課程」。在這一號召的推動下，一場群眾性的學習馬克思主義的活動在全國範圍內迅速展開。各級政府開辦了學習班、訓練班，設立革命大學、軍政大學，集中一段時間，組織知識分子和機關幹部學習社會發展史，學習新民主主義論。據不完全統計，僅 1950 年就有一百餘萬人參加了這類學習。

為了配合群眾性學習馬克思主義活動的展開，一些馬克思主義理論工作者紛紛撰寫了有關的通俗著作或文章。如艾思奇撰寫了《歷史唯物論、社會發展史》，沈志遠撰寫了《社會形態發展史》，華崗撰寫了《社會發展史綱》等。其中，艾思奇撰寫的《歷史唯物論、社會發展史》在兩三年的時間內先後十次再版，發行上百萬冊，可見當時學習運動的廣泛程度。在學習運動中，馬克思主義的一些基本觀點，如勞動創造世界、階級和階級鬥爭、人民群眾創造歷史等觀點得以普及深入。

1950 年 12 月 29 日，《人民日報》重新發表了毛澤東的《實踐論》，1952 年 4 月 1 日，又重新發表了《矛盾論》。「兩論」的重新發表，是建國初期意識形態領域的重大事件，在思想理論界引起了極為熱烈的反響。理論工作者如艾思奇、李達、胡繩等人相繼撰文，宣傳「兩論」的思想。其中李達撰寫的《〈矛盾論〉解說》和《〈實踐論〉解說》產生了廣泛的影響。在解說中，李達以通俗的語言，聯繫現實，深入淺出地對「兩論」的寫作背景、基本觀點進行了全面而系統的闡發，對廣大幹部和群眾學習理解「兩論」造

成了重要的輔導作用。1951 年 3 月 21 日，毛澤東致信李達，肯定了他對「兩論」的解說「對於用通俗的言語宣傳唯物論有很大的作用」。指出：「關於辯證唯物論的通俗宣傳，過去做得太少，而這是廣大工作幹部和青年學生的迫切需要，希望你多多寫些文章。」

「兩論」的重新發表以及隨後《毛澤東選集》的出版，把群眾性的學習馬克思主義的運動推向了高潮。全國上下很快興起了學習馬列著作和毛澤東著作的熱潮。

這一時期翻譯出版了大量的馬列著作和輔助讀物。1950 年，《列寧文選》（兩卷本）出版發行。1954 年，又出版了《馬克思恩格斯文選》（兩卷本）。此後兩年內，《列寧全集》（第 1、28、29 卷）、《馬克思恩格斯全集》（第 1 卷）相繼出版。與此同時，馬克思、恩格斯、列寧的著作單行本也廣為發行。如《共產黨宣言》《哲學的貧困》《〈黑格爾法哲學批判〉序言》《反杜林論》《費爾巴哈和德國古典哲學的終結》《自然辯證法》《哲學筆記》等，都是在這一時期重印或第一次印行的。還翻譯出版了相當數量的蘇聯有關馬克思主義理論的教科書、哲學辭典等。其中主要有羅森塔爾和尤金編著的《簡明哲學辭典》，米丁編著的《辯證唯物論諸問題》，康士坦丁諾夫主編的《歷史唯物主義》。所有這些活動，使馬克思主義在中國得到了空前未有的傳播，為廣大幹部、理論工作者和知識分子更為系統地學習馬克思主義創造了條件。

黨特別注重對知識分子和青年學生的思想政治教育。自 1951 年 9 月開始，在全國知識分子中開展了思想改造的學習運動。這次運動的目的是使大批從舊中國過來的知識分子拋棄舊思想，逐步接收馬克思主義世界觀，使整個文教事業掌握在黨的領導之下。在運動即將結束之際，中共中央於 1952 年 9 月發出《關於培養高等、中等學校馬克思列寧主義理論師資的指示》，並決定在中國人民大學創設馬克思列寧主義研究班。10 月，教育部發出《關於全國高等學校馬克思列寧主義、毛澤東思想的課程的指示》，對高等學校的政治課程作了規定。人民政府還要求在各高等學校試行政治工作制度，設立政治輔導處，加強政治思想工作。

在對全社會宣傳普及馬克思主義的同時，黨還在思想領域發動了一系列旨在反對資產階級唯心主義的批判，主要包括以下幾種：對電影《武訓傳》的批判；對俞平伯紅學研究方法的批判；對胡適派哲學思想的批判；對胡風文藝思想的批判；對梁漱溟鄉村建設理論的批判。1955 年 3 月，中共中央發出《關於宣傳唯物主義思想批判資產階級唯心主義思想的指示》（以下簡稱《指示》）。指出為了實現黨的總路線，「必須在知識分子和廣大人民中宣傳辯證唯物主義和歷史唯物主義思想，批判資產階級唯心主義思想，並在這個思想戰線上取得勝利」。《指示》認為，開展意識形態領域的批判運動，「是在學術界中、在黨內外知識分子中宣傳唯物主義的有效方法，是推動科學和文化進步的有效方法，是促進各個學術領域中馬克思主義新生力量的成長的有效方法，是培養和組織理論工作的隊伍的有效方法」。建國初期思想領域的歷次批判，與正面宣傳普及馬克思主義相互結合，使馬克思主義在意識形態領域的主導地位牢牢確立起來。

二、對舊有文化教育事業的改造

舊中國的文化教育事業非常落後。據 1949 年的統計，全國人口中 80% 是文盲。高等學校僅有在校學生 15 萬人，中等學校學生 179.8 萬人，小學生 2285.8 萬人。平均每萬人中僅有高等學校學生 3 人，中等學校學生 38 人。學齡兒童入學率只有 20% 左右。就高等學校而言，大多與帝國主義有千絲萬縷的聯繫，並且在學科設置上重人文而輕科技，地理分佈也不合理。從根本上說，舊中國的文教事業是為少數人服務的，從指導思想到教育制度、內容、方法都深受帝國主義、封建主義、官僚資本主義的影響。這些同新中國的國家性質是根本不相容的。

中國人民政治協商會議第一屆全體會議透過的《共同綱領》明確規定：「人民政府應有計劃有步驟地改革舊的教育制度、教育內容和教育方法。」1950 年 6 月，毛澤東在黨的七屆三中全會上提出，在國民經濟恢復時期，黨在文教方面的基本方針是：「有步驟地謹慎地進行舊有學校教育事業和舊有社會文化事業的改革工作，爭取一切愛國的知識分子為人民服務。」以這些方針為依據，黨對舊有文教事業進行了改造。

（一）接辦各類學校

新中國成立前夕，隨著新解放區的開闢，人民政府即對國民黨統治時期遺留下來的公立學校實行了接管。在接管過程中，對教職員工進行思想政治教育，幫助他們認識人民民主國家的政權性質，學習新中國的文教政策，樹立為人民服務的思想。取消了國民黨政府建立的訓導制度，廢除了一些反動課程，開設了馬列主義政治課，並實行學校向工農開門、教育為生產建設服務的方針。同時初步進行了教職工民主管理學校的嘗試。對於大量的私立學校，由於在短時期內全部接辦存在困難，政府先是在「積極維持，逐步改造，重點補助」的方針下，對私立學校進行整頓。隨著院系調整的進行，到 1952 年年底私立學校逐步改為公立。

接受外國津貼的各類學校和教會學校的存在，是舊中國文化教育事業的一個特有現象。1950 年 12 月，中央人民政府政務院頒布《關於處理接受美國津貼的文化教育救濟機關及宗教團體的方針的決定》，到 1951 年年底，所有接受外國津貼的高等學校，都由人民政府接收。其中接收後改為公辦的有輔仁大學、燕京大學、津沽大學、協和醫學院、銘賢學院、金陵大學、金陵女子文理學院、協和大學、華南女子文理學院、華中大學、金華圖書專科學校、華西協和大學十二所院校。接收後改為我國人民自辦並由政府給予經費津貼的私立學校有滬江大學、東吳大學、聖約翰大學、之江大學、齊魯大學、求精商學院、震旦大學等院校。此外，還接收了接受外國津貼的中等學校五百一十四所，初等學校一千五百餘所，以及幼兒園、孤兒院、育嬰堂、慈幼院等。這些措施割斷了文教機構同帝國主義的聯繫，收回了中國的教育主權。但是在這個過程中也出現了一些偏差，主要是沒有把文化侵略與文化交流區別開來，對教會學校的辦學經驗缺乏全面的、辯證的分析。

（二）改造舊的教育思想，樹立為勞動人民服務、為國家建設服務的辦學指導思想

新中國成立後，在教育思想上徹底摒棄了舊中國教育為少數人服務的指導思想，確立了向工農開門，為工農群眾服務的辦學方針。《共同綱領》規定：「中華人民共和國的文化教育為新民主主義的，即民族的、科學的、大眾的

文化教育。人民政府的文化教育工作，應以提高人民文化水平，培養國家建設人才，肅清封建的、買辦的、法西斯主義的思想，發展為人民服務的思想為主要任務。」1949 年 12 月召開的全國教育工作會議和 1950 年 6 月召開的第一次全國高等教育會議，以及 1950 年 9 月召開的第一次全國工農教育會議，都遵照《共同綱領》的文教政策，明確規定了新中國的教育必須為勞動人民服務，學校必須為工人農民及其子弟開門的方針，強調必須徹底摒棄那種只為少數人辦學的舊的教育思想。

依據新的教育指導思想，人民政府對舊學制進行了改造。1951 年 10 月 1 日，政務院頒發了《關於改革學制的決定》，提出為改正原有學制的缺點，有必要與可能確定原有的和新創的各類學校的適當地位，改革不合理的年限與制度，並使不同程度的學校相互銜接，以利於廣大勞動人民文化水平的提高、工農幹部的深造和國家建設事業的發展。新學制的主要特點是突出了教育為國家建設服務的方針。學制明確規定了技術學校、專門學院、專科學校和專修科的適當地位和制度，以適應培養大量國家建設人才，首先是技術人才的需要；突出了學校向工農開門的方針，把工農幹部學校按程度分別納入正規的學校系統之內，保障了工農幹部和群眾受教育的機會。這是對舊有教育制度最為徹底的改造。

為了使知識分子擺脫舊思想的束縛，樹立為勞動人民服務、為國家建設服務的思想。黨和政府對知識分子實行了團結、教育、改造的方針。1951 年 10 月 22 日，毛澤東在政協第一屆全國委員會第三次會議上提出：「思想改造，首先是各種知識分子的思想改造，是我國各方面徹底實現民主改革和逐步實行工業化的重要條件之一。」1951 年 9 月，由北京大學發起，在全國知識分子中開展了思想改造運動。

（三）對高等學校進行院系調整

這是一項規模龐大、影響深遠的工作。舊有高等教育的缺陷是人文學科膨脹，重複設置嚴重，這與新中國將要開展大規模的經濟建設，急需大批專業人才的現實不相適應。黨和政府決定從 1951 年年底開始，以蘇聯高等教育模式為樣板，對全國高等學校分期分批進行院系調整。確定的調整方針是

以培養工業建設幹部和師資為重點，發展專門學院和專科學校，整頓和加強綜合性大學。

1951 年冬，全國工學院院長會議討論了工學院的調整方案。此後，調整工作逐步開展起來。第一批調整從北京開始。具體是將北京大學工學院、燕京大學工科各系併入清華大學。清華大學的文、理、法三個學院和燕京大學的文、理、法各系併入北京大學，撤銷燕京大學。將輔仁大學撤銷，其系科併入北京師範大學。並將各校中的一些性質相同或相近的系科加以調整合併。在此基礎上新設立了專業對口性很強的北京地質學院、北京鋼鐵學院、北京礦業學院、北京石油學院、北京航空學院、北京農業機械化學院、北京林學院、北京農業大學、北京醫學院以及中央財政金融學院、北京政法學院、中央民族學院等。從 1952 年下半年起，東北、華北、華東、中南、西南、西北地區也相繼進行了院系調整。調整後，全國共有高等學校 184 所。其中綜合大學（文、理）14 所，工科院校 38 所，師範院校 33 所，農林院校 29 所，醫藥院校 29 所，財經院校 6 所，政法院校 4 所，語文院校 8 所，藝術院校 15 所，體育院校 4 所，少數民族院校 3 所，氣象專科院校 1 所。1955 年，為了使高等學校佈局趨於合理，改變高等學校過分集中在沿海、大城市的狀況，高等教育部決定將沿海地區一些高校的同類專業、系科遷至內地建校。經國務院批準，在武漢、蘭州、西安、成都等城市設置了一批新校。

建國初期的院校調整，奠定了新中國相當長一個時期高等學校的基本格局。調整後的院校佈局有所改善，任務和性質明確起來，招生規模大幅度提高，為培養國家建設所需要的各類人才奠定了基礎。但是，由於機械地照搬蘇聯做法，過分強調專業教育而批評西方的通才教育，致使文理科分割，妨礙了學科間的融合、滲透。政法、財經等多種學科被裁撤，造成了新的學科結構和人才結構不合理。這些負面影響隨著時間的推移而日漸顯露。

三、文化領域的三場批判運動

1951—1955 年，黨在文化領域先後開展了對電影《武訓傳》的批判、對俞平伯《紅樓夢》研究觀點的批判和對胡風文藝思想的批判。

電影《武訓傳》描寫的是清朝末年貧苦農民武訓用三十多年時間「行乞興學」的故事。影片於 1951 年 1 月在上海、北京、天津等城市放映，引起了各界特別是教育界的廣泛好評。三大城市的報刊在兩三個月內連續發表了四十多篇評論文章，認為《武訓傳》「是一部具有思想性的影片」「說明了在兇殘的封建地主階級統治下，被壓迫與被損害者的奮鬥史」。在一片讚譽聲中，《文藝報》於 4 月發表了《不足為訓的武訓》一文，表示了不同的觀點。

5 月 20 日，《人民日報》發表了毛澤東親自撰寫的社論《應當重視電影〈武訓傳〉的討論》。社論措辭非常尖銳，認為：「《武訓傳》所提出的問題帶有根本的性質。像武訓那樣的人，處在清朝末年中國人民反對外國侵略者和反對國內的反動封建統治者的偉大鬥爭的時代，根本不去觸動封建經濟基礎及其上層建築的一根毫毛，反而狂熱地宣傳封建文化，並為了取得自己所沒有的宣傳封建文化的地位，就對反動的封建統治者竭盡奴顏婢膝之能事，這種醜惡的行為，難道是我們所應當歌頌的嗎？」社論還認為：「電影《武訓傳》的出現，特別是對於武訓和電影《武訓傳》的歌頌竟至如此之多，說明了我國文化界的思想混亂達到了何等的程度！」「資產階級的反動思想侵入了戰鬥的共產黨，這難道不是事實嗎？」社論一出，整個文化界為之震驚。

同日，《人民日報》發表了《共產黨員應該參加關於〈武訓傳〉的批判》的評論，號召共產黨員積極參加這場思想鬥爭。於是，各地各部門紛紛召開座談會、批判會，各報刊登載了大量的批判文章。從 5 月底到 7 月，全國掀起了批判的高潮。

在批判中，電影《武訓傳》被認為是有意識地「用武訓這具殭屍欺騙中國人民」，是「借屍還魂向革命的新中國挑戰」。批判者認為，武訓處於清朝末年中國人民反對外國侵略者和反對國內的封建統治者的時代，卻置身於革命潮流之外，幻想以行乞興學的辦法求得出路。他的所作所為，不可能使農民群眾所受的壓迫有所減輕，甚至還起了宣傳封建文化的作用。聯繫當時正在進行的抗美援朝、土地改革和鎮壓反革命運動，批判者認為，電影《武訓傳》是用資產階級改良主義的觀點來理解中國近代的歷史，容忍這種改良主義思想的宣傳，必然會造成思想上的混亂，不利於三大運動的進行。

由於批判文章一擁而上，上綱很高，把學術文化問題當作政治鬥爭並加以尖銳化，使正常的討論很難開展。然而，這場運動促使了整個知識界不得不去思考如何適應新的形勢，掌握和運用馬克思主義等一些重大問題，它直接引發了 1951 年秋的知識分子思想改造運動。

繼對電影《武訓傳》的批判以後，黨和毛澤東又發動了對俞平伯《紅樓夢》研究觀點的批判。

1954 年 9—10 月，山東大學學報《文史哲》和《光明日報》先後發表了李希凡、藍翎合寫的《關於〈紅樓夢簡論〉及其他》和《評〈紅樓夢研究〉》兩篇文章，對紅學家俞平伯的著作提出批評。毛澤東對此非常重視，於 10 月 16 日給中央政治局及有關人員寫了一封信。信中稱李希凡、藍翎的文章是「三十多年以來向所謂《紅樓夢》研究權威作家的錯誤觀點的第一次認真的開火」，要求對俞平伯「這一類資產階級知識分子」的「毒害青年的錯誤思想」予以批判，並由此而開展「反對在古典文學領域毒害青年三十餘年的胡適派資產階級唯心論的鬥爭」。據此，各報刊和有關部門迅速組織發起了一場批判俞平伯的運動。

在批判中，俞平伯被指責為「骨子裡的立場、觀點和方法」是「士大夫階級意識和買辦思想的混血兒」。其思想本質是「外國帝國主義的奴化思想和中國封建主義的復古思想的反動同盟」，在古典文學研究領域中向馬克思列寧主義思想進攻的一種具體表現。認為俞平伯的著作使胡適的實驗主義在中國學術界得以「借屍還魂」。因《文藝報》為李希凡、藍翎文章所加的編者按沒有採取一邊倒的意見，《文藝報》也被斥責為「資產階級貴族老爺式的態度」，其編者按則被認為是黨內出現的向資產階級投降的代表作。

無論是對電影《武訓傳》的批判還是對俞平伯學術思想的批判，黨和毛澤東的意圖都是想從批判具體的文學或文藝作品入手，進而對資產階級唯心主義思想進行清理，促使從舊社會過來的知識分子學習和接受馬克思主義，確立無產階級的世界觀和方法論。但是問題在於，以政治批判和群眾運動的方法，很難從根本上解決複雜的思想認識問題。無論是電影《武訓傳》的創作人員還是俞平伯先生，都是一貫擁護和親近中國共產黨的愛國知識分子。

兩場批判運動不僅在精神上傷害了他們，而且挫傷了一大批知識分子的積極性，嚴重妨礙了學術和藝術的發展。歷史證明，這兩場批判運動是武斷的和片面的，造成了嚴重的消極影響。

1955 年，文藝界又展開了對胡風文藝思想的批判。胡風是長期參加左翼文藝運動的進步文藝理論家。對於胡風的文藝思想，在文藝界歷來有不同的意見。由於與周揚等人存在歷史糾葛，胡風認為自己受到了壓制。1954 年 7 月，胡風等人向中央遞交了《關於解放以來的文藝實踐情況的報告》（後來被稱為「三十萬言書」）。這份報告闡明了自己的文藝觀點，陳述了自己所受到的種種打擊，指責周揚等人在文藝界搞宗派主義。中央和毛澤東認為，胡風的文藝思想屬於資產階級唯心主義的性質。1955 年 1 月，中宣部向中央作了《關於開展批判胡風思想的報告》。經中央批準，中國作家協會主席團將胡風的「三十萬言書」在文藝界公佈。從 2 月開始，報刊上對胡風的文藝思想展開了全面的批判。

1955 年 5 月，批判的性質發生了變化。根據舒蕪交出的一批胡風過去寫給他的私人信件，毛澤東的看法發生了根本轉變，胡風等人被定性為「反黨集團」。5 月 13 日，《人民日報》發表了胡風《我的自我批判》和《關於胡風反黨集團的一些材料》兩篇文章。前者加有毛澤東親自所寫的編者按，後者是胡風寫給舒蕪的一批私人信件。編者按指出：「從舒蕪文章所揭露的材料，讀者可以看出，胡風和他所領導的反共反人民反革命集團是怎樣老早就敵對、仇視和痛恨中國共產黨的和非黨的進步作家。」「假的就是假的，偽裝應當剝去。」5 月 24 日、6 月 10 日的《人民日報》又先後刊登了胡風「反黨集團」的第二、三批材料。三批材料不久被彙編成《關於胡風反革命集團的材料》一書，「反黨集團」的字樣一律改為「反革命集團」。

隨著三批材料的公佈，全國範圍內開展了肅清胡風「反革命集團」的鬥爭。7 月，又開展了肅反運動。對於胡風及其支持者，從文藝思想的批判上升為對敵鬥爭。1955 年 5 月 18 日，經全國人大常委會批準，胡風被逮捕。5 月 25 日，全國文聯主席團和作協主席團聯席擴大會議透過決議，開除胡風的中國作協會籍，撤銷其文聯委員、作協理事和《人民文學》編委的職務。

胡風一案是依據私人信件，在沒有核實事實的情況下被定為「反革命集團」性質的。此案株連甚多，幾乎所有同胡風有過一些接觸的人，或受批判、或作檢查，關係較密切的人絕大部分都曾被捕、被拘留或停職反省。這種做法完全混淆了敵我、敵友界限，混淆了兩類不同性質的矛盾，造成了新中國成立以後思想文化領域的一大冤案。1979 年 1 月，胡風獲釋出獄。1980 年和 1985 年，中共中央先後兩次發文，為胡風案件徹底平反。

知識分子思想改造運動

發生於 1951 年秋至 1952 年秋的知識分子思想改造運動，曾與土改、鎮反、抗美援朝、增產節約運動在一起被稱為建國初期的五大運動。可是長期以來，這個運動在黨和國史研究中卻沒有受到足夠的重視，即便有些論著有所涉及，也只是針對運動前一階段的京津高校教師思想政治學習，而對後一階段，即結合「三反」開展的「人人過關」的批判和組織清理則很少有人提及。在國際學術界有一定影響的《劍橋中華人民共和國史（1949—1965 年）》，雖專門辟有「黨與知識分子」的章節，但從敘述中可以看出它對這一運動也是不甚了了。

新中國成立以來，黨在對知識分子的認識上曾經走過一段很長的彎路。今天，反思建國初期的知識分子思想改造運動，對於認清在知識分子問題上「左」的錯誤發生、發展的歷史軌跡，對於正確理解黨的十一屆三中全會以來黨的知識分子政策，無疑是有益的。

一、知識分子思想改造運動發生的背景

（一）建國初期知識分子的思想狀況

建國初期的知識分子群，主要分為兩類，即來自解放區的知識分子和從舊社會過來的知識分子，包括各類專家、學者、教授等。前者由於長期受黨的教育，政治思想已煥然一新，當然，他們也有不斷改造自己的問題；後者是知識分子隊伍中最主要的組成部分，知識分子問題突出地表現為他們的問題，所謂改造，主要是針對這一群而言。

從舊中國過來的知識分子，普遍不滿於國民黨的腐朽統治，很多人同情或參加過反蔣的民主運動。一些知名學者，在蔣介石政權崩潰之際，不受威脅利誘，拒絕去美去臺。新中國成立後，面對天翻地覆的社會變革，知識分子的思想無不受到巨大衝擊，總的來說有以下幾種情形。

1. 積極投身新社會，對黨和政府有認同感

如馮友蘭、梁思成、老舍等，這一類是知識分子中的主流。他們以極大熱情，忙碌於新中國的各項事業之中。新中國的嶄新面貌使他們深受鼓舞。從美國歸來的老舍在給美國友人的信中說：「北京現在很好，通貨膨脹已經過去，人人都感到歡欣鼓舞，食物也充足，人們開始愛新政府了。」「對於新中國，有許許多多的事情可以說，總的可以歸結為一句話：政府好。」面對新的時代，一些人已經認識到了自身的不足與差距，希望改造自己，但又苦於一時找不到方法。燕京大學歷史系教授侯仁之的話很能代表這一類心情，他說：「在學習當中，我曾經把自己比做一個帶病求醫的人，至於如何去醫治自己的病，那我就不知道了。」

2. 對大的社會變動不適應，有失落感

如吳宓，武漢解放前夕，大家興高采烈地迎解放，五十五歲的武漢大學中文系主任吳宓卻在學校公告欄貼出一張用毛筆正楷小字書寫的告別信，大意說自己既不滿國民黨的腐敗與獨裁，又因年老不能經受大的社會變革，因此決意西入巴蜀從一位禪師剃度為僧。後因高僧認為他「俗緣未了」，不允入空門，只好入西南師範學院任教。

3. 對黨的方針不理解，看不慣

歷史學家白壽彝曾認為實行「一邊倒」外交政策，「豈不是沒有民族自尊心了嗎」？有的人對朝鮮戰局表示不耐煩，認為報上反映「千篇一律」。20 世紀 50 年代初期，政治氛圍濃烈，很多以「只問學術，不問政治」為安身立命的學者，不免發生諸多的看不慣。新中國成立之初，中共中央就向全國發出學習與宣傳馬克思列寧主義和毛澤東思想的號召。1951 年 5 月，中央召開全國宣傳工作會議強調，要「在全國範圍內和全體規模上宣傳馬列主

義」。1951 年 7 月 1 日，在黨成立三十週年之際，《毛澤東選集》第一捲出版，更加促進了全國各界政治學習的熱潮。黨的這些舉措，對於普及馬克思主義教育和學習是必要的，然而在聲勢浩大的學習熱潮中，也出現了人人言必稱馬列，著文論說機械搬用政治術語的風氣。陳寅恪當時曾有詩一首，諷刺這種現象：「八股文章試貼詩，遵朱頌聖有成規。白頭學究心私喜，眉樣當年又入時。」詩中嘲笑當年的八股文現在又入時了。今天回味當時知識分子這一類「牢騷怪話」，一方面，可以看出他們與時代確實有距離，另一方面，倒也能幫助後人全面認識那個真誠中透著單純、熱烈中不乏偏頗的年代。

還有不少知識分子，以「超階級」「超政治」的觀點自居，認為「國民黨時我教書，日本人來了我教書，共產黨來了我還是教書」。好像政治與己無關。很多人對新中國的變化持懷疑、觀望態度。據上海教育部門反映，教授中相當普遍地存在著做客思想，缺乏主人翁態度。

(二) 團結、教育、改造的政策

這一政策是黨在新民主主義革命時期逐步形成的。毛澤東曾說：「民主革命運動中，知識分子是首先覺悟的成份。」為此，要大量吸收知識分子加入革命隊伍。同時，要求知識分子與工農大眾相結合，以改造自己的立場、思想、感情。據此，奠定了團結、教育、改造知識分子政策的理論基礎。

比較完整地表述這項政策是在新中國成立前後。1948 年 1 月，任弼時在西北野戰軍前委擴大會上曾指出，對知識分子「應採取保護他們的政策，並且應當儘量爭取他們為人民共和國服務」「我們一面使用這批知識分子，一面教育和改造他們」。同年 7 月，中央在給新華社的一份電文中指出：「爭取和發展知識分子，是我黨重大的任務。」毛澤東指出：「對知識分子，要辦各種訓練班，辦軍政大學、革命大學，要使用他們，同時對他們進行教育和改造。」

在這一政策的指導下，新中國成立之初，黨和政府對二百多萬名知識分子採取了「包下來」的政策，讓絕大多數人繼續原來的業務，並在經濟上予以適當照顧，在政治上重用許多知名學者。黨採取了兩項主要做法：一是開辦各種學習班、訓練班，設立革命大學、軍政大學，集中一段時間，組織知

識分子學習新知識。據不完全統計，僅 1949 年就有二十餘萬人參加了這類學習。二是組織知識分子參加土改、鎮反、抗美援朝等社會實踐。許多人一經走出象牙塔，與實踐接觸，思想就發生了很大轉變。北大工學院院長馬大猷說：「兩年的工作和學習使我的思想有了很大轉變，尤其是參加土地改革工作的經驗，使我更加認識了人民政府一切政策的正確性，對階級立場、群眾路線等也有了進一步的體會。」

「團結、教育、改造」的政策既已確立，知識分子思想改造運動的發生實際已是早晚之事。

　（三）對舊的文教事業的改造

舊中國文教事業的缺陷是很明顯的：基礎教育落後，教育界與社會相隔離；高等教育大多為帝國主義所控制；教育思想中充斥西化買辦的內容；學校的地理分佈不合理；學科發展不平衡，人文學科膨脹而科技學科薄弱等。新中國成立後，對舊有文教事業的改造勢在必行。依據《共同綱領》關於「人民政府應有計劃有步驟地改革舊的教育制度、教育內容和教學方法」的規定，政府謹慎地採取了接辦部分教會學校等措施，並開始著手高校院系調整工作。黨認為改革舊有文教事業的關鍵是對知識分子的思想改造。因為當時大學裡的很多教師直接或間接地接受了歐美文化的熏陶，他們對於在教學中如何貫徹馬克思主義的教學原則，如何按照黨的要求培養學生既有專業知識又有高度的政治覺悟，是不懂得的。並且在具體教學過程中存在著與實際相脫離的情況。如有些醫學院的教授，可以把非洲、澳洲等處特有的病症說得很詳細，而講到中國社會常見病症時反而很簡略；有的講授植物病蟲害的教授可以把美國各地病蟲害說得頭頭是道，而對於中國農村普遍存在的病蟲害情況卻顯得非常隔膜。所以，只有首先改造知識分子自身，才能真正改造文教事業。

總的來看，在建國初期那樣一個新舊社會交替之際，黨希望和要求知識分子擺脫舊中國的影響，適應新中國的需要，這是符合歷史發展的邏輯與規律的。另外，中國知識分子追求真理的天性，使得他們渴望改變舊我，渴望與新時代同步，他們有接受改造的要求（事實上運動也正是他們自身發起的），這是我們考察這一段歷史時不應忽視的一個基本情況。可是後來的歷

史發展表明，雖然雙方對「改造」的必要性有著一致的認同，但對「改造」本身的理解卻有著很大的不同！

從 1949 年下半年開始，北大等高校已開始出現批判胡適主義、實證主義等舊治學方法的文章。1950 年，北京學術界結合對唯心主義學術思想的批判，一些學者公開作了自我檢查。其中馮蘭友和費孝通等人在報上發表的自我批評文章，在學術界產生了相當大的影響。

1951 年 5 月 20 日，《人民日報》發表社論《應當重視電影〈武訓傳〉的討論》，社論措辭嚴厲，批評尖銳，令整個文化思想界震驚。此後三個月，全國範圍內對《武訓傳》的批判達到了高潮。這場批判運動，把學術文化問題當作政治鬥爭，誠如胡喬木後來所評價的，是「非常片面的、非常極端的、也可以說是非常粗暴的」，但是當時它確實促使知識界不得不去思索一些重大問題：如何才能真正掌握和運用馬克思主義，如何才能用無產階級思想而不是資產階級、封建主義思想去指導工作？整個知識界在沉思。在這樣的背景下，1951 年秋季的知識分子思想改造運動就呼之欲出了。

二、運動的第一階段：思想改造學習

北京大學，總是以其活躍的身影閃現在中國近現代史的各個關頭。思想改造運動就是先由北大肇始。

1951 年 6 月 1 日，馬寅初出任北大校長。他上任後很快發現，教師們一方面有熱情，願意接受新思想，改造舊北大；另一方面思想狀況也很複雜，致使一些具體工作不易開展。如討論院系調整時，都強調「以我為主」，各不相讓；討論改革舊教育內容和教育方法時，或崇尚歐式教育、或崇尚美式教育，而對於把教育同中國實際相結合則缺乏瞭解或不以為然。針對這個情況，馬寅初等校領導認為有必要在全校教職員中統一思想，於是利用暑期組織教職員進行了四十多天的政治學習。暑期學習效果明顯，人們精神面貌和工作效率都有改善，這使馬寅初等人深受啟發，又進一步倡議在全校教職員中開展一次政治學習運動。他們認為，「必須按照國家的需要，徹底地調整院系、改革課程、改進教學內容與教學方法」「而要達到這一目的，一個最

重要的關鍵，就是要使全校師生都能真正認識到改革的必要，自覺自願地進行思想改造。使我們自己能更好地為人民服務」。

9月3日，中央人民政府召開政府委員會議，會後，馬寅初向周恩來匯報了北大政治學習的情況。當馬寅初談到可以以北大為試點，如果效果好，這個運動還可普遍推廣，周恩來對此表示肯定，並囑馬將意見寫成書面材料上報。在與會者就餐時，周恩來又把馬寅初帶到毛澤東面前作了匯報。9月7日，馬寅初向周恩來作了書面報告，報告稱北大教授中的新思想者，如湯用彤副校長、張景鉞教務長、張龍翔秘書長等十二位教授，發起北大教員政治學習運動，「他們決定敦請毛主席、劉副主席、周總理、朱總司令、董必老、陳雲主任、彭真市長、錢俊瑞副部長、陸定一副主任和胡喬木先生為教師。囑代函請先生轉達以上十位教師」。9月11日，毛澤東在馬寅初的信上批示：「這種學習很好，可請幾個同志去講演。我不能去。」

黨對這一事件的反應是及時而迅速的。中央認為這種政治學習有必要在全國高校推廣，決定首先在京津兩市的北大、清華、北師大、燕京大學、北農大、輔仁大學、北方交大、華北大學工學院、協和醫學院、北大醫學院、天津大學、南開大學、津沽大學、中國礦業學院、河北師範學院、河北醫學院、河北水產專科學校、外國語學校、中央美術學院、中央音樂學院二十所院校中展開。中央指定由彭真、胡喬木負責領導，由錢俊瑞、蔣南翔、楊奇清、金城、宋碩等成立一小組負責組織這場學習運動。行政上在中央教育部成立「京津高等學校教師學習委員會」，馬敍倫部長任總學委主任，錢俊瑞、曾昭掄副部長任副主任，委員由各高校主要領導組成，計有馬寅初、林礪儒、陳垣、葉企孫、陸志韋、孫曉村、茅以升、楊石先、劉錫瑛、張國藩、曾毅、胡傳揆、李宗恩、蔣南翔、劉仁、黃松齡、劉子久、胡耐秋、張宗麟、張勃川、郝人初二十一人。天津成立了總學委「天津總分會」，各高校成立學委會分會。這樣，京津各高校的教師思想學習改造運動開始全面展開。

在各院校紛紛進行學習討論時，9月24日，周恩來召集彭真、胡喬木、陽翰笙、齊燕銘、蔣南翔開會，詳細研究了運動的目的、內容、方法。會議認為學習運動的目的是改造思想，用改造思想來推動學校改造。值得注意的

是，會上提出應從政治學習入手，逐步發展到組織清理，但要慎重，勿求速成。學習時間定為四個月。學習內容是學習馬列主義、毛澤東思想，清除帝國主義、封建主義、官僚資本主義的影響，劃清革命與反革命的界限，批判資產階級思想，樹立為人民服務的思想，確立工人階級思想在政治思想上的領導地位。學習方法是透過聽報告、閱讀文件，聯繫本人思想和學校狀況，開展批評與自我批評。

9月29日下午，周恩來向京津各高校的三千多名教師作了題為《關於知識分子的思想改造》的報告。周恩來從自身經歷講起，談到自己在三十多年的革命生涯中也曾犯過錯誤、栽過跟頭、碰過釘子，但是從不灰心，因為犯了錯誤可以檢討，認識錯誤的根源，從而在行動中改正錯誤。所以，「只要決心改造自己，不論你是怎麼樣從舊社會過來的，都可以改造好」。在激勵知識分子的同時，周恩來又指出，「改造需要時間，一下子要求很高、很快，這是急躁的，不合乎實際的。應該由淺入深、循序漸進」。然後，他講了七個問題：一是立場問題。他要求知識分子樹立「為絕大多數人民的最高利益著想的人民立場」，雖然知識分子一般都有民族立場，但這還不夠，還要「從民族立場進一步到人民立場、更進一步到工人階級立場」，當然這要有一個過程，一方面「要促進這個發展過程，推動知識分子的進步」；另一方面，要「防止這個過程中可能發生的各種偏差」。二是態度問題。首先要分清敵我友，對世界形勢必須要有明確的態度。「關於態度問題，我們歷來主張靠自己覺悟」「在學習中，對某一個問題持懷疑的態度是可以的，因為真理並不是一下子就能被人接受的」，但不允許敵視新中國。三是為誰服務的問題。就是要為人民服務。為人民服務就是為我們的國家，為我們的民族，為我們的美好將來，為全人類光明的前途服務。四是思想問題。周恩來主要針對知識分子普遍存在的個人主義和自由主義，強調要改造這一類舊思想。為了改造自己，要經常解剖自己的思想。五是知識問題。指出知識分子一個大毛病就是自負，不重視活的知識，不重視實踐。所以知識分子要「補課」，「除去研究馬列主義的書本知識以外，更重要的就是去實踐」。六是民主問題。人民民主專政的政權，在人民內部實行民主，對反動派實行專政。「我們的民主，不是極端民主化，還要有集中。」七是如何開展批評與自我批評。

　　周恩來特別強調思想改造要靠自覺，他專門以他的老師張伯苓為例。張伯苓系原南開大學校長，晚年曾任國民黨考試院院長，他與周恩來的關係很親近。新中國成立後許多知名人士在報上公開聲明與國民黨劃清界限，擁護共產黨，周恩來並沒有勉強張伯苓這樣做，後來張伯苓逐漸認識到新中國的好處，周恩來「仍然沒有請他寫個東西」，因為他覺得改造思想要有耐心，「一個人的進步要等他自覺地認識以後才最可靠」。

　　周恩來的講話親切誠懇、精闢透徹，在京津高校教師中引起巨大反響，大家由對周恩來闡述道理的折服，倍感學習改造的必要。老教授陳垣說，「聽了周總理的報告，有好些話正中我的毛病，真是搔著癢處，我更覺得要徹底清理自己的思想，老老實實，從頭學起」。馬寅初感慨道：「周總理以自我批評的精神坦白地說出了自己的社會關係，聽者莫不感動。以這樣的辦法來領導知識分子的思想改造，在我看來是最有效的。」

　　但也有一些人有不同看法。有人認為「壞人才需要改造，我們不需要」「什麼改造不改造，我不早就為人民服務了嗎？」有人對批評與自我批評的方法不以為然，覺得批評自己難，批評別人是「狗咬狗一嘴毛，沒啥意思」。對思想改造運動的牴觸情緒從一開始就存在著。

　　繼周恩來報告之後，彭真、胡喬木也先後作了輔導報告，推動了運動深入發展。各高校成立了由行政、黨、團、工會及教師代表參加的學委會，下設辦公室，負責人多為黨員負責幹部。京津唐三千八百多名教師普遍加入學習。各校按系或按組成立學習小組，聯繫自己思想進行檢討。馬寅初、陸志韋、周培源、陳垣、梁思成、白壽彝等許多著名學者紛紛在報上撰文做自我檢討。總學委會出版了《教師學習》週報，發給每名教師一份，以供指導。各校有油印或沿印學習小報、牆報。各院校學委會每日向總學委電話匯報一次，三日做一次書面匯報。總學委還每日派人到各校瞭解情況。總學委指定的學習文件主要有以下幾種：列寧的《論紀律》《青年團的任務》；斯大林的《十月革命的國際性質》《與美國作家威爾斯的談話》《論自我批評》；毛澤東的《新民主主義論》《改造我們的學習》《反對自由主義》《在延安文藝座談會上的講話》；劉少奇的《論共產黨員修養》等。

　　各高校迅速呈現出一派熱烈學習的景象。從清華大學華羅庚教授的話中可以想見當時的情景，他說：「近幾週來整個的清華園已經捲入了學習高潮，所有的工作人員都是如饑如渴的要求進步，這種氣氛已經滲透到我們日常生活之中；近來我們的談論中心也都集中到怎樣才可以把清華現有的力量，更有效地為人民服務的問題上來。……並且一般都認識了，我們學校的進步，遠遠地落後在各種建設之後。認識到我們不能以我們現在的教育方式——牛車的輪子，去配上飛速的經濟建設——奔馳的列車。」

　　1951 年 10 月 23 日，毛澤東在政協一屆三次會議上指出：「在我國文化教育戰線和各種知識分子中，根據中央人民政府的方針，廣泛地開展了一個自我教育和自我改造的運動，這同樣是我國值得慶賀的新氣象。……思想改造，首先是各種知識分子的思想改造，是我國在各方面徹底實現民主改革和逐步實行工業化的重要條件之一。因此，我們預祝這次自我教育和自我改造運動能夠在穩步前進中獲得更大的成就。」在毛澤東熱情洋溢的號召下，各界知識分子紛紛加入了思想改造行列。

　　11 月中旬，中宣部就文藝界整風問題向毛澤東和中央作了報告，指出文藝界存在的三個缺陷：一是遷就資產階級、小資產階級，放棄思想鬥爭和思想改造工作，缺少對思想工作的嚴肅性；二是脫離政治，脫離群眾。三是嚴重的自由主義，缺乏批評與自我批評，缺乏學習。為此，中宣部決定在文藝界開展整風學習運動。全國文聯決定組織學習委員會，負責領導北京文藝界的學習。根據中宣部的報告，中央於 11 月 26 日發出《關於在文學藝術界開展整風的指示》，要求各地「仿照北京的辦法在當地文學藝術界開展一個有準備的有目的的整風學習運動」。

　　11 月 25 日，教育部向全國教育系統發出通報，要求所有高等學校、中等學校參照京津高校的做法，在教師中開展思想改造學習運動。

　　12 月 8 日，中國科學院舉行了思想改造學習的動員會。院長郭沫若針對一些科學工作者的「超階級」「超政治」的觀點，進行了分析批評，號召科學工作者「纠正自己錯誤的思想，克服科學研究中的缺點」。

　　1952 年 1 月 7 日，全國政協發出《關於開展各界人士思想改造學習運動的決定》，要求各級政府要負責組織領導各界知識分子學習馬列主義、毛澤東思想，取得正確的革命觀點；學習黨的政策，認真開展批評與自我批評，以求糾正違反國家和人民利益的錯誤思想和行為。

　　自 10 月 23 日開始，《人民日報》《光明日報》《天津日報》《進步日報》開闢專欄，陸續刊登一些知名學者的檢討文章，這些文章造成了示範帶頭作用，批評與自我批評在知識分子中間迅速展開。一貫「愛面子」的知識分子在討論會或報刊上大膽披露心跡，自我揭短亮醜，表現出前所未有的勇氣和熱情。北大法學院院長錢端升檢討了自己自以為是，對工作忽冷忽熱、一曝十寒，深有體會地說：「必須摒棄經院式的學習方法採取批評與自我批評的學習方法，才能真正分辨新舊，分辨是非，分辨好歹，方能改造自己取得進步。」中科院植物病理研究所所長戴芳瀾檢討了自己輕視實踐、輕視勞動人民的思想，並且覺得清理自己的思想，好像洗了一個澡，去掉了很多障礙，精神上倒很痛快，不但沒有喪失反而增添了自信心，堅定了為人民服務的思想。後來作家楊絳便以《洗澡》為題寫了一部小說。當時對思想改造的形象說法是「脫褲子，割尾巴」，楊絳說：「這些知識分子耳朵嬌嫩，聽不慣『脫褲子』的說法，因此改稱『洗澡』。」

　　應當指出的是，知識分子們普遍檢討，一些學界名流的檢討文章在報上刊登，這個現象，不但是我們研究這場運動應當注意的，也是我們研究新中國成立以後中國知識分子，乃至研究整個近現代中國知識分子時都不可忽略的。檢討提供了大量的文字資料，從中可以看到當時知識分子的心路歷程，也可以品味出字裡行間的一些複雜的意味。

　　從這些標題中就可以想像文章的內容：《批判我的崇美思想》（清華大學教授葛庭燧），《我為誰服務了二十餘年》（清華大學營建系主任梁思成），《批判我的資產階級的腐朽思想》（清華大學教務長周培源），《我跳出了帝國主義的陷阱》（清華副教務長錢偉長），《批判我的「國際學者」思想》（燕京大學教授趙承信），《我的反動思想危害了人民教育事業》（津沽大學副校長李寶震）。這些文章的內容一般是剖析自己的歷史（出身、所受教

育、在舊社會的政治關係等），分析自己的思想，再談對思想改造的認識和自己的決心等。應當說許多人對黨的態度是真誠的，對新中國是熱愛的，對自己存在的缺點是有一定認識的。

但在這些檢討中確有不少過頭的現象。表現是思想「升級」的很多。一般的資產階級思想，提升為「極端反動腐朽的資產階級思想」。新中國成立前留學歐美，說成是「逃避革命」。不少人認為詞句越尖銳、自己往自己頭上扣的帽子越大，就是覺悟越高。有些分析太簡單，道理上不能說服人。梁思成新中國成立前曾在美國經費資助的「北平美術社」做過學術演講，他檢討這件事時說：「事實明明白白地擺在這裡，如果中國的主權沒有保障，這種向帝國主義匪盜講解我國文物精華的行為只是開門揖盜，只會引起帝國主義對我國人民更殘暴的掠奪。我歸根是為他們服務的。」輔仁大學副教務長林傳鼎則認為：「我過去教書用英文寫綱要，……甚至於鼓勵學生用英文寫報告，可以說是中了西方資本主義文化的毒。」

特別是這裡有一個如何看待帝國主義對舊中國的文化侵略問題。因為許多知識分子曾留學歐美，為了劃清界限，站穩立場，他們一般都承認自己是帝國主義文化侵略的工具。舊中國的文教事業確實在很大程度上受到帝國主義的控制（主要是美國），一些大學和研究機構因為經費來自外國而受其操縱。新中國成立之初，黨和政府收回教育主權，逐步割斷了文教機構同帝國主義的聯繫，從根本上改變了舊教育為帝國主義服務的性質。但在這個過程中也有一些「左」的偏差，如沒有把文化侵略與文化交流區別開，有些學校甚至同外國大學交換圖書、資料的工作也中斷了。在這樣的情況下，加上國際上有美蘇兩大陣營的對峙，中國採取的是「一邊倒」的外交政策，黨號召要徹底肅清親美、崇美、恐美的思想，這一切使當時人們的思想行為不可避免地帶上了特定的時代印記。當然，認為要學生用英語寫作就是崇洋媚外，認為蘇聯某些生物學說是「無產階級」的，而西方科學家的一些生物學說是「資產階級」的，在當時也是簡單和片面的。但是諸如西方國家與舊中國文教聯繫中哪些屬於文化侵略，哪些屬於文化交流，在教會學校任職是否就一定是帝國主義文化侵略的工具以及這類學校的辦學經驗是否無一可取之處，這類問題要求急於站穩立場的知識分子在當時作出全面準確的回答也是不現

實的。運動的領導人也覺察到了這方面的問題，胡喬木曾指示要以研究文件為主，避免就事論事。

有認識侷限方面的問題，也有運動中「隨大溜」「表態」的問題。群眾運動是一個複雜的現象，運動一起，同聲齊和，事物的真相有時就不一定看得真切。中央雖主張不追不逼，認識靠自覺，然而運動高潮一來，形勢本身就容易形成一種壓力。人的心理有一定的從眾性，知識分子也不能例外。既然要求檢討思想、劃清界限，有的人也就跟著表態，而其實所說的與所想的又不盡符合，民盟中央常委鄧初民曾指出過這種現象：「還有個別的人在學習小組會上，也來了一番沉痛的自我檢討，在報紙上也寫了一些自我批評的文章，但也不能說這就完成了自己的思想改造。」

思想改造，尤其是知識分子的思想改造，的確不是容易的事。正如燕京大學侯仁之教授所說，長期以來（往往是幾十年），他們「腦子裡早已形成了一整套根深蒂固的思想體系」「思想常常在這個體系之中來回打圈子，而永遠沖不出它的範圍」；雖然很多人決心「另外鋪設新的軌道，使自己的思想列車在新的軌道上向前開行」，但這顯然不是一蹴而就的。黨對這種情況是瞭解並有所思考的。

1951 年 11 月 3 日，此時運動已開展了近三個月，中共中央發出了由彭真負責起草的《關於在學校中進行思想改造和組織清理工作的指示》，這是黨在分析了正在開展中的運動的情況，為了掌握引導下一步的方向而作出的重要指示。這個文件值得注意的有以下幾點。

第一，文件在提到此次思想改造時用了「初步的」的定詞，指出「初步的思想改造工作，主要是指分清革命與反革命，建立為人民服務的觀點，用批評與自我批評的方式，進行自我教育和自我改造，拋棄原來反動的或錯誤的階級立場等這些一般的同時也是最根本的東西」。

第二，文件明確提出運動的兩個目的，即初步的思想改造和組織清理。前者「乃是在學校中進行清理反革命分子的思想準備」，這以後「再進行系統的組織上的清理，號召教職員和學生向國家忠誠老實地交清自己的歷史，

並檢舉所知的反革命分子」。又指出「不要過早地、生硬地發動忠誠老實交清歷史的運動」。

當時提出要在學校搞組織清理，有著這樣的歷史背景：1951年4月，華北人民革命大學開展「忠誠老實政治自覺」運動，主要是為了弄清革命與反革命，不搞思想意識問題。1951年5月21日，黨中央向各地黨政機關發出關於清理「中層」「內層」問題的指示，要求在1951年夏秋兩季，採用整風方式，對機關工作人員普遍地加以清理。如在華東局，開展了群眾性的坦白運動，兩萬七千多名機關幹部參加了審查。

第三，從這個文件本身以及運動的發展過程來看，黨是有意識有側重地把運動的範圍界定在教育界，並且運動的落腳點在組織清理。黨中央認為，在新中國成立以前，國民黨反動派曾經在學校進行了長期的反動教育，「並用欺騙、威迫和利誘的方式，在教職員和中等以上學校學生中發展了大量的反動黨團員和反動黨團所利用的外圍組織」。新中國成立後，仍有一些敵特分子利用學校做掩護進行破壞活動，如有些大學出現反動標語和爆炸事件，所以有必要對學校進行清理。另外，對於教育界以外的其他部門的知識分子思想改造和組織清理，黨認為非短期之功，故持慎重態度。如對於科學院系統，認為由於「黨的力量較弱，不如各高等學校有學生群眾，故應採取更加慎重的方式」。以後的情況表明，教育界以外的知識分子的思想改造在進行過程中，與「三反」運動結合，漸漸與其他工作相融合，運動的輪廓界限、規模聲勢均不能與教育界相比較。較為典型意義上的思想改造運動（思想改造與組織清理）主要是在教育界進行的。

正當各地按照中央文件要求開始行動之時，「三反」運動在全國蓬勃展開。面對新形勢，中央隨即又有新的佈置。

大致來說，從1951年9月—1952年1月中央發出《關於宣傳文教部門「三反」運動的指示》，這是思想改造運動的第一階段。這個階段主要內容是政治學習，開展批評與自我批評。運動的範圍主要在京津地區，參加者最初是高校教師，繼而文藝界、科技界、工商界和民主黨派的知識分子紛紛加入，形成一個各界知識分子廣泛參加的運動。

三、運動的第二階段：組織清理

1952 年 1 月，在全國「三反」運動進入高潮之際，中央發出《關於宣傳文教部門「三反」運動的指示》，指出：「『三反』運動是目前最實際的思想改造，故教育界、文藝界的思想改造學習未開始者應由『三反』開始，已開始者亦應轉入『三反』，在『三反』鬥爭中解決資產階級思想問題。」從此，思想改造運動進入了第二階段。

同年 3 月，中央又發出《關於高等學校進行「三反」運動的指示》，指出「高等學校中的『三反』運動是極其具體、深刻和有效的思想改造運動」，要求在運動中「基本上消滅學校中的貪汙浪費現象，克服官僚主義，揭發和批判資產階級思想，從而確立工人階級思想的領導權。「特別要依靠學生群眾推動教師，批判和打擊現在學校中仍普遍和嚴重存在著的各種資產階級思想（如崇拜英美、狹隘民族主義、宗派主義、自私自利、對人民國家不負責任、保守觀點等）。」

在這個指示中，中央明確要求教師「人人過關」「每個教師必須在群眾面前進行檢討，實行『洗澡』和『過關』」。並提出四類「分層過關」的辦法，即「（一）先讓大多政治思想上沒有嚴重問題的人很快過關；（二）再幫助一批思想作風上有較大毛病，但願意改正錯誤力求進步的人過關；（三）少數政治上或思想上有嚴重問題的人，在群眾的揭發、檢舉和嚴格的檢查下，進行多次反覆的檢討，然後過關；（四）直到最後每校總有極少數政治上和經濟上有極嚴重問題的人過不了關的，對於這些人行政上可按其情節給以停職調職或撤職等各種處分」。

在中央的號召下，北京各高校教師停止了政治學習，學生也被免除學期考試，集中力量，迅速開展「三反」運動。北京市成立了高等學校節約檢查委員會，黨內指定李樂光、蔣南翔、張勃川、程今吾等組成黨組，領導運動。決定在各校行政和總務部門的職員中，以反貪汙為主；在教員中針對鋪張浪費、損人利己、不負責任等思想，以反浪費、反官僚主義，批判資產階級各種腐朽思想為主；對於青年學生，主要指導他們在運動中認識資產階級腐朽思想行為對國家的危害，加強愛護公共財產教育。

　　各院校紛紛召開動員會，校長帶頭檢討。各校負責人，如馬寅初、湯用彤、葉企孫、林礪儒、陳垣等都在大會上做了一次或兩三次檢討。北大工學院院長馬大猷一次檢討未過，緊張得一夜未睡；燕京大學校長陸志韋，在會上被群眾當場檢舉其屬下三人有貪汙浪費行為，搞得非常被動。清華大學的馮友蘭，「第一次檢查承認 1949 年前有名利思想，想當大學校長，1949 年後有進步；第二次檢查以名利思想為主，還承認有反共擁蔣思想，1949 年後進步不多；第三次檢查以反共擁蔣思想為主，承認 1949 年後無進步，但只剩名利思想，沒有反共擁蔣之心。均未獲透過。其間，金岳霖、周禮全曾來看望先生，金與先生為檢查事抱頭痛哭」。小說《洗澡》曾用形象的筆墨描述了當時的情形：「校長院長之類，洗『大盆』，職位低的洗『小盆』，不大不小的洗『中盆』。全體大會是最大的『大盆』。人多就是水多，就是『澡盆』大。」

　　面對聲勢浩大的運動，青年學生積極踴躍。為了發動學生推動老師，各校將師與生按系編組，每個教授講師都在師生聯合組裡做檢討。檢討會的場面非常緊張。季羨林在四十多年後回憶說：「我生平破天荒第一次經過這個陣勢，句句話都像利劍一樣，射向我的靈魂。」燕京大學教授趙承信在第二次檢討中痛陳自己成為帝國主義文化侵略的工具，傷心落淚，全場為之感動，許多人痛哭，一學生激動之餘當場坦白自己曾參加過國民黨和三青團。這種緊張的氣氛很容易導致事物走向極端。北大工學院曾出現兩天無人領導的狀態，群眾組織了無黨無派的節約檢查委員會，在壁報上邊罵領導，形勢混亂。燕京大學在召開大會時由於沒有能掌握住群眾情緒，出現了三個職員被拉上臺罰跪的現象，面對此情此景，教師們內心受到了極大的震動。

　　可以看出，進入「三反」時期，思想改造運動的火藥味明顯加重了。中央文件中的提法和運動中的做法都表明了這一點。周恩來曾試圖制止糾正當時過火的做法。1952 年 3 月 7 日，他致信陸定一，要陸定一專門開個會議，說明思想改造是長期的，不能急，北大、清華要馬上制止急躁情緒；「三反」聯繫到政治問題時，如果是過去的事又坦白交代了，可以過關；思想問題不可能一次得到徹底解決；有些政治問題未交代，則在「三反」後另案處理。這時中央文件中也主張區別對待機關和學校的「三反」鬥爭，在學校著重於

思想批判。然而，各地在運動高潮中往往沒能把握住政策。1952 年 5 月，中南局宣傳部在給中央的報告中承認：「一般仍未能很好掌握學校特點，在「三反」中採取和機關大體相同的步驟和做法。」

　　關於貪汙浪費現象，在學校等部門不能說不存在。如北大化學實驗室自來水管漏水 7 年未修，唐代壁畫在地下室被水浸壞，協和醫學院教職員護士私拿公家藥品等，這些情況都可以批評並需要在以後的工作中總結教訓，加強管理。但是用群眾運動的方法，大搞人人過關，再加上基層幹部政策水平不高，就勢必出現較大的偏差。1952 年 4 月，華東局宣傳部關於上海高校「三反」運動向中央的報告中稱：交大 1758 名學生，初步交代手腳不干淨的有517 人，占總數近 30%。復旦教師 294 人中，不干淨的有 169 人，占總數的57.5%。教授、副教授 163 人，不干淨的 101 人，占總數的 62%。這樣的統計數字顯然有很大水分，這種做法對於真正的思想改造顯然有害無益。更有甚者，如中南地區「曾發生逼供、肉刑和變相肉刑（例如罰跪、掛牌子、「打排球」、吊打等）、隨意扣押處分等違反政策的現象」「因有些學校沒有很好交代政策，貪汙分子畏罪或受壞分子威脅而自殺的共計 17 人」。在這種情況下，無怪乎一些教師惶恐緊張，心神不定，馮友蘭一度覺得不如辭職自謀生活，閉戶著書，上海高校有些教師甚至準備改行去做生意，南昌大學教師「對思想改造持抗拒態度的占教師總數 10% ～ 15%」。

　　發動高校學生揭發批判教師的做法，是運動中值得注意的一個現象。「運用學生的力量」，既是中央的明確要求，又是各高校總結出的一條重要經驗。據 1952 年 2 月 18 日北京市委向中央和華北局的報告稱，學生群眾一起來，一些行政領導和教授就「不得不自動地或被迫地放下臭架子，進行自我檢討」。「北大的湯用彤、馬大猷、羅常培、錢端升，清華的葉企孫、周培源、潘光旦、錢偉長……，都在群眾面前檢討了自己的宗派主義、本位主義、自私自利思想，或崇美、親美思想。檢討好的，群眾讓他們過關；檢討不深刻的，群眾就不讓他們過關。潘光旦已檢討了五次，並且哭了一場，但仍未過關。」「經過這一番鬥爭，大學裡的思想發生了顯著的變化。過去被一般教授和學生們崇拜為偶像的所謂名校長、名教授，如葉企孫、陸志韋、潘光旦等都倒下去了。……」許多學生很幽默地說：「在『三反』鬥爭中，我們的旗幟倒

了。」青年學生追求進步、思想活躍、熱情奔放,這是他們的長處,用這個長處發動運動,是很容易打開局面的,但同時也容易產生強烈的衝擊力。中國向來講究「師道尊嚴」,在大學裡,教師非常注重維護自己在學生面前的形象,一些名教授更是學生心目中崇拜的偶像。當學生力量向著一貫穩定的師生關係撞擊時,對一般心靈脆弱敏感的教師們的震撼和創傷是可想而知的。聯想到「文革」,被髮動起來的學生們終於破門而出,衝向社會,這些歷史現象不能不令人深思。

有了「三反」鬥爭的鋪墊,運動發展好比趁熱打鐵、順流直下,很快轉入組織清理階段。中央向各地強調:「必須認識,如果在此次思想改造中不能達到組織清理的目的,那末,這個運動便是有頭無尾的。」

在經過三個月的思想批判和過關檢討後,北京的燕京大學、輔仁大學率先於三月底四月初發動「忠誠老實運動」,開始組織清理。北大、清華等校於五月中旬也開始進行,各校一般在兩三週內完成此項工作。領導機構仍以「節約委員會」的名義。不依靠各校行政領導,專門抽選一部分黨團骨幹組成工作組,擔任實際責任。在學校內公開號召開展檢舉揭發運動。提出的原則是「不追不逼,啟發自覺」「認真審查,寬大處理」。

以北大、清華、北師大、燕京、輔仁、北農大、重工業學校和工業學院這八所院校為例,百分之九十以上的教師和學生交代了問題。1952 年 5 月,蔣南翔在向中央的報告中,把當時所交代的問題主要分為三類:一是一般性的問題,如隱瞞年齡、學歷或隱瞞社會關係等,大多數交代的是這一類;二是政治性問題,如參加反動黨團組織,或曾有反動言論或著作,燕京大學一千五百二十九名交代者中,此類有四百一十一人;三是重大政治問題,如曾任反動黨團組織的骨幹、加入過特務組織、有血債嫌疑、叛變自首等。據 6 月北京市委向中央的報告,八校交代的屬重大政治問題者有四百三十六人,其中計反動黨、團、會道門及其他反動組織的骨幹分子一百七十四人;曾任日偽美蔣軍政憲機關要職的一百七十四人;參加特務組織的三十七人;帝國主義間諜和有間諜行為的六人;有血債的七人;叛徒及其他三十八人。北大某教授交代他曾於皖南事變前夜參加過顧祝同主持的重要軍事會議。重工業

學校某學生交代他曾於新中國成立前捕中共幹部三人交日本憲兵隊。在證件方面，交出了收發報機四架，手槍四支，軍刀匕首九把，手榴彈一枚，煙膏約五十兩及反動文件、證件、無線電零件多種。

對於各大學中一些擔任政府高級行政人員或民主黨派負責人的教授，以及一些年老或重病者，當時北京各高校採取的方針是不編入小組，不要求交代，自動交代者歡迎。

對於所有交代者的處理，是「邊坦白，邊審查，邊作結論」，隨時加以處理。最後除少數高級民主人士外，每人須重新填一張新的履歷表。有的學校運動後設立了「教師進修部」，將一些被認為落後的教授講師送去學習。少數被認為有較大政治問題的人受到了登記管制。

在研究了北京高校做法的基礎上，中央於 1952 年 5 月向各地發出《關於在高等學校中進行批判資產階級思想運動和準備進行清理中層工作的指示》，在肯定「三反」運動以來批判資產階級思想的經驗後，要求各地轉入清理中層的工作。並提出在清理工作中必須堅持「不追不逼，啟發自覺」的原則。「交代歷史應先從黨、團員開始，動員黨、團員帶頭，樹立模範然後推及黨外」「每個學校清理工作時間不要太長，以三個星期左右為宜」，必要時可以短期停課。同時要求各地在暑假前大體完成大學裡的清理工作，中學的清理工作可在暑假中進行。

遵照中央指示，各地高校相繼轉入組織清理，雖然時間進度不一致，一般都在暑假前完成。

在上海，由華東局直接掌握，按照「先公後私、重點掌握與分批前進」的原則，分三批進行。第一批以交大、同濟、復旦、華東師大為重點，第二批在滬江、震旦、聖約翰及大同四所私立大學和市立上海工專中進行，第三批在東吳法學院、上海學院等私立七院校進行。運動高潮時，上午上課，下午學習批判，搞得非常緊張，聖約翰大學中文系主任蔡振華因學習緊張，加之肺病嚴重，「以致一日之內陡然死去」，中央為此特別提醒各地注意，「今後對年老的教師和患病的教師必須多予照顧」。

在西安，西北大學、西北工學院、西北農學院、西北醫學院四所高校的清理工作於 5 月底開始，6 月底結束。西北大學採取讓幾個曾參加國民黨黨團組織的教授和學生在會上做現身說法報告，然後負責人進行政治鼓動的做法，使交代運動迅速發動。

在廣東，中山大學自 8 月 1—13 日，歷時十三天，完成清理工作。兩千四百零七名教職學生中，兩千三百六十五人交代了問題。交代人數占總人數百分之九十八。所交代的問題，多系同學、同事之間的互相檢舉。有的教授感嘆道：「自檢舉風興，人心之涼薄極矣。」

中學的思想改造運動與高校有著明顯的不同。

1952 年 4 月 17 日，中央向各地推薦了西南川北區利用寒假把中學教師集中起來進行改造和清理的做法，要求各地「在今年暑假期內，仿照川北辦法，對中學教職員進行一次思想改造與清理組織的工作」。5 月，中宣部在給華北局宣傳部的復示中認為，中學的「思想改造與組織清理固然是兩個步驟，但以在集中的領導下銜接起來進行較為妥當，也更有效」，所以兩個步驟要合為一體，「放到暑期中以集訓方式在省（市）去進行（人數太多的地區也可以集中到地委），由省委、市委（或地委）直接領導」。

在短時間內集中大批教師搞改造和清理，帶來了許多問題。一是由於沒有充分準備，思想改造難免流於形式，不少教師的檢討公式化。如瀋陽九中校長張泗洋檢討自己有名利思想，於是大家都照樣檢討自己的名利思想，許多黨團員均把入黨入團的動機說成是向上爬、為名為利。瀋陽六中代理校長丁秀玲，是市模範教師，對黨忠誠，工作一貫積極，她檢討說這些都是為名為利。丁秀玲這樣檢討後，大家議論紛紛，認為這樣一來不就是沒有好人了嗎？二是由於眾多人員集中一處，給生活管理帶來了不便。如瀋陽市暑期集中一千八百餘名教師於市內五處地方。集中後，有的宿舍由於臭蟲、蚊子很多，許多人無法入睡，白天開會無精打采。伙食管理不善，大家議論紛紛。另外還有一百多名女教師懷抱嬰兒參加會議。領導者面對這種情況，也是無可奈何，只得讓帶嬰兒的女教師和身體不好的年老教師先行檢討「過關」，讓其回家。三是由於要求過急，各地過火粗暴的事件時有發生，曾受到中央

關注的「米嘉瑞事件」就是一個典型。米嘉瑞是熱河凌源中學的老師，平時表現尚好，只是同事認為他有些驕傲。運動中他被扣上了特務帽子，在連續批鬥三天后，得了精神病，見人便握手鼓掌，又哭又笑，並站在桌子上喊：「擁護毛主席思想改造政策，打倒官僚主義的高校長。」校長將他作為反革命分子報告上級，予以逮捕，不久米嘉瑞死於獄中，十餘天后省委得知此事，馬上做了嚴肅處理並報東北局。為了提醒各地注意，中央轉發了有關這一事件的報告。

1952 年 9 月，中央發出《關於各地須做高、中、初等學校思想改造和組織清理工作的綜合報告的通知》（以下簡稱《通知》）。《通知》指出：「今年秋季開學以前，在全國百分之九十左右的高等學校教職員和百分之七十左右的中等學校教職員中已完成了思想改造和組織清理工作」，要求各地認真總結，於 10 月 20 日以前將總結材料上報。此《通知》發出後，各地陸續開始總結工作，歷時一年的知識分子思想改造運動基本結束。

關於這場運動的收穫，西南局向中央的總結報告中認為，這次知識分子思想改造運動，「一、基本上摸清了各校師生員工（主要是教師）的政治面貌。二、打垮了一向在高等學校中居統治地位的資產階級思想，使各種反動思想在群眾心目中真正成為非法的東西，在學校中樹立了黨的高度威信，並初步確立了工人階級思想領導地位。三、發展了進步力量，改變了高等學校中的政治力量對比。四、在高等學校中展開了批評與自我批評，發揚了民主，增強了團結，削弱了各種宗派，推進了各項工作」。1953 年 1 月 10 日，中央向各地轉發了西南局的報告，肯定了這一總結。

四、結束語

考察運動的整個過程，可以看出有這樣一個特點，即運動結合著運動（結合「三反」），大運動套著小運動（思想改造運動中有忠誠老實運動）。這個特點在以後的群眾運動中仍有出現。另外，以「三反」為界，運動前後階段在內容、方法上都有不同。後期的搞法，與馬寅初等人發起運動的初衷大相逕庭。

前一階段在京津地區知識分子中間普遍開展的思想改造學習運動，雖然有一定的偏差，但基本上是健康的、有效果的。知識分子透過學習，開展批評與自我批評，對於在政治上劃清界限，站穩立場，對於認識自身確實存在的缺點差距，對於打破狹隘，走出象牙塔去投身實踐，都是有幫助的。透過學習馬列和毛澤東著作，知識分子開拓了思想視野，開始嘗試以新的世界觀來認識事物，對黨和政府的方針政策也有了比較深入的體會和理解。

但是在「三反」開始以後，領導者輕率地發動群眾批判運動，搞人人過關，隨之而來的是普遍的檢舉揭發，事實證明這些做法是粗暴的、過火的，不僅不利於知識分子的思想改造，反而傷害了知識分子的感情，一定程度上造成了他們對黨的隔膜。北大教授傅鷹在 1957 年「鳴放」時曾回顧說：「黨和黨外人士關係不好，首先是由於『三反』偏差。『三反』後，教授們談話，只要來了個黨員，便都相視而笑，說些專門給黨員聽的話。其實教授們並非在罵毛主席，也許是在談梅蘭芳的貴妃醉酒。」對於傅鷹這種尖銳的批評，當時毛澤東認為是合理的。

從運動前後兩個階段的比較中我們可以得出重要的啟示：思想問題只能用說服教育的方法、民主的方法，依靠本人進行自我思想鬥爭、自我教育來解決。適當的外力幫助是必要的，但靠大搞群眾運動，效果必然適得其反。

像組織清理這樣的工作，其實大可不必以群眾運動的方式進行。新中國成立之初，學校的政治成分誠然是複雜的，許多教師或學生曾參加過國民黨的黨團組織，但這其中大多是受威逼脅迫的。一般來說，以慎重的方式進行組織清理是必要的。黨在這方面有過效果很好的先例。如重慶大學教授約一半的人參加過國民黨的黨團組織，1951 年 4 月 18 日，西南局提出，「在教授中一般不進行群眾性的坦白運動，在學校中一律停止要先生向學生坦白的做法」「教授中的反動黨團關係問題，可由本人向文教部或統戰部個別聲明解決，不必由公安機關找他們談話或登記，更不應追逼」。中央對此方法非常讚賞，於 5 月 4 日要求各地「均應酌量採用重慶的辦法妥慎地處理此項問題」。可是到了 1952 年的組織清理，90% 以上的師生坦白交代，不少地方出現亂揭發亂逮捕的情況，雖然中央一再要求不要把思想問題與政治問題混

為一談，強調要制止過火行為，但事實上已不可能。對於群眾運動的功效，當時幾乎認為是無所不能，黨是自覺地、有意識地將之作為一條重要的工作方法。

導致偏差的原因，除了方法上的因素，更有主觀認識上的因素。關於知識分子的階級屬性，當時以及以後很長一個時期認為他們的世界觀是資產階級的，屬於資產階級知識分子。關於衡量標準，毛澤東曾認為要看他們是否與工農相結合，「革命的或不革命的或反革命的知識分子的最後的分界，看其是否願意並且實行和工農民眾相結合」，並強調這是「唯一的標準」。如果說這些看法在大規模的急風暴雨式的民主革命時期有其一定的歷史合理性，那麼新中國成立以後，這些看法在理論和實踐上就顯現出很大的片面性了，新中國成立初期是一個特殊的時期，新民主主義革命的任務尚未徹底完成，黨剛從暴風驟雨式的階級鬥爭環境中走出，歷史的慣性不可能一下子消失。毛澤東曾預料說：「我們熟習的東西有些快要閒起來了，我們不熟習的東西正在強迫我們去做。這就是困難。」從舊中國過來的知識分子，無論在思想上和閱歷上都十分複雜，黨對他們是不熟悉的和缺乏領導經驗的。所以客觀地說，知識分子思想改造運動中出現一些偏差與失誤是不足為奇的，我們畢竟不能脫離當時的歷史環境而孤立地看待歷史事件。可是問題的複雜性在於：一些本可以隨著環境變化、隨著歷史發展而加以克服的失誤，不僅沒有消失，反而愈演愈烈，隨著「左」的錯誤發展，「思想改造」一詞被嚴重扭曲，幾乎成了整人的代名詞，這就不能不令人深思了。

黨的十一屆三中全會以後，黨中央為了糾正極「左」路線，曾一度不強調重提「思想改造」的口號，以免「造成一部分人歧視、批判和排斥另一部分人的錯誤做法」。鄧小平是這樣說的：「歷史不斷前進，人們的思想也要不斷改造。不僅從舊社會過來的知識分子要改造，就是新中國成立以後培養出來的知識分子也要繼續改造。不僅是知識分子的思想要繼續改造，工人農民和共產黨員的思想也要繼續改造。」在這裡，舊有的歷史名詞顯然被賦予了新的時代內容。

▊知識分子階級屬性認識的演變

　　新中國成立以後，對於知識分子階級屬性的問題，中共黨內長時期存在著分歧。1957 年反右派鬥爭以後，知識分子群體被劃入剝削階級範圍內，戴上了「資產階級知識分子」的帽子。這種狀況，直到黨的十一屆三中全會以後才得到根本改變。今天，知識分子是工人階級的一部分，科學技術是第一生產力，科教興國，這些觀念已經深入人心。撫今追昔，人們能從歷史變遷中獲得許多教益。

一、20 世紀 50 年代初

　　新中國成立初期的知識分子大致可分為兩類：一是曾經投身於革命運動的知識分子，二是從舊社會過來的各類專家、學者、教授、青年學生等。後者更具有典型意義，是知識分子隊伍的主要組成部分。所謂知識分子問題，主要是針對他們而言。這一時期黨對知識分子制定了「團結、教育、改造」的政策，人民政府對舊社會過來的知識分子採取了「包下來」的方針，絕大多數都給予適當的工作。

　　如何看待知識分子的階級屬性？ 1950 年 8 月，《中央人民政府政務院關於劃分農村階級成份的決定》，曾規定把取得主要生活來源的方法作為確定知識分子階級成分的主要依據，即本人當地主的是地主，本人當資本家的是資本家，本人當職員的是職員等。這種階級成分的劃分，是以知識分子的經濟地位來確定的，符合歷史唯物主義的一般原則。但是，在實際政治生活中，黨的領袖們更為注重從政治立場、政治態度和傾向方面來分析和判定知識分子的階級屬性。

　　早在延安時期，毛澤東就認為「知識分子和青年學生並不是一個階級或階層。但是從他們的家庭出身看，從他們的生活條件看，從他們的政治立場看，現代中國知識分子和青年學生的多數是可以歸入小資產階級範疇的」。他對以下兩個方面同時進行了強調：一是知識分子「有很大的革命性」「革命力量的組織和革命事業的建設，離開革命的知識分子的參加，是不能成功的」；二是「知識分子在其未和群眾的革命鬥爭打成一片，在其未下決心為

群眾利益服務並與群眾相結合的時候，往往帶有主觀主義和個人主義的傾向，他們的思想往往是空虛的，他們的行動往往是動搖的」。

新中國成立之初，毛澤東的上述判斷沒有大的改變。1952 年 6 月 6 日，他將中央統戰部《關於民主黨派工作的決定（草稿）》中的中間階級、中間階層的提法，改為「資產階級、城市上層小資產階級（即偏有少數幾個工人或店員的小資本家）、一部分從地主階級分化出來帶有資本主義色彩的分子以及和這些階級、階層相聯繫的知識分子」。這和他在民主革命時期把知識分子歸為「小資產階級」範疇相比，表述上有了不同，但本質意義並沒有多大改變。不過，隨著革命高潮的到來，毛澤東對知識分子的作用方面強調得更多。他告誡全黨對知識分子「必須採取慎重態度」「必須避免採取任何冒險政策」。對於知識分子階級屬性的表述，他用了「相聯繫」一詞，來說明知識分子與資產階級、城市上層小資產階級的關係，可以看出他的慎重推敲。

1953 年 7 月，在全國統戰工作會議上，劉少奇數次採用了這樣的表述：統戰工作的任務是要團結、教育和改造「民族資產階級、上層小資產階級及其知識分子和政治代表」。如果取消了黨的統戰工作，「我們和民族資產階級、上層小資產階級的關係就可能破裂，他們的知識分子和政治代表也可能和我們破裂」。劉少奇的這種看法，不應當只代表他個人，而是當時黨內的一種普遍認識。

周恩來在對於知識分子屬性的表述上，沒有像劉少奇那樣明確直接。他雖然也認為「我們知識分子，大多出身於封建家庭、資產階級家庭或小資產階級家庭」，但他的用語是「或多或少地與舊勢力有聯繫」。並認為「要求知識分子一下子就有堅定的工人階級立場，那是困難的，一定要有一個過程」。在 1951 年 9 月所作的《關於知識分子的改造》報告中，他也是正面地指出知識分子要透過學習改造，解決立場、態度和為誰服務的問題。

總的來說，肯定知識分子與資產階級、小資產階級在出身、立場、世界觀等方面是「相聯繫」的，強調思想改造的重要性，在這一點上黨內的認識是一致的。但是在這一時期，對知識分子階級屬性的表述上又有不確定統一的一面，反映出黨和毛澤東的思考和判斷並沒有完全定型。在比較多的場合

下，毛澤東和黨中央文件的用語是謹慎的。毛澤東的提法一般是「一切愛國的知識分子」「各種知識分子」「黨內外五百萬知識分子和各級幹部」等。即使是在對胡適派資產階級唯心主義的批判運動中，中央文件的提法仍然是「黨內外五百萬知識分子」「廣大幹部和知識分子」。這些用語，迴避了階級屬性，應該是經過斟酌考慮的，其用意顯然是儘可能多地團結廣大知識分子，為新中國的建設服務。在新中國成立初期，黨和毛澤東對於知識分子是充滿熱情、寄予希望的。當知識分子思想改造運動興起時，毛澤東高興地說，這是「值得慶賀的新氣象」。

二、黨的八大前後

隨著社會主義改造的基本完成，大規模的經濟文化建設即將展開，知識分子問題顯得尤為重要，引起黨和毛澤東的高度重視。這一時期，黨對於知識分子的分析認識，較之新中國成立頭幾年要明晰和豐富。

1956 年 1 月，中共中央在北京召開了關於知識分子問題的會議，周恩來作了《關於知識分子問題的報告》。他指出，「在社會主義時代，比以前任何時代都更加需要充分地提高生產技術，更加需要充分地發展科學和利用科學知識」。搞社會主義建設，「必須依靠體力勞動和腦力勞動的密切合作，依靠工人、農民、知識分子的兄弟聯盟」。周恩來在回顧了新中國成立以來知識分子取得的進步後，明確指出：「我國的知識界的面貌在過去六年來已經發生了根本的變化」，知識分子「中間的絕大部分已經成為國家工作人員，已經為社會主義服務，已經是工人階級的一部分」。

1956 年 2 月 24 日，中共中央政治局會議透過了《關於知識分子問題的指示》。指出隨著社會主義的經濟建設和文化建設高潮的到來，日益顯出科學幹部、技術幹部和一般文化幹部的重要性，也日益顯出知識分子不論在數量上和質量上都遠遠不能適應國家的需要。因此，黨有必要進一步把知識分子問題放在全黨和國家的各個部門的議事日程上，全面規劃，加強領導。並且重申了周恩來的提法，即在過去六年裡，「我國知識分子的面貌已經發生了根本的變化」「知識分子的基本隊伍已經成了勞動人民的一部分；在建設社會主義的事業中，已經形成了工人、農民、知識分子的聯盟」。

　　然而，黨內高層的聲音並不一致。這一時期，毛澤東關於知識分子的論述非常豐富。他肯定「我國知識分子的大多數，在過去七年中已經有了顯著的進步」，並富有創意地提出知識分子問題是人民內部的矛盾。但是，對於知識分子的階級屬性，毛澤東延續了他在民主革命以來的思想，並且在表述上較新中國成立頭幾年更為明確清晰。

　　1956 年 8 月 30 日，在黨的八大預備會議第一次會議上，毛澤東分析說：「我們黨也吸收了一部分知識分子，在一千多萬黨員裡頭，大中小知識分子大概占一百萬。這一百萬知識分子，說他代表帝國主義不好講，代表地主階級不好講，代表官僚資產階級不好講，代表民族資產階級也不好講，歸到小資產階級範疇比較合適。他們主要代表小資產階級範疇裡哪一部分人呢？就是城市和農村中生產資料比較多的那一部分人，如富裕中農。這一部分知識分子黨員，前怕龍後怕虎，經常動搖，主觀主義最多，宗派主義不少。」

　　1957 年 3 月 12 日，在中國共產黨全國宣傳工作會議上，毛澤東專門講了「關於我國知識分子的情況」。他分析指出，就世界觀來說，「在現代，基本上只有兩家，就是無產階級一家，資產階級一家。或者是無產階級的世界觀，或者是資產階級的世界觀。」「我們現在的大多數的知識分子，是從舊社會過來的，是從非勞動人民家庭出身的。有些人即使是出身於工人農民的家庭，但是在解放以前受的是資產階級教育，世界觀基本上是資產階級的，他們還是屬於資產階級的知識分子。」對照一年前周恩來所說的知識分子「他們中間的絕大部分」「已經是工人階級的一部分」，可以看出其中的明顯分歧。而此時反右派鬥爭還沒有發生。

　　值得注意的是，中央「關於知識分子問題的會議」召開之後僅半年，1956 年 9 月，黨的八大也沒有用明確的語言重申「知識分子是工人階級一部分」這一重要判斷，這種現象絕不應該視作偶然。劉少奇《政治報告》的提法是「我國知識分子的基本隊伍已經同工人農民結成了親密的聯盟」，我們必須「大量培養新的知識分子，特別是從勞動階級出身的知識分子。同時，我們必須運用資產階級和小資產階級的知識分子的力量來建設社會主義」。這裡分明是把知識分子當作是「資產階級和小資產階級的」。

　　1956 年，是具有歷史意義的一年，隨著社會主義改造的基本完成，社會主義制度在中國基本確立了。在社會主義建設時期，知識分子的階級屬性，應當明顯不同於民主革命時期，對於這一點，黨的認識並不是很充分。周恩來的論述、中央《關於知識分子問題的指示》，與黨的八大《政治報告》以及毛澤東等人對於知識分子的分析認識，形成明顯的差別。階級屬性的問題不解決，就難以真正徹底地做到對知識分子的信任，也難以充分做到對他們的使用。一旦出現風波，黨對知識分子的信任就難免產生動搖。

三、1957—1978 年

　　1957 年反右派鬥爭以後直到 1978 年，在大約二十年的時間裡，知識分子被戴上了「資產階級知識分子」的帽子，其間，雖有周恩來等人於 1962 年試圖糾正，但最終未能奏效。

　　1957 年的整風和隨之而來的反右派鬥爭，使黨和毛澤東對知識分子的看法發生了重大改變。繼黨的八屆三中全會改變了黨的八大一次會議關於中國社會主要矛盾的判斷以後，1958 年 5 月，黨的八大二次會議宣布，中國社會還存在「兩個剝削階級和兩個勞動階級」：右派分子同被打倒了的地主買辦階級和其他反動派為一個剝削階級，「正在逐步地接受社會主義改造的民族資產階級和它的知識分子」為另一個剝削階級；工人和農民是兩個勞動階級。這樣，知識分子就被列入了剝削階級的範圍，實際戴上了「資產階級知識分子」的帽子。

　　毛澤東還提出了著名的「皮之不存，毛將焉附」的觀點。他認為，過去知識分子這個「毛」是附在五張「皮」上的。第一張皮，是帝國主義所有制；第二張皮，是封建主義所有制；第三張皮，是官僚主義所有制；第四張皮，是民族資本主義所有制；第五張皮，是小生產所有制，就是農民和手工業者的個體所有制。過去的知識分子是附在前三張皮上，或者附在後兩張皮上，附在這些皮上吃飯。毛澤東說，這五張皮都沒有了，知識分子除非落在新皮上，否則沒有別的出路，只能像「樑上君子」，在空中飛，上不著天，下不著地。「現在有什麼皮呢？有社會主義公有制這張皮。」但是，「知識分子還看不起這張新皮，什麼無產階級、貧農、下中農，實在是太不高明了，上

不知天文，下不知地理，『三教九流』都不如他。他不願接受馬克思列寧主義」。

戴上「資產階級」帽子的知識分子，在歷次運動中備受衝擊。這種情況，從 1957 年持續至 1978 年。然而，在 20 世紀 50 年代末 60 年代初，由於黨的政策的調整，知識分子的命運曾經面臨著一線轉機。

1961 年上半年，在對國民經濟實行「調整、鞏固、充實、提高」的背景下，中共中央先後製定《科學研究十四條》《高教六十條》《文藝八條》等條例。這幾個條例的核心問題，就是調整共產黨和知識分子的關係。在調整落實知識分子政策的過程中，有一個根本性的然而也是十分敏感的問題，即如何判斷知識分子的階級屬性。

1961 年 9 月 28 日，在廣東省委召開的高級知識分子座談會上，中南局書記兼廣東省委書記陶鑄鮮明地提出：「今後一般不要用『資產階級知識分子』這個名詞，因為這個帽子很傷人。」在十二天以後的中南地區高級知識分子座談會上，他再次提出：「我們不能老講人家是『資產階級知識分子』，我看要到此為止了。現在他們是國家的知識分子，民族的知識分子，社會主義建設的知識分子。因此，我建議今後在中南地區一般地不要用『資產階級知識分子』這個名詞了，那個名詞傷感情。誰有什麼毛病，實事求是，是什麼講什麼，不要戴這個帽子。」

1962 年 3 月，全國科學工作會議和全國話劇、歌劇、兒童劇創作座談會在廣州召開。在此期間，周恩來曾就知識分子階級屬性如何判定的問題，召集陶鑄、聶榮臻等人徵求意見。大家達成共識：不再一般地稱知識分子為「資產階級知識分子」，肯定絕大多數知識分子屬於勞動人民的範疇。3 月 2 日，周恩來在全國科學技術會議上作了《論知識分子問題》的講話。考慮到知識分子階級屬性的問題「在黨內部分幹部中常常有不同的解釋」。他沒有像 1956 年那樣直接說知識分子「是工人階級的一部分」，而是以比較委婉的方式表達了自己的看法：「1956 年我曾作過關於知識分子問題的報告，對知識分子的狀況作了初步估計。劉少奇同志在 1956 年黨的八大一次會議上也說，『知識界已經改變了原來的面貌，組成了一支為社會主義服務的隊伍』。」

他又說，不論是在新中國成立前還是在新中國成立後，我們歷來都把知識分子放在革命聯盟裡，算在人民的隊伍當中。這樣，周恩來透過重申 1956 年他對知識分子所做的基本估計，實質上表達了他現在的看法，即肯定中國知識分子中的絕大多數已經是勞動人民的知識分子，而不是資產階級知識分子。

陳毅的看法直截了當。3 月 5 日和 6 日，他在會上坦率地說，這幾年有一些地方出現了過火的鬥爭，搞得很多人感覺很痛苦。有些黨的領導機關和科學家、文藝工作者之間，產生了矛盾，傷了感情，傷了和氣。他充滿感情地說，經過十二年的考驗，尤其是這幾年嚴重困難的考驗，證明我國廣大知識分子是愛國的，相信共產黨的，跟黨和人民同甘共苦的。至今還把「資產階級知識分子」這頂帽子戴在所有知識分子的頭上，於情於理，都說不通。八年、十年、十二年，如果還不能鑒別一個人，那共產黨也太沒有眼光了。陳毅提出要為知識分子「脫帽加冕」，就是脫掉資產階級知識分子之帽，加上勞動人民知識分子之冕，他還鄭重地向與會人員行了「脫帽禮」。

3 月 28 日，周恩來在二屆人大三次會議上作《政府工作報告》。較之廣州會議上的委婉，這一次則十分明確。他宣布：「我國的知識分子，在社會主義建設的各條戰線上，作出了寶貴的貢獻，應當受到國家和人民的尊重。」「知識分子中的絕大多數，都是積極地為社會主義服務，接受中國共產黨的領導，並且願意繼續進行自我改造的。毫無疑問，他們是屬於勞動人民的知識分子。」「如果還把他們看作資產階級知識分子，顯然是不對的。」這個表述，顯然是中央集體研究的結論。

知識分子政策的調整，科學研究、高教、文藝等條例的制定，使廣大知識分子深受鼓舞。雖然當時生活和工作條件很艱苦，但大家沒有怨言，熱心工作，在各個領域取得了顯著成就。但是，由於「左」的東西沒有從根本上得到清理，黨內對知識分子政策的調整仍存在著很大分歧。柯慶施在上海就不讓傳達陳毅的講話。關於知識分子階級屬性問題的不同看法，也反映到了 1962 年 10—11 月中央召開的宣傳文教會議上。以陸定一為代表的意見認為，脫帽加冕，知識分子都成了勞動人民知識分子，這是右的表現。11 月 26 日，陸定一在中央書記處會議上匯報了宣教會議上的不同意見，周恩來聽後明確

表示：「對知識分子，說我們提勞動人民的知識分子是沒有階級分析，我是代表黨作報告的，是黨批準的，不是我一個人起草的，少奇在憲法報告上講過有工人階級知識分子，勞動人民知識分子，資產階級知識分子，我不認為我在廣州會議上講勞動人民知識分子有什麼錯誤。」鄧小平表示：「恩來在廣州的報告沒毛病，對知識分子問題應照總理講的解釋，請一定查一查，澄清一下，講清楚。關於知識分子問題，下次會議還要討論，統一解釋口徑，還是按總理在人代會講的為準，把那一段印一下，那是中央批準的我們黨的正式語言，今天正式決定。」鄧小平還說：「上次在主席處談了，這次宣傳會議關於知識分子問題的討論，不下傳。」

黨內的分歧使周恩來、鄧小平等人的主張在實際政治生活中很難得到貫徹落實。階級屬性的問題不解決，知識分子政策的調整就不可能徹底。當時不少知識分子心存疑慮。教育部到北京大學等地徵求對《高教六十條》的意見時，有的知識分子表示，「希望把這些條例刻在石碑上」。表示了對政策可能出現反覆的擔憂，而這種擔憂又恰恰為後來的歷史發展所應驗。

1962 年 9 月，毛澤東在黨的八屆十中全會上強調了階級鬥爭和資本主義復辟的問題。此後，階級鬥爭之弦越繃越緊，隨著意識形態領域批判的加劇和「四清」運動的深入，「文革」終於爆發，中國知識分子陷入了災難的深淵。

「文革」時期，「四人幫」將黨在知識分子理論上的失誤推向極端，極力排斥知識分子，把知識分子說成是「臭老九」，提出「知識越多越反動」。張春橋的理論具有一定的代表性，他認為「知識分子與工農的對立是天然的」。他在 1975 年指責教育部長周榮鑫說：「一個是培養有資產階級覺悟的有文化的剝削者、精神貴族，一個是培養有覺悟的沒有文化的勞動者，你說要什麼人？我寧要一個沒有文化的勞動者，而不要一個有文化的剝削者、精神貴族。」1971 年 4 月召開的全國教育工作會議，制定了《全國教育工作會議紀要》，對「文化大革命」前十七年的教育工作作出了「兩個估計」：一是十七年中教育戰線是資產階級專了無產階級的政，是黑線專政；二是知識分子的大多數世界觀基本上是資產階級的，是資產階級知識分子。這時，不僅是從舊中國過來的老知識分子被指斥為「資產階級知識分子」，就連新

中國培養的青年學生，也被說成是「進了大學，受了資產階級的腐蝕」「變得同工農兵格格不入」。「知識」和「知識分子」似乎成了天然的資產階級腐蝕劑。毛遠新發奇論說：「寧可少讀兩本書，也別叫資產階級熏染下一代。」

這種極不正常的對待知識分子的現象，引起黨內許多人的深深憂慮。鄧小平在 1975 年整頓時曾指出：「我們有個危機，可能發生在教育部門，把整個現代化水平拖住了，」他明確提出，「科技人員是不是勞動者？科學技術叫生產力，科技人員就是勞動者！」教育部長周榮鑫提出：「到底應該怎樣估計知識分子？」「不能一提知識分子就罵一通」「不能來一個運動就批知識分子，批得什麼也不是，把知識分子一律都看成資產階級知識分子」。這些意見，表達了那個時期黨內有識之士的心聲。

四、黨的十一屆三中全會以後

1978 年是根本的轉折點。3 月 18 日，鄧小平在全國科學大會上重申知識分子是工人階級的一部分。隨著黨的十一屆三中全會的召開，黨的指導思想發生根本轉變，知識分子階級屬性的問題才從根本上得以解決。

中國共產黨真正從理論上端正對知識分子問題的認識，制定正確的政策並貫徹落實，這一歷史功績應當歸屬於鄧小平。在 1975 年的整頓中，鄧小平的知識分子思想就充分體現出來，但當時還沒有在黨內占指導地位。粉碎「四人幫」後，他自告奮勇抓科學教育。1977 年，他在黨的十屆三中全會上提出，關於知識分子，「應該承認，毛澤東曾經把他們看作是資產階級的一部分。這樣的話我們現在不能繼續講」。在科學和教育工作座談會上，鄧小平指出：「無論是從事科學研究工作的，還是從事教育工作的，都是勞動者。不是講腦力勞動、體力勞動嗎？科學研究工作、教育工作是勞動，腦力勞動也是勞動嘛。……要把這類問題講清楚，因為它同調動知識分子的積極性有關。」

1978 年 3 月 18 日，鄧小平在全國科學大會開幕式上系統地論述了知識分子的階級屬性問題。他首先論述了科學技術是生產力的問題，接著論道：「承認科學技術是生產力，就連帶要答覆一個問題，怎樣看待科學研究這種

腦力勞動？科學技術正在成為越來越重要的生產力，那麼，從事科學技術工作的人是不是勞動者呢？」他指出，社會主義建設時期的知識分子「與歷史上的剝削社會中的知識分子不同了」「總的來說，他們的絕大多數已經是工人階級和勞動人民自己的知識分子，因此也可以說，已經是工人階級自己的一部分。他們與體力勞動者的區別，只是社會分工不同。從事體力勞動的，從事腦力勞動的，都是社會主義社會的勞動者。」

在上述精神指導下，中央組織部起草了《關於落實黨的知識分子政策的幾點意見》，稱廣大知識分子「不愧是工人階級自己的又紅又專的知識分子隊伍」，並對知識分子不再提「團結、教育、改造」的方針。對於黨的政策的這種轉變，有些人一時想不通。10 月 31 日，胡耀邦在中央組織部召開的落實黨的知識分子政策座談會上專門進行瞭解釋。1983 年 3 月 13 日，中共中央召開馬克思逝世一百週年紀念大會，胡耀邦代表中央作報告，號召全黨必須確立正確對待知識和知識分子的馬克思主義觀念，「一定要反對把知識分子同工人階級割裂開來、對立起來，看成『異己力量』的錯誤傾向，確立知識分子是工人階級一部分的正確觀念，百倍地加強工人、農民和知識分子的團結」。

「知識分子是工人階級一部分」的論斷，由鄧小平的重申終於在全黨真正得以確立。這一論斷，徹底清除了在知識分子問題上的「左」的影響，是黨制定新時期知識分子政策的重要理論基石；這一論斷，使知識分子的地位發生了翻天覆地的變化，「尊重知識，尊重人才」的風尚逐漸在全黨全社會興起。知識分子歷盡艱辛，終於迎來了自己的春天。

五、歷史啟示

（一）新中國成立以後的很長時期，黨一直重視從階級分析的角度來看待知識分子的屬性。其實，知識分子的屬性，從內容上說並不僅僅包含階級屬性

周恩來在 1962 年談及知識分子的定義時說：「知識分子不是獨立的階級，而是腦力勞動者構成的社會階層。」可見，階級屬性固然是知識分子屬性的

一個重要方面，但是，作為腦力勞動者，知識分子還有其社會屬性的一面。所謂「階級屬性」，是以階級分析為理論基礎的。在民主革命時期，在大規模的急風暴雨式的革命年代，知識分子確實有一種階級歸屬、階級立場、階級感情問題。對知識分子的「階級屬性」進行強調，有其歷史的合理性。在新中國成立初期，對於「階級屬性」的強調也有利於知識分子提高政治覺悟，推動他們的思想改造。社會主義改造基本完成以後，歷史形勢發生了根本的變化。在這種情況下，如果脫離社會主義建設的實際，脫離廣大知識分子為社會主義服務的實際，沿襲過去的思路單純地強調知識分子階級屬性，就難免失之片面。

（二）對知識分子階級屬性的錯誤判定，與黨對社會主要矛盾的認識是分不開的

反右派鬥爭以後，黨和毛澤東認為中國社會的主要矛盾仍然是無產階級和資產階級、社會主義道路和資本主義道路的矛盾，「社會主義和資本主義之間誰勝誰負的問題還沒有真正解決」。後來逐漸發展成為「以階級鬥爭為綱」的思想。正是基於這樣的認識，才有了理論上的一系列誤區：在社會主義建設時期提出了知識分子「皮之不存，毛將焉附」的問題；在相當長的時期強調對知識分子的改造，強調知識分子的階級屬性。可以說，在社會主義建設時期，知識分子被長期戴上了「資產階級」的帽子，人們總是從一個方面過分地、片面地強調知識分子的階級屬性，這些都是錯誤認識社會主要矛盾條件下的產物，是「以階級鬥爭為綱」條件下的產物。

（三）新時期黨對知識分子的認識，強調了知識分子的社會屬性，突破了過去的思路

鄧小平首先強調的，是知識分子作為勞動者的社會屬性。1977 年，他就批駁了那種只有用鋤頭、開車床才算勞動的狹隘認識，指出：「要重視知識，重視從事腦力勞動的人，要承認這些人是勞動者。」他預言說：「隨著現代科學技術的發展，隨著四個現代化的進展，大量繁重的體力勞動將逐步被機器所代替，直接從事生產的勞動者，體力勞動會不斷減少，腦力勞動會不斷增加，並且，越來越要求有更多的人從事科學研究工作，造就更宏大的科學

技術隊伍。」可以看出，鄧小平對知識分子屬性的認識，淡化了階級關係，突出了勞動特徵。同時，鄧小平提出了衡量知識分子的政治標準是「為人民造福，為發展生產力、為社會主義事業作出積極貢獻」，指出「世界觀的重要表現是為誰服務」，這就避免了抽象談論政治標準、抽象談論世界觀的傾向。

社會主義市場經濟建設，在使中國的經濟和社會結構發生轉型的同時，也使知識分子的結構發生著巨大變化。在「科教興國」的潮流中，知識分子承擔起將科學文化轉化為生產力的重任，成為推動經濟發展和社會進步的主力軍。與傳統意義上的知識分子相比，新時代的知識分子在地位、作用和功能方面大有拓展。在新的歷史條件下，黨中央重申「知識分子是工人階級的一部分」，已不再是在過去階級分析思路上的簡單延伸，而是黨在以往認識基礎上的超越和昇華，標誌著黨對知識分子屬性認識的深化。

此文為 1999 年「第二次全國社會主義時期黨史學術討論會」入選論文

▋略論毛澤東鄧小平兩代中央領導集體核心地位的形成

歷史的發展往往有一些相似之處，毛澤東和鄧小平作為兩代中央領導集體的核心，就其形成來說，有許多共同的歷史特點，研究這些共性有助於我們更加深入地認識歷史和領會現實。

一、「兩個核心」的形成，都是值於歷史發展的緊要關頭，歷史造就了革命領袖

中國共產黨的歷史上有兩次與黨的命運生死攸關的重要會議，也是黨的歷史上兩次偉大的轉折點。一個是 1935 年 1 月的遵義會議，另一個是 1978 年 12 月的黨的十一屆三中全會；一個是在民主革命時期，另一個是在社會主義建設時期。正是以這兩次會議為標誌，毛澤東和鄧小平兩代中央領導集體的核心地位開始正式形成。

　　1931 年黨的六屆四中全會以後，以王明為代表的「左」傾冒險主義在中央占據了統治地位，這條路線持續了四年之久，極大地危害了中國革命，黨在「白區」的損失幾乎達到百分之百。在蘇區排擠以毛澤東為代表的正確路線，實行一系列「左」傾路線與政策，損失達百分之九十；特別是在第五次反「圍剿」中，採取進攻中的冒險主義、防禦中的保守主義、退卻中的逃跑主義，紅軍損失慘重，面臨全軍覆沒的危險。在中國革命到了千鈞一髮的危急關頭，毛澤東不負眾望，力挽狂瀾，在遵義會議上纠正了「左」傾軍事路線，實現了黨的歷史性轉折，在危急關頭挽救了中國革命，挽救了黨。四十多年後，歷史出現了相似的一幕，中國的前途又一次面臨危機，中國的社會主義事業又到了一個嚴峻的關頭。黨的十一屆三中全會召開以前，十年動亂遺留下的問題堆積如山，冤假錯案遍及全國，國民經濟幾乎到了崩潰的邊緣。據不完全統計，十年內亂使工農業生產總值損失五千多億元。1976 年粉碎「四人幫」以後，當時黨的主要領導人仍繼續堅持「文革」及其以前的「左」傾錯誤，推行「兩個凡是」「左」的指導思想沒有根本改變。如何才能迅速而徹底地擺脫「左」的陰影的籠罩？中國向何處去？黨和人民在翹首期盼有人能引導中國走出迷霧。黨的十一屆三中全會實現了偉大的歷史轉折。鄧小平和中央領導集體一道，解放思想、實事求是，撥亂反正、繼往開來，開創了一個嶄新的歷史時期。

　　毛澤東、鄧小平這兩代中央領導集體的核心的形成，有著相似的歷史背景，這就是：中國歷史發展到了緊要關頭，黨內錯誤路線的發展到了極點並給黨的事業造成了嚴重的危害，黨處於生死存亡的關鍵時刻。這是一個需要偉人的時代，這也是一個為歷史所證明了的產生偉人的時代。遵義會議以後，以毛澤東為核心的第一代中央領導集體把馬克思主義同中國革命具體實踐相結合，領導黨和人民在實踐中逐步形成一整套新民主主義革命的路線、方針和政策，中國革命在毛澤東思想的指引下，一步步走向勝利。黨的十一屆三中全會以後，以鄧小平為核心的第二代中央領導集體繼承發展了毛澤東思想，領導全國人民進入改革開放和現代化建設的新時期，在偉大實踐中創立了建設有中國特色的社會主義的偉大理論，鄧小平被黨和人民譽為中國改革開放和現代化建設的總設計師。馬克思說：「每一個社會時代都需要自己的偉大

人物，如果沒有這樣的偉大人物，它就要創造出這樣的人物來。」中國共產黨在歷史的緊要關頭經受住了考驗，並先後產生了自己的領袖毛澤東和鄧小平，這是歷史對中國共產黨和中國人民的豐厚饋贈。

二、「兩個核心」的形成，都是以其超人的智慧和才幹得到了全黨的公認

（一）能在歷史緊要關頭提出一套有創見的、有特色的辦法和主張，以其卓越的革命家膽略和過人的才幹，為全黨指明前進的方向

在對中國革命道路的探索上，毛澤東是正確路線的代表者。遵義會議時期，歷史在關鍵時刻選擇了毛澤東。「滄海橫流，方顯英雄本色」，毛澤東領導紅軍四渡赤水，巧渡金沙，跳出敵軍重重包圍，軍事指揮才幹發揮得淋漓盡致、出神入化。事實使全黨明辨是非，公認毛澤東戰略戰術的正確，毛澤東成為黨的領導集體的核心，成為人心所向、眾望所歸。鄧小平也是如此。1976 年粉碎了「四人幫」後，中國處在歷史的十字路口，黨和人民迫切需要有人指點迷津。鄧小平站了出來，要恢復黨的實事求是的馬克思主義路線；要把全黨工作重心轉移到社會主義現代化建設上來；「貧窮不是社會主義」，社會主義必須大力發展生產力；「如果現在再不實行改革，我們的現代化事業和社會主義事業就會被葬送」。鄧小平以自己的遠見卓識，引導黨和人民走上了建設有中國特色的社會主義的康莊之路。在歷史的關鍵時刻，誰擁有真理，黨和人民就擁護誰；誰有引導中國走向光明的好主張、好辦法，黨和人民就擁護誰為領袖。

（二）長期的革命生涯，豐富的革命閱歷，使毛澤東和鄧小平在全黨享有崇高的威信

毛澤東是黨和軍隊的主要創始人之一，他是黨的一大代表，第一次國共合作時期曾任國民黨中央宣傳部代部長。大革命失敗後，他領導秋收起義，破天荒地把進軍的方向指向敵人統治薄弱的農村，創建井岡山革命根據地。在毛澤東的正確指揮下，紅軍粉碎了敵人一、二、三次「圍剿」，長期以來，在人民群眾中，在紅軍將士中，甚至在反動派中，毛澤東的名字是響亮的革

命象徵。這時毛澤東雖不是黨的領導集體的核心，但他不同尋常的領袖氣質已引起人們的注意。鄧小平也是老資格的革命家，他領導著名的百色起義，創建紅七軍、紅八軍和左右江革命根據地。長征路上，列席遵義會議。抗戰時期任八路軍政治部副主任。解放戰爭時期，他和劉伯承率領的劉鄧大軍更是聞名遐迩，挺進中原、淮海戰役、進軍大西南，鄧小平為新中國的成立建立了不可磨滅的功勛。新中國成立初期，他領導西南地區的全面工作，黨的八大以後，連續十年擔任黨中央總書記，成為以毛澤東為核心的中央領導集體的成員之一。長期的革命生涯和豐富的領導經驗使鄧小平在黨內享有崇高的聲望，黨的十一屆三中全會形成以他為核心的第二代中央領導集體順理成章，是歷史發展的必然。

（三）毛澤東、鄧小平成為兩代中央領導集體的核心，除了他們自身具備領袖素質，適應了歷史發展的需要以外，也得到了其他革命家的幫助

遵義會議召開之前，周恩來、張聞天、王稼祥等同志堅決支持毛澤東，在他們的促成下召開了遵義會議，會上毛澤東又得到劉少奇、朱德、劉伯承、聶榮臻等與會大多數同志的支持，從而奠定了他在黨內的核心地位。鄧小平同樣得到了老同志的幫助。粉碎「四人幫」後不久，葉劍英在中央政治局會議上就正式提出讓鄧小平出來工作，李先念當即表示支持。1977年3月，中央工作會議上，陳雲、王震再次提出這個問題。在老同志的努力下，黨的十屆三中全會正式恢復鄧小平工作。1978年五六月間，鄧小平、葉劍英、陳雲、李先念等老同志並肩戰鬥，一致支持關於真理標準問題的討論。在黨的十一屆三中全會之前召開的中央工作會議上，陳雲等許多老同志紛紛提出當時黨內外普遍關心的一些重大問題，主張徹底糾正「文化大革命」的錯誤。在老一輩革命家的擁護支持下，以黨的十一屆三中全會為標誌，鄧小平終於成為第二代中央領導集體的核心。

三、「兩個核心」的形成，都是同黨內「左」傾錯誤路線鬥爭的直接結果

「左」的東西在黨的歷史上源遠流長、根深蒂固。其中對黨的事業危害程度深、持續時間長的有兩次，一次是王明「左」傾錯誤路線，另一次是「文

革」的十年內亂。引人注目和發人深省的歷史事實是：我們黨的兩代中央領導集體的核心領袖就是在與這兩次「左」傾錯誤的鬥爭中誕生的。

（一）毛澤東和鄧小平都曾是「左」傾錯誤路線排擠打擊的對象

在王明「左」傾錯誤路線下，毛澤東被戴上「右傾機會主義」「富農路線」「狹隘經驗論」等大帽子。鄧小平在漫長的革命生涯中也受到「左」的路線的迫害。「文化大革命」中，鄧小平受到打擊。鄧小平在黨內地位的幾沉幾浮，都與「左」傾錯誤路線排擠有關。「艱難困苦，玉汝於成」，正是這些磨煉和考驗才造就了一代偉人。

（二）毛澤東和鄧小平在他們中央領導集體的核心地位形成以前，都同「左」的錯誤進行了堅決鬥爭和抵制，並在鬥爭中樹立了威信，得到了全黨的擁戴

在同「左」的錯誤鬥爭的時候，毛澤東和鄧小平都不怕挫折，善於忍耐等待，在逆境中表現出偉大的革命家素質。毛澤東在寧都會議上被排擠出紅軍領導，但他並不氣餒，表示一旦軍事上需要他就立即回到前線。他在江西於都養病，一面做力所能及的調查研究和政府工作，一面思索黨和紅軍的前途命運。長征之初，他在馬背上和擔架上對張聞天、王稼祥做了大量的說服工作，促使他們覺醒。水到渠成、瓜熟蒂落，長期的積累和等待為遵義會議的召開和毛澤東在黨內核心地位的形成創造了成熟的條件。「文革」期間，鄧小平先後兩次被打倒，但作為久經考驗的無產階級革命家，他屢挫屢奮，以沉著無畏的氣概迎接著歷史的挑戰。他在江西勞動三年，同群眾朝夕相處，為中國社會主義的前途深思擔憂。鄧小平在落難時節的冷靜思考，不僅成為1975 年全面整頓的指導思想，某些思想也構成了他以後改革思想的雛形。毛澤東和鄧小平的相同之處是他們成為黨的核心領袖之前，由於「左」的錯誤路線排擠，都經歷了一個相對寂寞冷落的時期。然而偉大的人物總是善於利用歷史為他們創造的條件，忍辱負重，甘於寂寞，在寂寞中深思熟慮、養精蓄銳，為日後大展宏圖打下堅實的基礎。毛澤東和鄧小平都是這樣的偉大人物。

四、「兩個核心」的形成，開始了黨的歷史上兩次偉大「飛躍」

兩次會議——遵義會議和黨的十一屆三中全會的召開，兩代中央領導集體——以毛澤東為核心的第一代中央領導集體和以鄧小平為核心的第二代中央領導集體的形成，是中國共產黨開始兩次飛躍的標誌。

中國共產黨在七十多年風風雨雨的奮鬥歷程中，在把馬克思主義與中國實際相結合的過程中，有過兩次歷史性的飛躍：第一次飛躍在遵義會議以後，黨在總結成功和失敗經驗的基礎上，找到了中國特色的革命道路，把革命引向勝利；第二次飛躍在黨的十一屆三中全會以後，黨在總結新中國成立以來正反兩方面經驗的基礎上，開始找到一條建設有中國特色的社會主義道路。中國共產黨在 20 世紀值得驕傲自豪的是產生了毛澤東和鄧小平這兩位歷史巨人。作為兩代黨的中央領導集體的核心，毛澤東和鄧小平為中華民族的獨立、解放、繁榮和富強作出了不朽的貢獻。

此文原刊於《浙江社會科學》1994 年增刊

▌論陳雲的黨建思想體系

陳雲的黨建思想是一個完整的體系，它是在中國共產黨領導人民進行革命和建設的實踐基礎上形成的，內容涉及黨的建設的一系列重大問題。這個思想體系既有嚴密的理論性，又具鮮明的時代感，值得深入研究和探討。

一、陳雲黨建思想體系的歷史形成

陳雲黨建思想的形成大致可分為三個歷史時期：民主革命時期、中華人民共和國成立後的五六十年代、黨的十一屆三中全會以後的新時期。各個時期有著各自的特點。

（一）民主革命時期

主要是抗日戰爭時期。抗日戰爭的急風暴雨，使中華民族和中國共產黨經受了嚴峻的洗禮和考驗。在歷史的風口浪尖上，黨的建設成為一項意義重大的「偉大的工程」。人民把希望寄託在中國共產黨身上。陳雲認為，黨的

建設「不能搞壞，搞壞了不是一個人、幾個人的事，而是關係全中國四萬萬五千萬人的得失」。他在這一時期曾擔任七年的中共中央組織部部長，這使他對於黨的建設的各方面情況有著全面深入的瞭解。他在《怎樣做一個共產黨員》《黨的支部》《鞏固黨和加強群眾工作》《嚴格遵守黨的紀律》《關於幹部工作的若干問題》《要講真理，不要講面子》等文章中，對於黨的性質、黨員標準、黨的基層組織建設、黨的幹部隊伍建設、黨的民主集中制、黨的群眾工作等黨建諸多問題進行了具體深入的論述。這些論述內容豐富，有嚴密的理論性和現實針對性。可以說，陳雲黨建思想體系就是在抗日戰爭中開始形成的。

（二）中華人民共和國成立後的五六十年代

相對於民主革命時期來說，陳雲在這一時期專門論述黨的建設的文字較少。中華人民共和國成立後，繁重的建設任務擺在全黨面前，作為黨和國家的重要領導人，陳雲為新中國的經濟建設作出了巨大貢獻。無論是在初期擔任中財委主任，還是在黨的八大以後成為黨的第一代領導集體的重要成員，陳雲總是強調踏實的作風，「不唯上、不唯書、只唯實」，把黨的建設的重要原則貫徹體現於實際工作中。這是陳雲黨建思想在這一時期的重要特色。

這一時期陳雲的經濟思想及實踐活動是非常豐富的，考察他的黨建思想是不能脫離其領導經濟工作的實踐的。經濟思想與黨建思想當然是內涵不同的兩個範疇，但貫穿於陳雲經濟思想及實踐中的思想方法和原則，與他的黨建思想原則是相通的、一致的。1958 年的「大躍進」和人民公社化運動，使以浮誇風、共產風、瞎指揮為標誌的「左」傾錯誤嚴重泛濫，影響所及遠遠超出了經濟工作。陳雲曾痛切地指出：「這幾年我們黨內生活不正常，『逢人只說三分話，未可全拋一片心』，這種現像是非常危險的。」陳雲在這個時期反覆強調要實事求是，看問題要全面客觀，大力提倡在實際工作中發揚優良傳統。

（三）黨的十一屆三中全會以後的新時期

陳雲新時期的黨建思想是其黨建思想體系中的精華所在，對現實有著重大的指導意義。無產階級政黨在其自身建設中，既有各個時期始終如一堅持

的原則，又在各個不同的歷史時期面臨不同的任務。創業難，守業更不易。黨在全國革命勝利以後成為執政黨，地位變了，自身建設的任務更加艱巨。陳雲提出「執政黨的黨風問題是關係黨的生死存亡的問題」，這是新形勢下一個嚴肅的科學的命題。

黨的十一屆三中全會以後，改革開放使中國大地煥發出勃勃生機，各項事業取得了舉世矚目的成就。而在新形勢下，黨內不正之風日趨嚴重。有人認為「經濟要上，黨風要放」，置黨紀黨規、理想信念於不顧。有些黨員幹部以權謀私、搞特殊化，官僚主義嚴重。陳雲以無產階級革命家的責任感和對馬克思主義理論的深厚造詣，提出了許多高瞻遠矚、有強烈現實針對性的科學觀點，為新時期黨的建設提供了思想武器。

總的來看，陳雲黨建思想體系在各個時期的特點如下：民主革命時期，結合組織部門的領導工作，在黨建的基礎理論建設方面多有論述，並顯現出體系的輪廓；中華人民共和國成立後的五六十年代，重在實踐（主要是領導經濟工作的實踐）中貫徹體現黨的原則，重在身體力行；在黨的十一屆三中全會以後的新時期，陳雲的黨建思想抓住了現實中存在的嚴重問題，從理論上給予明確的回答，體現出鮮明的時代特色。

二、陳雲黨建思想體系的主要內容

（一）關於黨的性質

強調要按照列寧的建黨原則建立徹底的馬克思主義的、在思想上和組織上一致的戰鬥的黨。在半殖民地半封建的中國，黨首先要加強工人成分，同時還要注意農民和知識分子成分。每個入黨者必須承認黨綱，並且願意獻身於解放無產階級和全人類的共產主義事業。入黨要有嚴格的手續。

（二）關於黨的思想作風建設

強調黨員要學習馬克思主義精神實質，學習其觀察問題的立場、觀點和方法，而不是背誦其教條。共產黨員要講真理，不要講面子。在思想方法上，強調要按客觀規律辦事，看問題要全面、比較、反覆。黨內要克服驕傲之氣，要開展正確的批評與自我批評，坦率地明辨是非。在黨內不怕有人說錯話，

就怕大家不說話，只有通氣，才能團結，只有民主，才能集中。黨要加強同群眾的聯繫，關心群眾生活，注意解決群眾迫切需要解決的問題。要鼓動群眾對黨的工作提意見，以切實改進工作中的缺點和錯誤。

（三）關於黨內制度建設

強調黨內要嚴格執行民主集中制。不民主、只集中，必然愈不能集中。個人意見不被採納，也要堅決服從組織決定。每名黨員都有在黨內發表意見、討論問題的權利，但又必須履行服從決定、積極工作的義務。黨員要嚴格遵守黨的紀律。無產階級政黨應該是一個最有紀律的黨，也是一個最講民主、最講自由的黨。

（四）關於黨的幹部隊伍建設

強調提拔幹部要德才兼備，以德為主；使用幹部以才為主，揚長避短。幹部的才與德應該是統一的，考察一名幹部的才與德，主要應看其在完成任務中的表現。在革命隊伍裡無一人不可用，關鍵是要用人得當，適得其所。看人不能只看一時，只看一面。提拔幹部要與教育幹部相結合，要重視幹部本身的品德修養。要敢於提拔知識分子幹部，用各種方法團結非黨幹部。對幹部要愛護，當牽涉一個幹部政治生命問題的時候，要很謹慎地處理。要使幹部能上能下，並建立健全管理幹部的組織。黨的領導幹部要注意工作方法，要做到主觀與客觀相結合，一般與具體相結合，中心工作與日常工作相結合，大刀闊斧與精雕細刻相結合。要正確處理上下級關係，既要防止事務主義，也要堅決克服官僚主義。

（五）關於黨的基層組織建設和黨員標準

強調黨的支部是黨團結群眾的核心堡壘，是黨的力量增長的主要源泉。黨的一切口號、主張、政策，只有依靠支部才能具體深入群眾。支部不僅是發展黨員的機關，而且是教育黨員、訓練黨員最基本的學校。在黨的建設中，黨員的意義和作用這一問題占有頭等重要的位置。黨員要樹立正確的世界觀和人生觀，要以革命和黨的利益高於一切的原則來處理一切個人問題。要遵守黨的紀律，嚴守黨的秘密。黨員不僅在日常工作中要忠實於黨的決議，而

且在困難中、在生死關頭也要忠實於黨的決議；不僅在有黨監督時，而且要在沒有黨監督時忠實於黨的決議；不僅在勝利時，而且要在失敗時堅持執行黨的決議。要以自己的行動在人民大眾中起模範帶頭作用。

（六）關於新時期執政黨建設

充分肯定黨的十一屆三中全會恢復發揚了黨內民主和解放思想、實事求是的優良作風，強調黨內要實現毛澤東提倡的「又有集中又有民主，又有紀律又有自由，又有統一意志，又有個人心情舒暢、生動活潑，那樣一種政治局面」，認為這是我們執政黨一項重大的工作，這對於國際共產主義運動也是一種重大的責任。在改革開放和現代化建設的過程中，要時刻注意在抓好物質文明建設的同時，認真抓好精神文明建設，做到兩個文明一起抓。抓社會主義精神文明建設，關鍵是搞好執政黨的黨風。執政黨的黨風問題是有關黨的生死存亡的問題。要提高黨員素質，加強黨性教育，使社會主義現代化建設沿著正確的軌道前進。黨的紀檢部門是黨的建設的重要機構，要努力擔負起新時期賦予的重大責任。在新時期，培養選拔中青年幹部是黨的當務之急，要使成千上萬德才兼備的中青年幹部成為黨的強大後備力量。要大量吸收德才兼備的知識分子入黨，沒有大批知識分子參加到黨的隊伍中來，就不能建成現代化的新中國。

三、陳雲黨建思想體系的主要特徵與中心環節

陳雲的黨建思想從多方面豐富發展了毛澤東思想和鄧小平理論關於黨的建設的學說，就其思想體系而言，又具有鮮明的特色，這主要體現在以下四個方面。

（一）完整的系統性

所謂系統性，指的是由若干相互作用和相互依賴的要素構成的有機整體的特性。陳雲的黨建思想涵蓋了黨的建設方方面面的問題，涉及思想、組織、作風、制度等一系列重大問題。諸多問題各自有著重要的歷史內涵，同時又縱橫交錯，構成一個結構體系。研究陳雲的黨建思想體系，就要從其自身繫統的整體上研究其內在聯繫、序列和層次，從而把握其系統的規律。

（二）嚴密的理論性

陳雲善於總結實踐，把實踐中的東西分析、歸納、概括、昇華為一系列重要的理論和原則。他一方面對於馬克思主義、毛澤東思想中的建黨學說的一般原理進行深入的闡述，一方面提出豐富的有創造性的理論觀點，這使他的黨建思想體系有著很強的邏輯性，達到了很高的理論層次。

（三）鮮明的時代感

陳雲在民主革命時期提出的許多思想觀點，對於新時期黨的建設仍具有普遍的指導意義。隨著社會日新月異的發展，中國共產黨能否經受住執政和改革開放的考驗，成為一個十分嚴峻的問題。陳雲清醒地認識到黨所處的歷史時代，依據時代的發展提出並回答了一系列重大問題。他的新時期執政黨建設的理論，緊扣時代脈搏，充分體現了時代的精神和風貌。

（四）科學的創新性

1. 在思想觀點上有創新

如關於執政黨的黨風問題；關於兩個文明一起抓問題；在民主革命時期提出的幹部要能上能下；黨員的意義和作用在黨的建設中占有頭等重要的地位；要注意選拔婦女幹部；革命隊伍裡無一人不可用；無產階級政黨應該是最有紀律、最有民主自由的黨等。

2. 語言新

每個革命家都有著自己獨特的文風，陳雲也不例外。他說「不唯上、不唯書、只唯實」「全面、比較、反覆」，這是對馬克思主義唯物論和辯證法的生動概括。講到領導方法時，他說要「大刀闊斧與精雕細刻相結合」，要「兜底查」，這些語言生動活潑，富有新意，能很形象地說明問題。

3. 有針對性地突出兩個中心環節

（1）學習研究陳雲黨建思想體系，應抓住他的新時期執政黨建設思想這一中心環節，這是其黨建思想體系中最具有時代感、最有生機和活力的部分。新時期廣大黨員投身於現代化建設的洪流，黨的事業生機勃勃、興旺發達，

但同時黨風建設、廉政建設也出現了一些令人擔憂的新問題。研究陳雲新時期黨建思想，有助於對共產黨執政規律的探索和研究，有助於黨在新的歷史時期高舉鄧小平理論偉大旗幟，全面貫徹「三個代表」要求，抵制各種錯誤思想對黨的肌體的侵蝕。

（2）學習研究陳雲新時期黨建思想的過程中，還應抓住其黨風建設思想這一中心環節。陳雲黨風建設思想包括兩個方面的內容，一是要造就黨內生動活潑、健康向上的政治局面，二是要努力糾正各種不正之風。新中國成立以後，陳雲十分強調要發揚黨內民主和實事求是的優良作風。20世紀60年代初，他曾語重心長地說：「有些『聰明人』，見面就是今天天氣哈哈哈，看到缺點、錯誤也不提。如果這樣下去，我們的革命事業就不能成功，肯定是要失敗的。」粉碎「四人幫」以後，他針對「左」傾錯誤對黨的建設造成的破壞，強調一定要恢復黨的優良傳統，真正實現毛澤東倡導的黨內生動活潑的政治局面，指出這件事是全黨最大的事情，「如果鴉雀無聲，一點意見也沒有，事情就不妙」。對於在改革開放中黨內出現的各種不正之風，陳雲始終告誡全黨要提高警惕，黨的紀律不能「鬆綁」，紀檢部門要敢於監督，要把維護黨規黨法作為自己的基本任務。從黨的歷史和現狀來看，學習研究陳雲黨風建設思想有著重大而深遠的意義。

四、陳雲黨建思想與毛澤東思想、鄧小平理論之間的關係

毛澤東思想是馬克思主義普遍真理和中國革命具體實踐相結合的產物。毛澤東思想的建黨學說，成功地解決了在無產階級人數很少而戰鬥力很強的、農民和小資產階級占人口大多數的國家，如何建設具有廣大群眾性的、馬克思主義的政黨的問題。毛澤東思想是中國共產黨集體智慧的結晶，黨的許多卓越領導人對它的形成和發展都作出了重要貢獻，陳雲就是其中傑出的一位。一方面，毛澤東建黨學說是包括陳雲在內的許多黨的領導人集體智慧的結晶；另一方面，陳雲黨建思想是在毛澤東思想的指導下，對黨的建設的諸多問題進行獨特性研究與總結的成果，從多方面豐富、發展了毛澤東建黨學說。

繼黨的七大把毛澤東思想寫到自己的旗幟上之後，在建設有中國特色社會主義的偉大實踐中，又把鄧小平理論寫到了自己的旗幟上。這個理論第一

次比較系統地回答了中國這樣的經濟文化比較落後的國家，如何建設社會主義、如何鞏固和發展社會主義的問題，是當代中國的馬克思主義。正如毛澤東思想是全黨智慧的結晶一樣，鄧小平理論同樣是全黨智慧的結晶。鄧小平曾說：「我所做的事，無非反映了中國人民和中國共產黨人的願望，黨的這些政策也是由集體制定的。」陳雲及其他老一輩革命家的黨建思想對於鄧小平黨建理論的形成、對於建設有中國特色的社會主義理論的形成，起著十分重大的作用。

毛澤東思想和鄧小平理論是黨的歷史上「兩次飛躍」產生的兩大理論成果，是黨在不同的歷史時期各具特色的兩個大的思想系統。作為子系統，陳雲黨建思想體系是包含於兩個大系統之中的。把陳雲的黨建思想作為一個體系來研究，並不意味著這個體系可以獨立於兩個大系統之外。從歷史上看，毛澤東和鄧小平是第一代、第二代中央領導集體的核心，陳雲是兩代中央領導集體的重要成員，他們在大的立場和原則上是一致的，代表著黨的正確路線和前進方向。他們的一致性在於都強調從實際出發，不迷信本本，善於把馬克思主義普遍真理同中國具體國情、黨情相結合。同時，他們在理論的內容和表現形式上又各具風格和特色。研究陳雲的黨建思想體系，對於深入理解毛澤東思想和鄧小平理論，對於學習和貫徹「三個代表」重要思想，對於指導改革開放和現代化建設，具有重大而深遠的意義。

此文原刊於《理論學刊》1997 年第 1 期

黨的八大：中國社會主義的起點

一、變革時代——黨的八大的歷史背景

1956 年 9 月召開的中國共產黨第八次全國代表大會，是中國共產黨取得全國政權後舉行的第一次全國代表大會。這次大會正確地分析了我國社會主要矛盾的變化，確定了全黨和全國人民今後的主要任務，並且在經濟、政治、思想文化和黨的建設等方面制定了一系列正確的方針和政策，開始提出和初

步解決了我國社會主義建設中的許多重大問題。正因為這些歷史性的貢獻，黨的八大成為探索我國社會主義建設道路的重要里程碑。

黨的八大召開的 1956 年，是新中國歷史上一個特殊而重要的一年。這一年，對生產資料私有制的社會主義改造基本完成，社會主義在中國建立起來，黨面臨著建設和發展社會主義的經濟、政治和文化的全新課題；這一年，國際形勢風雲動盪，這年 2 月召開的蘇共二十大，尖銳地揭露了斯大林的嚴重錯誤，在國際上引起了極大的震動。在國內外形勢發生重大變化的情況下，以毛澤東為代表的中國共產黨人在觀察、在思考，他們急切地希望探索出一條中國自己的建設社會主義的新路。

中國共產黨的八大，就是在這樣一個特殊的歷史背景下召開的。

（一）社會主義基本制度在改造「高潮」中建立

實現社會主義、共產主義是共產黨人嚮往追求的目標。新中國成立前後，中共中央最初的構想，是搞相當長時期的新民主主義建設，再採取相應的步驟，完成向社會主義的轉變。但隨著形勢的發展，到了 1952 年，毛澤東的思想起了變化，他提出：十年到十五年基本上完成社會主義，而不是十年以後才開始過渡到社會主義，並開始醞釀過渡時期總路線。此後，黨中央經過反覆研究和討論，於 1953 年 12 月正式提出了過渡時期的總路線，開始對農業、手工業和資本主義工商業進行社會主義改造。

農業方面。在過渡時期總路線提出之前，農業合作化的道路就已初步形成。1951 年 9 月，中央召開了第一次農業互助合作會議，會議透過了《關於農業生產互助合作的決議（草案）》，提出了我國農業合作化的三種主要形式：由互助組，到初級社，再到高級社。1953 年 12 月，第三次互助合作會議上，又透過了《關於發展農業生產合作社的決議》（以下簡稱《決議》）。《決議》對農業的改造道路作了明確的表述：

經過簡單的共同勞動的臨時互助組和在共同勞動的基礎上實行某些分工分業而有某些少量公共財產的常年互助組，到實行土地入股、統一經營而有

較多公共財產的農業生產合作社，到實行完全的社會主義的集體農民公有制的更高級的農業生產合作社（也就是集體農莊）。

在兩個文件的指導下，農業合作化運動在前幾年的發展基本是健康的。

1955 年春，全國初級社發展到六十七萬個。在全國農村中出現了不同程度的緊張情況，初級社在大發展中出現了急躁冒進傾向，一些地區一哄而起，出現違反自願互利原則等問題。針對這種情況，1955 年 1—3 月，中共中央連續發出《關於整頓和鞏固農業生產合作社的通知》等四道緊急指示，毛澤東提出「停、縮、發」三字方針。按照中央的部署，全國開始整頓合作社。

但到了 5 月，毛澤東的思想發生了變化，認為「堅決收縮」合作社存在問題。為此，他與中央農村工作部部長鄧子恢發生了一場爭論。1955 年 7 月，毛澤東在中央召開的省、市、自治區黨委書記會議上，尖銳地批評說：

我們的某些同志卻像一個小腳女人，東搖西擺地在那裡走路，老是埋怨旁人說：走快了，走快了。過多的評頭品足，不適當的埋怨，無窮的憂慮，數不盡的清規和戒律，以為這是指導農村中社會主義群眾運動的方針……否，這不是正確的方針，這是錯誤的方針。

毛澤東的報告一直傳達到農村黨支部，各地黨組織因怕當「小腳女人」，紛紛檢查自己的右傾，重新部署農業合作化運動。

1955 年 12 月，毛澤東主持選編的《中國農村的社會主義高潮》出版。毛澤東為這本書寫了序言和 104 條按語，繼續尖銳批判所謂「右傾機會主義」。此書的出版，對農業合作化高潮起了進一步推波助瀾的作用。

在一片「反右」聲中，農業合作社的發展速度，像海嘯一樣席捲了整個中國大地。到 1956 年年底，加入合作社的農戶達到全國農戶總數的 96.3%，其中參加高級社的農戶占全國農戶總數的 87.8%。

農業合作化的快速發展，推動了手工業的改造。到 1956 年年底，參加合作社的手工業人員占手工業人員總數的 91.7%，其中參加手工業生產合作社從業人員占手工業從業人員總數的 73.6%，基本上完成了手工業的社會主義改造。

再看對資本主義工商業的改造。經過三年國民經濟的恢復，中共中央從實踐中確定了對資本主義工商業的改造路線：從低級國家資本主義形式，即統購包銷、加工訂貨，到高級國家資本主義形式，即公私合營的發展過程，就是逐步改造其生產關係，逐步走向社會主義的過程。

1954 年 3 月，中央確定了關於擴展公私合營工業的工作方針，是「鞏固陣地，重點擴展，作出榜樣，加強準備」。並安排了 1954 年擴展公私合營的計劃。從此開始有重點地有計劃地擴展公私合營。

單個企業公私合營是先合營大戶，即「吃蘋果」，一個一個地吃，也就是一個一個企業的合營。僅 1954 年一年就有 905 家資本主義工業實行了公私合營，經合併組成 793 戶公私合營企業。至於中小私營企業，因原料、市場等方面的限制，經營漸感困難，也主動要求實行公私合營。

1955 年夏季以後，農業合作化高潮一浪高過一浪，轟動全國，接著手工業合作化高潮也來了。民族資本家惴惴不安，覺得形勢逼人，心中猶如十五個吊桶打水——七上八下。在這一背景下，毛澤東於 1955 年 10 月 27 日和 29 日，兩次約見工商界代表人物座談。針對資產階級分子怕「共產」，毛澤東說：

對共產這個問題要講開，要說穿，要經常說，朋友們幾個人在一起扯一扯，就不怕了。我看，共產這個事情是好事情，沒有什麼可怕的，你們會知道的，會看到的。

……當然也要注意，不要一說開就晚上睡不著覺，就神經衰弱，說是明天早上就要共產了。不是的。我們講幾年準備，要經過幾個步驟：第一個步驟，加工訂貨；第二個步驟，公私合營；第三個步驟，到那個時候我們再議嘛。究竟哪一年國有化，我們總是要跟你們商量嘛。國有化不會是像扔原子彈那樣撲通下地，全國一個早上就全部實現，而是逐步地實現的。

1955 年 11 月，中央政治局召開各省、市、自治區黨委代表會議，集中討論了對資本主義工商業的社會主義改造問題。會議透過了《關於資本主義工商業改造問題的決議（草案）》，提出全行業公私合營，在 1956 年和

1957 年，爭取達到 90% 左右，並且準備在第二個五年計劃期間內，爭取逐步地基本上過渡到國有化。這樣實行全行業公私合營的時間，又縮短成了兩年。

1956 年，對資本主義工商業的改造進入了全行業公私合營的新階段。並以出人預料的速度，迅速掀起高潮。

高潮首先在北京掀起。1956 年 1 月 1 日，北京的資本主義工商業者率先提出了實行全行業公私合營的申請，到 1 月 10 日，就實現了所有資本主義行業的公私合營。1 月 15 日，北京市各界 20 萬人在天安門廣場舉行慶祝社會主義勝利聯歡大會。會上，北京市工商界代表、同仁堂藥店經理樂松生在天安門城樓上向毛澤東遞交報喜信。會後，全國各地起而傚尤，到 1 月底，上海、天津、廣州、武漢、西安、重慶、瀋陽等大城市以及五十多個中等城市都相繼實現了全市的全行業公私合營。

到 1956 年第一季度末，除西藏等少數民族地區外，全國基本上實行了全行業公私合營。至 1956 年年底，私營工業戶數的 99%，總產值的 99.6%，私營商業戶數的 82.2%，資金的 93.3%，分別納入了公私合營或合作化的軌道。

1956 年的中國，社會主義改造取得了決定性的勝利。農民、手工業者個體所有的私有制基本上轉變成為勞動群眾集體所有的公有制，資本家所有的資本主義私有制基本上轉變成為國家所有即全民所有的公有制。全行業公私合營以後，資本家已不再是占有和經營私人企業的老闆，而是按照他們的能力被接收為企業的職員；他們仍然領取定息，但是定息已同他們原有企業的利潤沒有聯繫，而是根據核定的私股資產，按固定利率提取定息。這樣一來，加上原來的國營經濟的巨大發展，在國民經濟中，全民所有制和勞動群眾集體所有制這兩種形式的社會主義公有制經濟，已經居於絕對統治的地位。反映到經濟結構上，1956 年同 1952 年相比，國營經濟的比重由 19.1% 上升到 32.2%，合作社經濟的比重由 1.5% 上升到 53.4%，公私合營經濟的比重由 0.7% 上升到 7.3%，個體經濟的比重由 71.8% 下降到 7.1%，資本主義經濟的比重由 6.9% 下降到接近於 0，前三種經濟已達 92.9%。在工業總產值中，

1956 年同 1952 年相比，社會主義工業由 56% 上升到 67.5%，國家資本主義工業由 26.9% 上升到 32.5%，資本主義工業由 17.1% 下降到接近於 0。在商品零售額中，國營商業和供銷合作社商業由 42.6% 上升到 68.3%，國家資本主義商業和由原來的小私商組織的合作化商業由 0.2% 上升到 27.5%，私營商業由 57.2% 下降到 4.2%。

綜上所述，社會主義經濟制度在中國已經建立起來了。

中國的社會主義改造道路，有著自己獨有的特點。對資本主義工商業的社會主義改造，黨創造了一系列由初級到高級的國家資本主義的形式，逐步向社會主義過渡；對個體農業的改造，黨也創造了一系列由初級到高級的向社會主義逐步過渡的形式。儘管在工作中存在著嚴重的缺點和偏差，但整體來說，在一個幾億人口的大國中比較順利地實現了如此複雜、困難和深刻的社會變革，不但沒有發生大的社會動盪，而且促進了工農業和整個國民經濟的發展，這是很難做到的，確實是偉大的勝利。

但是，社會主義改造後期過於急促和粗糙，也遺留了許多問題，需要黨繼續調查研究，進行進一步的調整。當時，已經有少數黨的領導人在進行深入的思考：

社會主義公有制經濟已經居於絕對統治地位，但有沒有必要使它成為唯一的經濟成分，可不可以有限度地保留一部分有益於國計民生的個體經濟和私營經濟？

高度集中的計劃經濟體制隨著對資本主義和個體經濟改造完成而擴大到全部經濟生活，市場調節作用是否還需要發揮？

國有經濟如何發揮中央、地方各級和企業的主動性和積極性？

集體經濟的所有權和經營權需不需要劃分層次，根據不同情況發揮不同層次的積極性？還是公有範圍越大、經營越集中越好？

……

這些問題，黨的領導人在改造過程中或多或少有所覺察，可是，在改造高潮的聲浪中，來不及反覆研究和慎重決策。高潮過後，這些問題以及社會主義改造後期過急過粗帶來的其他問題，迫切需要黨的領袖們冷靜下來，認真調查和調整。

（二）赫魯曉夫秘密報告引起了震盪

蘇共二十大及赫魯曉夫對斯大林的批判，是黨的八大召開之前的一個重要的國際背景。

1953 年 3 月，斯大林逝世，蘇共高層內部的權力爭奪隨之公開化。赫魯曉夫戰勝了政治對手，成為蘇共中央第一書記。1956 年 2 月 14 日，蘇聯共產黨第二十次全國代表大會在莫斯科召開。五十五個兄弟黨代表團列席了大會。中共中央派出以朱德為團長，鄧小平、譚震林、王稼祥、劉曉等人組成的代表團出席。

會上，赫魯曉夫代表中央委員會作了總結報告，莫斯卡托夫作了中央檢查委員會報告，布爾加寧作了關於第六個五年計劃的指示報告。大會透過了與上述報告相應的決議，以及關於修改蘇共黨章和草擬蘇共新黨綱的決議。

按照議程，大會本應到此結束，然而意外的事情發生了。赫魯曉夫要求代表們留下來，再延長舉行一次會議。

2 月 24 日夜，在蘇共二十大延長舉行的會議上，赫魯曉夫作了長達五個小時的題為《關於個人崇拜及其後果》的「秘密報告」。

赫魯曉夫在「秘密報告」中，大量揭露了斯大林在執政時期枉殺無辜，以及在衛國戰爭初期對蘇軍嚴重失利所應承擔的責任。報告列舉的黨內大清洗的事實，令與會者無不深感震驚。赫魯曉夫說：

已經查明，第 17 次代表大會上選出的 139 名中央委員會委員和候補委員中，有 98 人，即 70% 被逮捕和槍決（大部分於 1937 至 1938 年）。

遭到同樣命運的不僅是中央委員會委員，還有第 17 次黨代表大會的大多數代表。代表大會有表決權和發言權的 1966 名代表中因被控有反革命罪

行而被捕的占一半以上，即 1108 人。這一事實本身表明，我們現在所看到的對第 17 次黨代表大會絕大多數代表犯有反革命罪的指控是多麼荒唐、野蠻和違反常識。

赫魯曉夫的「秘密報告」，出乎所有與會者的意料。一方面，在人們心目中，蘇聯是世界革命的中心，斯大林是國際共運中享有崇高聲望的革命領袖，蘇聯社會主義模式也被奉為唯一的楷模。現在卻揭露出如此駭人聽聞的內幕，使與會的代表們一時不知所措。另一方面，赫魯曉夫行事也太過魯莽，尤其是批判斯大林這樣的國際性人物，一沒有經過黨內充分醞釀，二沒有與各國共產黨事先通氣，於是，一場大震盪和思想混亂也就在所難免。

所謂「秘密報告」並沒有保住密。在如此大規模的會上作報告，也許赫魯曉夫本意並不是真想保密。蘇共二十大結束不久，西方通訊社就陸續透露了這個報告的內容。3 月 10 日，美國《紐約時報》全文發表了報告，這時距蘇共二十大結束不到半個月。

當時正值東西方兩大陣營對峙，社會主義與資本主義尖銳對立，雙方都以戰勝對方的社會制度和意識形態為最終目標。「秘密報告」使西方如獲至寶，遂即掀起了一陣反蘇反共的浪潮。身處資本主義國家的共產黨頓時陷入困境，內部發生了混亂和危機，人們迷惘不解：「怎麼會發生這種事呢？」很多人因此而脫黨。在東歐各國，也都引起了不同程度的波動。這些國家的黨大都是由斯大林扶植起來的，不僅照搬了蘇聯模式，而且各國黨的領導人都是在斯大林實行預防性大清洗之後上臺的。斯大林神話崩塌之後，其震動之大可以想見。波蘭黨的總書記貝魯特在聽了赫魯曉夫「秘密報告」後，震驚萬分，猝死在莫斯科。當然，各國的波動程度不同，在羅馬尼亞、保加利亞、捷克斯洛伐克和民主德國，僅僅引起了較小而短暫的混亂。但在波蘭和匈牙利則不同，本來局勢就已不穩，現在更是炸了鍋。

從長遠的歷史眼光來看，斯大林的蓋子遲早是要揭開的，在這一點上赫魯曉夫是有功績的，但他完全可以做得從容一些、周密一些。匆忙作出的「秘密報告」，就像打開了一個潘多拉魔盒，這一點，可能赫魯曉夫自己也始料未及。

　　赫魯曉夫「秘密報告」中揭露出的問題及其在全世界引起的強烈反響，引起了毛澤東等中國領導人的高度重視。吳冷西主持的新華社從《紐約時報》上全文譯出「秘密報告」，立即分送中央領導，同時密切關注並廣泛收集各國通訊社的電訊和報刊文章，隨時報送中央，充當中央的耳目。當時，新華社每日彙集兩大本《參考資料》，稱為「大參考」，毛澤東每期必讀。

　　3 月 17 日，毛澤東在中南海頤年堂主持召開了中央書記處擴大會議，劉少奇、周恩來、朱德、鄧小平、彭真、楊尚昆、胡喬木、張聞天、王稼祥、吳冷西等人到會，商討對策。

　　與會者議論紛紛。一是對蘇共事先不向兄弟黨通報不滿，認為這是突然襲擊；二是認為赫魯曉夫全盤否定斯大林是嚴重錯誤。顯然，大家對這場突如其來的事件沒有思想準備。

　　毛澤東卻顯得特別冷靜，並不大驚小怪。他指出，赫魯曉夫的「秘密報告」值得認真研究，特別是這個報告涉及的問題以及它在全世界所造成的影響，現在全世界都在議論，我們也要議論。

　　接著，毛澤東談了他的看法，「現在看來，至少可以指出兩點：一是他揭了蓋子，一是他捅了婁子。說他揭了蓋子，就是講，他的『秘密報告』表明，蘇聯、蘇共、斯大林並不是一切都是正確的，這就破除了迷信。說他捅了婁子，就是講，他作的這個『秘密報告』，無論在內容上或方法上，都有嚴重錯誤」。

　　毛澤東的兩點意見，對赫魯曉夫的「秘密報告」定下了基調。

　　3 月 19 日和 24 日，毛澤東主持召開中央政治局擴大會議，這兩次會議參加的人更多些。全體政治局委員出席，還有王稼祥、楊尚昆、胡喬木、吳冷西、陸定一、陳伯達、鄧拓、胡繩等人列席。

　　兩次會議討論十分活躍，一個重要話題是討論斯大林的錯誤，這在過去是沒有過的。劉少奇系統地講了斯大林的主要錯誤。周恩來說，斯大林跟我黨歷史上幾次重大錯誤有關。鄧小平著重談了反對個人迷信問題。

　　毛澤東說，斯大林抗戰時支持王明，抗戰結束後又要中國黨不要反擊國民黨發動內戰，在他 1949 年年底訪蘇期間開始不願簽訂中蘇友好同盟條約，直到中國志願軍抗美援朝後才相信中國黨是國際主義的共產黨。

　　然而，在說到對斯大林總的評價時，毛澤東十分客觀冷靜。他說，無產階級專政歷史不長，斯大林犯錯誤是題中應有之義。斯大林雖然犯過嚴重錯誤，但他也有偉大功績，他仍然是一位偉大的馬克思主義者。

　　毛澤東對赫魯曉夫的「秘密報告」也沒有全盤否定。他再次重申了兩點意見，尤其強調揭開斯大林的蓋子對破除迷信、反對教條主義的作用。他認為對赫魯曉夫「秘密報告」的失誤，我們要盡力加以補救。

　　會後，由陳伯達執筆，中宣部和新華社協助，起草了《關於無產階級專政的歷史經驗》，後稱為「一論」。文章經過毛澤東審查修改並由中央政治局討論透過，於 4 月 5 日在《人民日報》上發表。文章註明：「這篇文章是根據中國共產黨中央政治局擴大會議的討論，由人民日報編輯部寫成的。」這種方式是毛澤東確定的，既表明了文章的背景和份量，又不像發表聲明或作出決議那樣過於正式。因為蘇聯還沒有正式公佈「秘密報告」，事態還在發展之中。

　　可以看出，中國共產黨和毛澤東的用意不是批判赫魯曉夫而是為他補臺的。文章以支持蘇共二十大反對個人迷信的姿態出現，但對斯大林的錯誤作了客觀分析，對他的一生作了公正評價。其基調是：斯大林是三分錯誤，七分成績，總體上還是一位偉大的馬克思主義者。毛澤東還曾兩次向蘇聯人當面表示了自己的看法。一次是 3 月 31 日召見蘇聯駐華大使尤金，一次是 4 月 6 日接見來訪的蘇共領導人米高揚。毛澤東向他們指出，斯大林「功大於過」「要有全面分析」。

　　與其他黨的驚慌失措不同，中國共產黨面對來自蘇共二十大的衝擊，表現出獨有的從容和冷峻。中國共產黨的態度，也成為世界關注的焦點。《關於無產階級專政的歷史經驗》在報上一發表，立即引起了包括蘇聯在內的國際社會的熱烈反應。

（三）毛澤東提出「以蘇為鑒」，開始思考社會主義的新路

「1956 年斯大林受批判，我們一則以喜，一則以懼。」毛澤東曾經這樣表白了他的心態。

所謂「懼」，自然是因為赫魯曉夫捅了婁子，給國際共運內部帶來了混亂；所謂「喜」，是因為「揭掉蓋子、破除迷信、去掉壓力、解放思想」。

1956 年 4 月 4 日，在討論「一論」的中央書記處會上，毛澤東說：「問題在於我們自己從中得到什麼教益。最重要的是要獨立思考，找出在中國怎樣建設社會主義的道路。」他說，「這個問題我幾年前就開始考慮，先在農業合作化問題上考慮怎樣把合作社辦得又多、又快、又好。後來又在建設上考慮能否不用或者少用蘇聯的拐杖。現在感謝赫魯曉夫揭開了蓋子」。

據薄一波回憶，早在 1955 年年底，毛澤東就提出了「以蘇為鑒」的問題。

恰在蘇共二十大開幕的同一天，2 月 14 日，毛澤東開始聽取三十四個部委的匯報。他自己稱為新中國成立後第二次「調查」。第一次是為農業合作化，看了一百幾十篇材料，出了一本書。僅隔了一個多月，又進行了這次大規模的「匯報工程」。目的都是一個：希望走出一條自己的新路。

這次聽取匯報首先是從劉少奇開始的。1955 年 12 月 7 日，劉少奇為了起草黨的八大的政治報告，開始找各部門負責人個別談話。這次談話從 12 月 7 日至次年 5 月 28 日，先後歷經六個月。

1956 年 1 月，從外地巡視回京的毛澤東聽取薄一波匯報時，當知道劉少奇正在聽取各部委匯報，毛澤東極感興趣。說：「這很好，我也想聽聽。你能不能替我也組織一些部門匯報。」薄一波欣然應命。

此後的兩個多月，毛澤東「每天是『床上地下，地下床上』，起床就聽匯報，穿插著處理日常工作，聽完匯報就上床休息」。每天一個部或幾個部，連續作戰。

各部門的匯報不時引發毛澤東的議論。

輕、紡兩部負責人匯報了近幾年輕紡工業為國家積累所作的貢獻。一五時期，輕紡工作投資少，但產出高、回報快。紡織工業部建一毛紡廠，投資2070萬元，投產一年後即可為國家積累4600萬元，是投資的2.2倍。然而，一五時期，輕重工業投資比例是1：7，已經是不成比例了，「二五計劃」草案中這一比例再次降為1：11。輕紡部門負責人心有苦衷，又不敢言，擔心衝擊重工業這個中心。

「你們野心不大，鬥爭性不強，王道太多，霸道太少，像小媳婦不敢鬥爭。」毛澤東指著輕、紡二部負責人說，「重工業部門都積極抓，你們也要積極搞。你們有理由，要有些霸道。」「凡是重工業部門不干的，你們自己幹。」

「有的同志好像戰爭就要來的樣子，準備著架子在等待戰爭，因此要限制沿海，這樣不妥。輕工業70%在沿海，不積極利用，還靠什麼來提高生產？」毛澤東說。

沿海與內地、經濟與國防怎麼擺，這是當時經濟發展戰略中的一個重要問題。一方面，重工業和輕紡工業生產能力的80%和90%在沿海，它是中國現代工業的主要基地；另一方面，朝鮮戰爭後，國防形勢緊張，出於國防安全考慮，嚴格控制了沿海地區的投資，包括擴建改建現有企業。這勢必限制發展。毛澤東強調說：「沿海地區要充分合理發展，不能限制。」

這裡涉及一個對戰爭的估計問題。1955年萬隆會議和日內瓦會議後，毛澤東等中共領導人對推遲戰爭抱有謹慎樂觀態度。4月25日，朱德在給中共中央和毛澤東的出訪報告中，贊同蘇共二十大關於國際形勢已發生根本變化，世界戰爭是可以防止的看法。他說：「我相信我們能夠爭取到相當長時期的和平建設的條件。」「在這種局勢下，我認為需要考慮怎樣把最大的力量集中到和平生產方面，同時把國防建設同和平建設結合起來的問題。」他說：「現在是時候了。」這種估計代表了當時很多中央領導人的看法。

中央與地方的關係，是毛澤東特別關心的一個問題。毛澤東經常巡視各地，以地方促中央，比較瞭解和傾向於地方負責人的想法。當時，各省市自

治區普遍有多辦工廠的願望，不但想辦輕工業，也想辦重工業，但一怕中央不準搞，二怕搞成了被中央收去。毛澤東對匯報的部委領導人說：

我去年出去了幾趟，跟地方同志談話，他們流露不滿，總覺得中央束縛他們。地方同中央有矛盾，若干事情不放手讓他們管。他們是塊塊，你們是條條，你們無數條條往下達，而且規格不一，也不通知他們；他們的若干要求，你們也不批準，約束了他們。

由此，毛澤東開始產生他獨特的發展思路：發揮中央與地方兩個積極性，兩條腿走路，以打破按部就班的計劃模式，加快速度。

儘管疲憊不堪，但毛澤東仍餘興未盡，在聽取中央各部委匯報之時，他還打算聽取各省市自治區的匯報。3 月 30 日，他親自代中央寫通知，要求各省市做好匯報準備。又接受李富春的建議，讓二三百個重點企業和工地寫出書面匯報。

斯大林問題披露後，毛澤東「以蘇為鑒」的思想更加明確。他的關於中國社會主義建設的新思路也更加清晰起來。

4 月 25 日，中共中央召開擴大會議，毛澤東發表講話。他根據 34 個部委談到的情況，對照蘇聯的經驗教訓，就中國社會主義建設問題作了全面闡述。一共講了十個問題。一是重工業和輕工業、農業的關係；二是沿海工業和內地工業的關係；三是經濟建設和國防建設的關係；四是國家、生產單位和生產者個人的關係；五是中央和地方的關係；六是漢族和少數民族的關係；七是黨和非黨的關係；八是革命和反革命的關係；九是是非關係；十是中國和外國的關係。

這次講話就是後來人們所熟知的《論十大關係》。前 5 節說的是經濟問題。後 5 節說的是政治問題。毛澤東講完，中央政治局擴大會議連續討論了 3 天。毛澤東還邀集湖北、廣東兩省省委和武漢、廣州兩市市委負責人開了 4 天匯報會。5 月 2 日上午，在最高國務會議上，毛澤東吸取了中央政治局會議討論的意見，再次作了《論十大關係》的講話。毛澤東說：

特別值得注意的是，最近蘇聯方面暴露了他們在建設社會主義過程中的一些缺點和錯誤，他們走過的彎路，你還想走？過去我們就是鑒於他們的經驗教訓，少走了一些彎路，現在當然更要引以為戒。

毛澤東的講話，引起了國內外的廣泛關注。一位美國學者評論，《論十大關係》「這篇講話描繪了一種（與蘇聯模式）完全不同的發展戰略」。

在思想文化建設方面，黨和毛澤東也在進行探索。

1956 年 1 月，在知識分子問題會議上，周恩來代表黨中央明確宣布：我國知識分子的絕大部分已經成為國家工作人員，已經為社會主義服務，「已經是工人階級的一部分」。毛澤東在會上強調，現在叫技術革命，文化革命。革愚昧無知的命，沒有知識分子是不行的，單靠老粗是不行的。他號召全黨努力學習科學知識，同黨外知識分子要團結一致，為迅速趕上世界先進科學水平而奮鬥。著名的「百花齊放、百家爭鳴」方針，就是在這一時期提出的。

斯大林在世時，蘇聯排斥學術觀點的自由討論，這對中國也產生了影響。例如，在遺傳學中強制推行李森科學派，說它是無產階級的；禁止西方的摩爾根學派，說它是資產階級的。

1956 年 2 月，中央宣傳部部長陸定一向中央報告了上述情況，提出應讓不同學派共同發展，在競爭中證明自己是正確或是不正確的。中央決定，對科學工作採取「百家爭鳴」的方針。

4 月 28 日，毛澤東在中共中央政治局擴大會議講話，他說：

「百花齊放，百家爭鳴」，我看這應該成為我們的方針。藝術問題上百花齊放，學術問題上百家爭鳴。講學術，這種學術可以，那種學術也可以，不要拿一種學術壓倒一切，你如果是真理，信的人勢必就越多。

5 月 2 日，在最高國務會議第七次會議上，毛澤東又說：

現在春天來了嘛，一百種花都讓它開放，不要只讓幾種花開放，還有幾種花不讓它開放，這就叫百花齊放。

　　……百家爭鳴是諸子百家，春秋戰國時代，二千年前那個時候，有許多學說，大家自己討論，現在我們也需要這個。……在中華人民共和國憲法範圍之內，各種學術思想，正確的，錯誤的，讓他們去說，不去幹涉他們。在刊物上，報紙上可以說各種意見。

　　這時的毛澤東，心胸開闊，思維活躍，他在為即將展開的社會主義建設勾畫著美好的圖景。

二、醞釀籌備——黨的八大前的準備工作

　　1956 年的中國共產黨，已是擁有一千零七十三萬黨員、領導世界四分之一人口、令世界矚目的政黨了。其時，強大而穩固的新中國已經成立七年，社會主義改造也已勝利完成。自黨的七大以來，已有十一年沒有召開黨的全國代表大會了。召開黨的八大，越來越成為全黨期盼乃至世界關注的大事。

　　早在 1952 年年底，中共中央政治局就曾考慮過在召開一屆全國人大的同時，召開黨的八大。但考慮的結果，是先開人大，再開八大。正在這時，黨的核心層出了「高饒事件」。在處理了「高饒事件」之後，1955 年 3 月，黨的全國代表會議作出決定，在 1956 年的下半年召開黨的八大。毛澤東在會上號召全黨「為勝利地召開黨的第八次全國代表大會而鬥爭」。同年 10 月，黨的七屆六中全會透過了《關於召開黨的第八次全國代表大會決議》（以下簡稱《決議》）和《關於黨的第八次代表大會代表名額和選舉辦法的規定》。《決議》指出，黨的八大將於 1956 年下半年召開，其主要議程為：中央委員會的工作報告；關於修改黨章的報告；關於發展國民經濟的第二個五年計劃的建議；選舉黨的中央委員會。

　　此後，黨的八大就進入了正式的籌備階段。

　　（一）中央秘書長鄧小平擔綱籌備重任

　　黨的八大的具體籌備組織，由在黨的七屆五中全會上被增選為中央政治局委員的鄧小平，以中央秘書長的身份來負責。

1952 年 7 月，在西南局工作的鄧小平奉命調至中央，出任政務院常務副總理兼國家財經委員會副主任，成為當時轟動一時的「五馬進京」中的一「馬」。此後，他擔負了更多的中央領導工作。1954 年 4 月，中央政治局擴大會議決定撤銷大區一級黨政機構時，鄧小平被任命為中共中央秘書長、中央組織部部長。9 月，在第一屆全國人民代表大會上，根據周恩來總理的提名，鄧小平被大會決定任命為中華人民共和國國務院副總理；根據毛澤東主席的提名，大會決定任命鄧小平等十五人為國防委員會副主席。與此同時，中共中央政治局作出關於成立黨的軍事委員會的決議，鄧小平為中共中央軍事委員會委員。12 月，在政協第二屆全國委員會第一次會議上，鄧小平當選為第二屆全國政協常委。1955 年 4 月，在黨的七屆五中全會上，鄧小平被增選為中共中央政治局委員。

從決定召開黨的八大起，中共中央便開始了各項準備工作。鄧小平作為中央秘書長、中組部部長，肩負起了主持籌備工作的重任。

全國黨的代表會議閉幕後不久，1955 年 5 月 12 日，中央政治局會議透過了鄧小平草擬的黨的八大文件起草團隊名單。政治報告起草委員會由劉少奇、陳雲、鄧小平、王稼祥、胡喬木、陳伯達、陸定一等組成。修改黨章和修改黨章報告起草委員會由鄧小平、楊尚昆、安子文、劉瀾濤、宋任窮、李雪峰、胡喬木、馬明方、譚震林等組成。第二個五年計劃建議的報告由周恩來組織國家計委的人員起草。黨的八大的籌備事務緊張而繁忙，在鄧小平的具體負責下，整個工作有條不紊地展開。

向八大提出中央委員候選人名單，是籌備工作中的一項重要任務。在鄧小平的領導下，這項工作充分發揚民主，集思廣益。辦法是先從六個大區和軍隊的領導人中選，大家可以隨便提，提了約四百人，比較全面，但仍有一些人被遺漏了。在一次籌備會上，毛澤東就選舉中央委員問題專門指出，這次一些年輕的省委書記沒選上，先讓一讓老同志，讓他們先「過過癮」。在後來的黨的八大二次會議上一些年輕的省委書記也都補選進中央委員會。

各種文件的起草工作，特別是黨的八大政治報告、黨章和修改黨章報告的起草和修改，是籌備工作的重大工程。鄧小平直接主持領導了這項重要工作。

在中央政治局確定的黨的八大政治報告起草委員會、修改黨章和修改黨章報告起草委員會的名單中，只有鄧小平和胡喬木同時參加了兩次起草委員會。在開幕會上，鄧小平又被選為大會秘書處的秘書長，負責收集大會情況特別是各種會議對文件的修改意見。

對黨的八大文件的起草和修改充分體現了民主的精神。毛澤東形象地說：「第一次推翻你的，第二次推翻他的。推翻過來，推翻過去，這也說明我們是有民主的。不管什麼人寫的文件，你的道理對，就寫你的，完全講道理，不講什麼人，對事不對人。」

在黨的八大前夕以及會議過程之中，代表們對大會文件提出了各種修改意見，僅中央檔案館現在保存的各種修改稿便達八十多份，黨章草案修改本達五十多份。彙集和整理這些修改意見的任務是繁重而艱巨的，在鄧小平的指導下，大會秘書處圓滿地完成了這一任務。

經過一年多的準備，黨的八大的各項文件都有了草案，其他各項工作也基本就緒。

為了更充分地做好籌備工作，在會議開幕之前，中共中央交叉召開了黨的七屆七中全會和八大預備會議，兩個會議都是為黨的八大作最後準備，只是與會者的範圍不同。毛澤東主持了所有六次全體會議，發表了六次講話。在黨的七屆七中全會上，毛澤東說：「這次全會的任務就是準備八次大會，大概有三大工程：文件、選舉、發言。」毛澤東還對各項工作作了詳細的說明，提出了很高的要求。

鄧小平在會議上發表了講話，他重點談到修改文件。他說：「剛才主席提了，先提大勢，先提方針性的意見。但有些文件，像黨章，就不那麼好提大勢了，必須是哪一個字要改，就改哪一個，凡有意見的都在這個本子上批。」

這時毛澤東插話說：「不僅是大勢，也包括細節、文字。」

關於大會發言，鄧小平說：「準備安排八天三十六小時作大會發言，最少要有八九十人發言，爭取到一百人發言更好。為了讓更多的人發言，發言一般不超過二十分鐘，要有三五分鐘發言的，要多樣化，活潑一點。」

毛澤東插話說，還可以有一部分書面發言。他特別要求，要有批評，要有豐富的批評，如果開一次會議沒有批評，淨講一套歌功頌德，那就沒有生氣，那無非是一個「好」字就行了，還要多講幹什麼？要有分析。

鄧小平說：「譬如像工業方面，除了比較系統的發言外，還要組織那麼二十多篇稿子，這樣才表現出會議是在討論建設這個重點。只那麼兩三個發言談搞計劃、搞建設，大會裡面的空氣不多，那也不好。」

毛澤東說：「這一次重點是建設。」

預備會議重要工作之一，就是準備大會發言。各省、市、自治區黨委，中央國務院各部委黨組，以及一些中央負責人，認真準備了發言稿，報送大會秘書處審閱，或分送中央領導人審閱，彭德懷、李立三的發言還經過毛澤東閱改。後來，在大會上發言的有六十八人。四十五人作了書面發言。還有七十人準備了發言稿，未作口頭髮言，也作為書面發言刊出。

由於有了精心的準備，黨的八大的發言之多，代表面之廣，發言形式之活潑，在歷屆黨代會中少有。它充分體現了當時民主和探索風氣之盛。大會發言內容涉及經濟、政治、文化、科教、外交、國防、法制、民族、統一戰線、黨的建設等各個方面，它們成為大會主要報告的重要補充和發展，成為黨探索中國社會主義建設道路成果的一部分。

在 9 月 13 日的第三次會議上，毛澤東專門講了中共中央準備設副主席和總書記的問題，重點是向與會同志推舉和介紹鄧小平和陳雲兩位同志。毛澤東主張直接將鄧小平的秘書長改為總書記。鄧小平自謙地說：「我還是比較安於擔任秘書長這個職務。」

鄧小平還在會上對主席團名單、大會發言等問題作了說明。作為主要籌備人，鄧小平同時擔負著大會以及會議文件的宣傳解釋工作。1955 年 9 月 7

日，毛澤東在代中央起草的《關於召開七屆六中全會的通知》中即決定「由鄧小平同志報告第八次黨代會問題決議的意義和內容」。鄧小平對大會所作的解釋和說明，僅在中央全會以上的會議上就達 4 次之多。他的說明深入淺出，言簡意賅，完整準確地表達了中央的意圖，深受與會人員的歡迎，也深得中央主席毛澤東的讚賞。1955 年 9 月 18 日，毛澤東在鄧小平起草的《關於召開黨的第八次全國代表大會決議（草案）》的說明稿上滿意地批道：「我認為可以這樣去講，只改了幾個字。」

在黨的八大前夕，年富力強的鄧小平擔當著十分重要的主持工作，這一角色預示著他即將步入中共第一代領導集體，成為其中舉足輕重的一員。

在一年多的籌備時間裡，中央政治局召集研究黨的八大會議事宜的各種會議、約談、會見等一百三十餘次，其中，商談政治報告 40 次，修改黨章 33 次，「二五」計劃十八次。與此同時，還組織了各省、市、自治區及軍隊大單位黨委、中央國家機關黨組進行討論。黨章修改稿發動討論的範圍更廣。到 1956 年 8 月中旬，各項文件基本成形。各地選出黨的八大代表一千零二十六名。7 月 30 日，中央成立了由陳雲、鄧小平等二十人組成的選舉委員會。到此，八大的籌備工作基本完成。

（二）毛澤東對未來中央領導機構的構想

黨的八大前夕，從改革黨和國家的領導制度出發，黨中央和毛澤東對未來的中央領導機構作出了周密的思考和安排。

1956 年 4 月，最初提出的黨章草稿，只設副主席一名。誰為副主席呢？顯然是劉少奇。劉少奇則提出，增設幾個副主席。

4 月 28 日，毛澤東在中央政治局擴大會議上作總結講話，特別提到此事。他說：「中央究竟是設一個副主席還是設幾個副主席，也請你們討論。少奇同志提出中央設幾個副主席，現在的這個黨章草案上是說設一個副主席。還有，是否可以仿照人民代表大會的辦法，設黨的常任代表。我們有人民的國會，有黨的國會，黨的國會就是黨的代表大會。設常任代表有什麼好處呢？就是可以一年開一次代表大會。我們已經有十年沒有開黨的代表大會了，有

了常任代表制度，每年就非開會不可。是不是可以考慮採用這個辦法，比如五年一任。這還沒有寫到黨章草案上去，提出來請大家考慮，看是否可以。」

根據毛澤東、劉少奇的意見，在聽取了省、市、自治區黨委負責人的意見之後，鄧小平主持黨章修改小組對有關條文進行了修改。5月，鄧小平代中央起草了一份向各省、市、自治區和中央各部委黨組、黨委發出的《關於討論黨章修改稿的通知》：

在黨章修改稿中，請你們特別注意：

（一）草稿中規定全國代表大會和地方各級代表大會採用常任制度，並且規定各級代表大會每年開一次，這是一個重大的改變，請你們考慮這種制度是否妥當。

（二）第三章第九條中關於中央機構問題，曾考慮到兩種形式。一種是保持原來性質的書記處，設一個副主席；一種是不設原來的書記處，增設幾個副主席，並且設立另外性質的書記處或者其他名義的組織。請你們考慮哪一種形式較好。

以上兩點，也請你們將討論意見報告中央。

7月30日，政治局開會決定成立一個專門委員會，負責討論落實中央機構的設置方案。8月5日，鄧小平把專門委員會討論的中央領導機構設置方案，上報毛澤東、劉少奇、周恩來、朱德，請他們「核閱」。其報送的黨章第三十七條條文是：

黨的中央委員會全體會議選舉中央政治局、中央政治局常務委員會和書記處，並且選舉中央委員會主席一人和副主席若干人；

中央政治局和它的常務委員會，在中央委員會全體會議閉會期間，行使中央委員會的職權。

中央書記處在中央政治局和它的常務委員會領導之下，處理中央日常工作。

中央委員會的主席和副主席同時是中央政治局的主席和副主席。

中央委員會認為有必要的時候，可以設立中央委員會名譽主席一人。

這個中央領導機構設置方案，與黨的七大相比，有了重大修改：一是中央委員會副主席由一人改為若干人；二是增設了中央政治局常務委員會；三是把中央書記處置於中央政治局和它的常務委員會的領導之下；四是增加了在必要時設立中央委員會名譽主席一職。

毛澤東在審閱鄧小平所報的方案時，別的地方未動，但在「副主席若干人」之後，加上「和總書記一人」六個字，並把「副主席」前面的「和」字改成頓號。毛澤東考慮，選出一位總書記，並且和中央主席、副主席一起組成中央政治局常務委員會，以形成中央領導集體的核心。

8月22日和9月13日，毛澤東在黨的七屆七中全會第三次會議上，專門就設中央委員會副主席和總書記問題作了兩次講話。在9月13日的講話中說：

我在這裡還要談一下關於設副主席和總書記的問題。上一次也談過，中央準備設四位副主席，就是少奇同志、恩來同志、朱德同志、陳雲同志。另外還準備設一個書記處。書記處的名單還沒有定，但總書記準備推舉鄧小平同志。四位副主席和總書記的人選是不是恰當？當然，這是中央委員會的責任，由中央委員會選舉。但是要使代表們與聞，請你們去徵求徵求意見，好不好？對於我們這樣的大黨，這樣的大國，為了國家的安全、黨的安全，恐怕還是多幾個人好。

黨章上現在準備修改，叫做「設副主席若干人」。首先倡議設四位副主席的是少奇同志。一個主席，一個副主席，少奇同志感到孤單，我也感到孤單。一個主席，又有四個副主席，還有一個總書記，我這個「防風林」就有幾道。「天有不測風雲，人有旦夕禍福」，這樣就比較好辦。除非一個原子彈下來，我們幾個恰恰在一起，那就要另外選舉了。如果只是各別受損害，或者因病，或者因故，要提前見馬克思，那麼總還有人頂著，我們這個國家也不會受影響。不像蘇聯那樣斯大林一死就不得下地了。我們就是要預備那一手。同時多幾個人工作上也有好處。

設總書記完全有必要。我說我們這些人（包括我一個，總司令一個，少奇同志半個。不包括恩來同志、陳雲同志和鄧小平同志，他們是少壯派），就是做跑龍套的工作的。我們不能登臺演主角，沒有那個資格了，只能維持維持，幫助幫助，起這麼一個作用。你們不要以為我現在是在打退堂鼓，想不幹事了，的確是身體、年齡、精力各方面都不如別人了。我是屬於現狀維持派，靠老資格吃飯。老資格也有好處，因為他資格老。但是能力就不行了，比如寫文章，登臺演說，就不行了。同志們也很關心我們這些人，說工作堆多了恐怕不好，這種輿論是正確的。那麼，什麼人當主席、副主席呢？就是原來書記處的幾個同志。這並不是說別的同志不可以當副主席，同志們也可以另外提名，但是按照習慣，暫時就是一個主席、四個副主席。我是準備了的，就是到適當的時候就不當主席了，請求同志們委我一個名譽主席。名譽主席是不是不幹事呢？照樣幹事，只要能夠干的都干。

毛澤東特別推舉鄧小平。鄧小平插話說：「我還是比較安於擔任秘書長這個職務。」毛澤東說：

他願意當中國的秘書長，不願當外國的總書記。其實，外國的總書記就相當於中國的秘書長。中國的秘書長就相當於外國的總書記。他說不順，我可以宣傳宣傳，大家如果都贊成，就順了。我看鄧小平這個人比較公道，他跟我一樣，不是沒有缺點，但是比較公道。他比較有才幹，比較能辦事。你說他樣樣事情都辦得好呀？不是，他跟我一樣，有許多事情辦錯了，也有的話說錯了；但比較起來，他會辦事。他比較周到，比較公道，是個厚道人，使人不那麼怕。我今天給他宣傳幾句。他說他不行，我看行。順不順要看大家的輿論如何，我觀察是比較順的。不滿意他的人也會有的，像有人不滿意我一樣。有些人是不滿意我的，我是得罪過許多人的，我想起來就不舒服，今天這些人選我，是為了顧全大局。你說鄧小平沒有得罪過人？我不相信，但大體上說來，這個人比較顧全大局，比較厚道，處理問題比較公正，他犯了錯誤對自己很嚴格。他說他有點誠惶誠恐，他是在黨內經過鬥爭的。

作為中央主席，如此熱情地推薦一位黨內同志，並且給予如此高的評價，這在毛澤東的生平中是不多見的。

緊接著，毛澤東向大家推舉陳雲。他說：

至於陳雲同志，他也無非是說不行、不順。我看他這個人是個好人，他比較公道、能幹，比較穩當，他看問題有眼光。我過去還有些不瞭解他，進北京以後這幾年，我跟他共事，我更加瞭解他了。不要看他和平的很，但他看問題尖銳，能抓住要點。所以，我看陳雲同志行。至於順不順，你們大家評論，他是工人階級出身。不是說我們中央委員會裡工人階級成分少嗎？我看不少，我們主席、副主席五個人裡頭就有一個。

毛澤東把周恩來、陳雲、鄧小平說成少壯派，把自己說成維持派。事實上，黨的八大的時候，毛澤東六十三歲，周恩來和劉少奇五十八歲，朱德七十歲，陳雲五十一歲，鄧小平五十二歲，把陳雲和鄧小平選進政治局常委會，本身就包含著培養接班人的意義。因為毛澤東說他這個名單要管到 21 世紀。

（三）開幕詞出自「年輕秀才」之手

萬事俱備，只欠東風。黨的八大的各項準備工作已經就緒，只等大會開幕了。可是，毛澤東的心裡還有一事放置不下，那就是，為大會準備一篇精當得體的開幕詞。

平時，毛澤東作報告、演講，寫文章，從來不讓別人代筆，然而，黨的八大的開幕詞，毛澤東起草過兩篇稿子，但不知為什麼都沒有寫完。可時間又很緊了，事又特別多，毛澤東只好破例由別人代筆。

起先，毛澤東想到了陳伯達。可是陳伯達起草的稿子太長，扯得太遠，毛澤東不滿意。怎麼辦呢？離開幕的時間已經很近了。這時，毛澤東想起了田家英。田家英，從延安開始就是毛澤東的三大政治秘書之一（另二位是陳伯達、胡喬木），時年才三十四歲。

田家英最初引起毛澤東的注意，是在 1942 年 1 月。一天，延安《解放日報》上發表了田家英的文章《從侯方域說起》。毛澤東正巧看到這篇文章，一遍讀罷，頗為讚賞。文章寫道：

　　一個人，身經巨變，感慨自然會多的，不過只要這人還有血性、熱情、不作「搖身一變」才行，不然，便會三翻四覆，前後矛盾。比如侯方域吧，「煙雨南陵獨回首」，真有點「側身回顧不忘故國者能有幾人」的口氣。然而曾幾何時，這位復社臺柱，前明公子，已經出來就大清的順天鄉試、投身新朝廷了。這裡自然我們不能苛責他的。「普天之下」「此時已是」莫非「大清的」「王土」，這種人也就不能指為漢奸。況且過去的奴才已經成為奴隸，向上爬去原系此輩常性，也就不免會龍門一跳，躍為新主子的奴才。「後之視今，亦猶今之觀古」，近幾年來我們不是看得很多：寫過鬥爭，誦過光明，而現在也正在領餉做事，倒置是非的作家們的嘴臉……

　　對歷史、對雜文頗為精通的毛澤東，被如此老辣的議論所吸引。當他知道這樣的文字竟然出自一位年紀才二十歲的小夥子之手時，既驚訝又高興。從此對田家英這個名字有了印象。

　　有一次，田家英給機關幹部講古文，毛澤東正好散步走到教室附近，為田家英的講課所吸引，竟停下腳步在窗外聽起來。

　　不久，毛澤東把田家英要來當毛岸英的中文教師。後來，毛澤東身邊的秘書忙不過來，毛澤東問胡喬木誰適合當秘書，胡喬木推薦了田家英。

　　田家英剛任秘書之初，毛澤東問他：「你到我這裡工作有什麼想法？」田家英回答說：「不求有功，但求無過。」田家英的回答顯然不能令毛澤東滿意，但卻是他的心裡話，誰都知道，給毛澤東當秘書談何容易，二十幾歲的田家英，深知這個工作的責任和份量。有一次，毛澤東請田家英吃飯，田家英本來是很有酒量的，但是這次只喝了一點酒就醉了，可見田家英初任秘書時的緊張心情。

　　田家英「上任」不久，曾經經歷過兩場特殊的「考試」。一次，毛澤東向他口授意見，要他起草一份電報，當場交卷。田家英凝神靜思，一揮而就，毛澤東看後表示滿意。不久，毛澤東又派他到東北去做調查。田家英問主席有什麼指示，毛澤東沒有出題目，只是說：「你就是到處看，看街道，看商店，看工廠，看民情，回來匯報。」這實際上又是對田家英的一次「考試」。

　　毛澤東與田家英在長期的相處之中，建立了深厚的感情。毛澤東很喜歡田家英，田家英也熱愛毛澤東。在 20 世紀 50 年代，幾乎每天晚上，毛澤東都要找田家英去談話或交辦事情。他們交談的內容很多，範圍很廣，從古到今，從政治到生活，每次都有新題目。毛澤東是政治家，又是詩人和文學家。田家英佩服毛澤東學識淵博，思路開闊，記憶力過人。他的思想和政治上的成長、發展受到毛澤東的巨大影響。柳亞子也曾在日記中寫道：「田家英來談政治與舊詩，所見到頗深刻，意者受毛主席的影響歟？」

　　在田家英的秘書生涯中，宣傳毛澤東思想可以說是一項很重要的工作。他參加了《毛澤東選集》的編輯工作。從選定文章，到寫作註釋，再到校對、印刷，他都幹過。

　　整理毛澤東的講話稿是田家英的「絕活」。毛選中有幾篇重要講話，如《抗日戰爭勝利後的時局和我們的方針》《關於重慶談判》《對晉綏日報編輯人員的談話》，都是田家英整理的。1957 年《在中國共產黨宣傳工作會議上的講話》也是田家英整理的。整理毛澤東的講話稿是一件相當不容易的工作，有時比自己寫文章還難。因為整理記錄稿首位的要求是忠於原意，還要保持作者特有的文風。而田家英整理出來的稿子酷似毛澤東親筆寫的文章，能做到這一點確非易事。

　　也許正是因為田家英既能深入領會毛澤東的思想，又熟悉毛澤東的文風，所以毛澤東在為開幕詞犯愁的時候自然想到了田家英。

　　毛澤東找到田家英，要他代寫開幕詞，並告訴他：「不要寫得太長，有個稿子帶在口袋裡，我就放心了。」

　　這時離開會只有幾天了，時間非常緊迫，田家英花了一個通宵趕寫出初稿，毛澤東比較滿意，立即送中央書記處的劉少奇、周恩來、朱德、陳雲和其他有關同志，經過多次修改，最後定稿。

　　在田家英起草的初稿上，毛澤東加上了一些重要的內容。如在宣布大會開幕之後，毛澤東緊接著加寫了一段話：

從我們黨的第七次全國代表大會以來的十一年間，在全中國和全世界，為了共產主義和全人類解放事業而英勇奮鬥和辛勤工作，因而付出了自己生命的同志和朋友，是很多的，我們應當永遠紀念他們。

這表達了毛澤東等中國共產黨人對革命先烈的無限崇敬和深切懷念之情。回顧中國共產黨的歷史，毛澤東加寫了一段關於對黨評價的話：

在兩個革命的實踐中，證明了從七次大會到現在，黨中央委員會的路線是正確的，我們的黨是一個政治上成熟的偉大的馬克思列寧主義的政黨。我們的黨現在比過去任何時候都更加團結，更加鞏固了。我們的黨已經成了團結全國人民進行社會主義建設的核心力量。

關於蘇共二十大，毛澤東也加寫了一段評論：

蘇聯共產黨在不久以前召開的第二十次代表大會上，又制定了許多正確的方針，批判了黨內存在的缺點。可以斷定，他們的工作，在今後將有極其偉大的發展。

可見，當時毛澤東雖然不同意赫魯曉夫全盤否定斯大林，但對蘇共二十大批判個人迷信是肯定的。那時，他更多地還是從積極的方面去看待蘇共二十大的。

在開幕詞的最後，毛澤東還特別加了一段對各民主黨派和民主人士的話。他說：

今天在座的還有我們國內各民主黨派和無黨派民主人士的代表。他們是和我們一道工作的親密的朋友。他們一向給了我們很多的幫助。我們對他們表示熱烈的歡迎。

這篇不到三千字的開幕詞，給人們留下了深刻的印象。在黨的八大開幕時，毛澤東的致辭竟三十四次被熱烈的掌聲所打斷。開幕詞中的精彩段落，後來更是被人們反覆引用：

要把一個落後的農業的中國改變成為一個先進的工業化的中國，我們面前的工作是艱巨的。我們的經驗是很不夠的。因此，必須善於學習。要善於

向我們的先進者蘇聯學習，要善於向世界各人民民主國家學習，要善於向世界各兄弟黨學習，要善於向世界各國人民學習。我們決不可有傲慢的大國主義的態度，決不應當由於革命的勝利和在建設上有了一些成績而自高自大。國無論大小，都各有長處和短處。即使我們的工作得到了極其偉大的成績，也沒有任何值得驕傲自大的理由。

虛心使人進步，驕傲使人落後，我們應當永遠記住這個真理。

代表們都以為，這篇充滿「毛澤東風格」的開幕詞，肯定是毛澤東親自寫的。因為毛澤東的風格，他們太熟悉了。致完開幕詞，毛澤東來到休息室，眾人爭相稱讚開幕詞好。毛澤東卻對大家說：「開幕詞是誰寫的？是個年輕秀才寫的，此人是田家英。」哦！直到這時，大家才明白，原來開幕詞出自他的秘書之手。

三、探索成果──黨的八大的主要內容和成就

1956 年 9 月 15 日，中國共產黨第八次全國代表大會在北京新落成的中國人民政治協商會議禮堂隆重開幕。出席會議的代表有 1021 人（大會共有 1026 位代表，5 人請假），他們代表著 1073 萬黨員。58 個國家的共產黨、工人黨、勞動黨和人民革命黨的代表應邀參加了大會，國內各民主黨派和無黨派民主人士的代表以及中央直屬機關、國家機關、中國人民解放軍和人民團體的負責人員也應邀列席了會議。

下午 2 點，當中共中央領導人毛澤東、劉少奇、周恩來、朱德、陳雲、康生、彭真、董必武、林伯渠、張聞天、彭德懷、林彪、鄧小平，各國共產黨和工人黨的代表們以及中國各民主黨派的領導人和無黨派民主人士登上主席臺時，會場響起了暴風雨般的掌聲。

2 點 05 分，毛澤東致開幕詞，他以其洪亮的湖南口音宣布：「中國共產黨第八次全國代表大會現在開幕了。」全場再次起立，熱烈鼓掌，《國際歌》在禮堂迴蕩。毛澤東開宗明義，點出了黨的八大的主題：

我們這次大會的任務是：總結從七次大會以來的經驗，團結全黨，團結國內外一切可能團結的力量，為了建設一個偉大的社會主義的中國而奮鬥。

接著，大會透過了由毛澤東、王稼祥、鄧小平、習仲勛等 63 人組成的大會主席團，由鄧小平為秘書長組成的大會秘書處，由董必武為主任組成的大會代表資格審查委員會，透過了大會的主要議程和會議規則。

（一）國內主要矛盾的判定和主要任務的提出

黨的八大的第一項議程，是由劉少奇代表第七屆中央委員會向大會作政治報告。

黨的政治報告是這次會議最主要的文件。它的起草歷經一年有餘，數易其稿。預備會上雖壓縮了近一半文字，但仍洋洋灑灑的近五萬字。這一年，劉少奇已是望甲之年，但依然精力旺盛，站在講臺上連續作了四個小時報告，大會持續到傍晚七點多。

政治報告的各節標題是：

一、黨在過渡時期的總路線

二、社會主義改造

三、社會主義建設

四、國家的政治生活

五、國際關係

六、黨的領導

報告特別強調了「國內形勢和黨的總任務」這一重大問題。

劉少奇指出，經過 1949 年和 1956 年兩次勝利，中國的內外關係發生了根本變化。帝國主義勢力被趕走了，官僚買辦資產階級消滅了，封建地主也已消滅，富農階級正在消滅中，民族資產階級分子正在轉變，農民和其他個體勞動者已變成社會主義集體勞動者，工人階級成為國家的領導階級，知識界已組成了一支為社會主義服務的隊伍。國內各民族團結友好，統一戰線擴大和鞏固，國際地位提高了。黨現時的任務是團結國內外一切可能團結的力量，儘可能迅速地把我國建成一個偉大的社會主義國家。他說：

現在，革命的暴風雨時期已經過去了，新的生產關係已經建立起來，鬥爭的任務已經變為保護社會生產力的順利發展。

黨的任務的提出，顯示著中共從革命轉向建設的明確意識。報告內容的主要篇幅也是對建設的論述。但是，報告沒有明確說明社會主義改造完成以後，我國社會的基本矛盾是什麼，主要矛盾還是不是階級矛盾。為了更加突出主題。9 月 27 日黨的八大透過的關於政治報告的決議中，有一段更加集中和明確的論述：

我們國內的主要矛盾，已經是人民對於建立先進的工業國的要求同落後的農業國的現實之間的矛盾，已經是人民對經濟文化迅速發展的需要同當前經濟文化不能滿足人民需要的狀況之間的矛盾。這一矛盾的實質，在我國社會主義制度已經建立的情況下，也就是先進的社會主義制度同落後的社會生產力之間的矛盾。黨和全國人民的當前的主要任務，就是集中力量來解決這個矛盾，把我國盡快地從落後的農業國變為先進的工業國。

決議中的這段論述，沒有簡單地複述政治報告，而是在重大問題上作出了新的論斷，完善了政治報告的不足。但這些論斷事後引起了毛澤東的不滿。

這份關於黨的八大政治報告的決議，是從 9 月 17 日才開始起草的，也就是黨的八大正式會議開始之後，因此決議的起草和修改時間比較緊迫，不如報告那樣從容。

按照毛澤東「要把矛盾突出一下，現在主要是先進與落後」的意見，決議的第三次修改稿中增加了關於主要矛盾的內容。第三稿寫道：「在基本上解決了無產階級和資產階級的矛盾以後，我們現在面對著的主要矛盾，是先進的國家制度和社會制度同落後的經濟和文化之間的矛盾。」9 月 26 日，根據代表們的意見，起草委員會刪去了「先進的國家制度和社會制度同落後的經濟和文化之間的矛盾」這句話，將其改為「已經是人民對於建立先進的工業國的要求同落後的農業國的現實之間的矛盾，已經是人民對於經濟文化迅速發展的需要同當前經濟文化不能滿足人民需要的狀況之間的矛盾」。

經過修改的稿子很快送給毛澤東審閱。毛澤東審完稿子，已經是 27 日凌晨 2 點鐘。他改了幾個字，並在稿子上批道：「即送胡喬木同志，照此付印，付翻譯。」

據石仲泉等主編的《中共八大史》記載：根據現存檔案，在毛澤東定稿退還胡喬木之後，胡喬木又作了少量的文字修改。其中比較重要的修改是在關於主要矛盾的論述方面，加寫了一句話：「這一矛盾的實質，在我國社會主義制度已經建立的情況下，也就是先進的社會主義制度同落後的社會生產力之間的矛盾。」加寫的這句話與 26 日刪除的那句「先進的國家制度和社會制度同落後的經濟和文化之間的矛盾」意思差不多。胡喬木加寫這句話，是在毛澤東定稿之後，不知他是否報告了毛澤東。雖然這句話在大會討論透過時沒有任何人提出異議，但是事後卻遭到毛澤東的詬病，認為表述得不夠科學。因為馬克思主義從來就認為生產關係必須適應生產力，沒有說過生產關係可以超越生產力，讓生產力去適應生產關係。

今天看來，黨的八大關於社會主要矛盾的論述，在當時不僅符合社會和理論發展的邏輯，也確實符合黨的八大前後黨關於將工作重心轉向經濟建設的思想，有利於社會的安定和經濟的發展。但是，就理論與實際的關係來說，這個論斷脫離了實際，當時社會的主要問題，並不是先進的社會制度與落後的生產力的矛盾，而是生產關係與生產力不相適應的問題，生產關係必須適應生產力的問題並沒有得到解決。

劉少奇的政治報告還特別講到了擴大民主，健全法制的問題。

報告提出要加強監督，開展反對官僚主義的鬥爭；要適當地調整中央和地方行政管理職權；要正確處理少數民族問題，反對大漢族主義；擴大和鞏固統一戰線，實行黨同民主黨派「長期共存、互相監督」的方針。

劉少奇關於健全法制的論述，今天讀來尤其令人感到親切。他說，過去鬥爭的主要方法是人民群眾的直接行動，現在革命的暴風雨時期已經過去，完備的法制就完全必要了。

　　為了正常的社會生活和社會生產的利益，必須使全國每一個人都明了並且確信，只要他沒有違反法律，他的公民權利就是有保護的，他就不會受到任何機關和任何人的侵犯，如果有人非法地侵犯他，國家就必然出來加以干涉。我們的一切國家機關都必須嚴格地遵守法律，而我們的公安機關、檢察機關和法院，必須貫徹執行法制方面的分工負責和互相制約的制度。

　　關於擴大民主健全法制問題，也是大會發言中的一個重要話題。

　　董必武在發言中就提到少數黨員幹部對法制不尊重的種種現象。他說，過去一切革命都是在突破舊法制中進行，「這種仇視舊法制的心理可能引起對一切法制的輕視心理」。新中國成立後發動群眾運動是不完全依靠法律的，「這可能帶來一種副產物，助長人們仇視一切法制的心理」。

　　董必武的話可謂正中要害。他所講的這種歷史惰性使黨的八大期望的法制建設很快就被群眾運動所打斷。後人每念及此，不能不對黨的八大常懷歷史的抱憾。

　　劉少奇在報告中還談到了中國的對外政策。這涉及對戰爭與和平形勢的估計。他在報告中認為，現在所處的國際環境對我們有利。世界局勢趨向緩和，「世界的持久和平已經開始有了實現的可能。」「戰爭的危險仍然存在……。但是，世界的總的趨勢是光明的。」只要共同努力，和平事業終將取得勝利。報告還指出，我們相信社會主義制度的優越性，不怕同資本主義國家進行和平競賽。「我們以五項原則為基礎的和平共處政策不排斥任何國家」，包括美國。

　　從這些論述中，可以看出，黨的八大的基本精神與蘇共二十大和平共處路線是一致的。這並不只是一種維護蘇聯的外交需要，同時也反映了黨這段時期對爭取世界和平的信心及謀求緩和的外交策略。不過，細細分析，黨的八大與蘇共二十大的對外政策仍有不可忽視的差異。比如，黨對蘇共「三和」政策只肯定了「兩和」，而對「和平過渡」政策，始終不表態。相反，毛澤東在開幕詞中，鄭重地作出了支持亞非拉民族解放運動的承諾。在這一點上，中蘇之間潛伏著分歧的危機。

（二）鄧小平縱論執政黨建設

　　黨的八大的另一個重要報告——《關於修改黨的章程的報告》，是由被毛澤東稱為「少壯派」的鄧小平所作的。

　　鄧小平在報告中指出，由於革命的勝利和形勢的發展，中國共產黨的情況發生了重大變化，黨員數量從 1945 年的一百二十萬人增加到一千多萬人，並成為執政黨。黨經受住了考驗，也取得了成績，但作為執政黨，中國共產黨面臨著新的考驗和挑戰。鄧小平告誡全黨：

　　七年的經驗同樣告訴我們，執政黨的地位，很容易使我們的同志沾上官僚主義的習氣。脫離實際和脫離群眾的危險，對於黨的組織和黨員來說，不是比過去減少而是比過去增加了。而脫離實際和脫離群眾的結果，必然發展主觀主義，即教條主義和經驗主義的錯誤，這種錯誤在我們黨內也不是比前幾年減少而是比前幾年增加了。

　　為此，鄧小平在《關於修改黨的章程的報告》中，特別闡述了在新的歷史條件下堅持黨的群眾路線的極端重要性，他對群眾路線作了新的全面的解釋。他指出，群眾路線包含著兩方面的含義：一方面，「它認為人民群眾必須自己解放自己；黨的全部任務就是全心全意地為人民服務；黨對於人民群眾的領導作用，就是正確地給人民群眾指出鬥爭的方向，幫助人民群眾自己動手，爭取和創造自己的幸福生活」。另一方面，「它認為黨的領導工作能否保持正確，決定於它能否採取『從群眾中來，到群眾中去』的方法」。這種把群眾路線與黨的性質、宗旨、思想路線、思想方法和工作方法聯繫起來的解釋，使其有了更加深厚的理論基礎與科學依據。從這一定義出發，鄧小平要求各級黨組織密切聯繫群眾和依靠群眾，而不能脫離群眾，不能站在群眾之上；每一名黨員必須養成為人民服務，向群眾負責，遇事同群眾商量和同群眾共甘苦的工作作風；黨的幹部要先做群眾的學生，後做群眾的先生。

　　鄧小平所作的《關於修改黨的章程的報告》，最引人注目之處是大力強調堅持民主集中制和集體領導原則，反對個人崇拜和個人專斷。

鄧小平指出，民主集中制是我們黨的列寧主義的組織原則，是黨的根本的組織原則，也是黨的工作中的群眾路線在黨的生活中的應用。正確地解決黨的組織和黨員的關係、黨的上級組織和下級組織的關係、黨的中央組織和地方組織的關係，在黨的民主集中制問題上具有特別重要的意義。在處理這些關係中，既要反對過度的集中，又要反對分散主義，而在目前，主要的是要擴大黨內民主，充分發揮黨的下級組織和廣大黨員的積極性和創造性。

黨的民主集中制的另一個基本問題，是各級黨組織中的集體領導問題。鄧小平指出，列寧主義要求黨在一切重大的問題上，由適當的集體而不是由個人作出決定。他特別指出，當前執行集體領導制度中的缺點，仍然是個人專斷，有少數黨組織的負責人，仍然有個人包辦的行為，或者以集體領導的外表掩蓋了個人專斷的實質，這些都必須堅決加以反對。

在民主集中制問題上，鄧小平特別強調了反對個人崇拜的問題。他指出，馬克思主義從來沒有否認領袖人物對於政黨的作用，但是這種領袖是在群眾鬥爭中自然而然地產生的，而不能是自封的。同剝削階級的領袖相反，工人階級政黨的領袖，不是在群眾之上，而是在群眾之中，不是在黨之上，而是在黨之中。

對於領袖的愛護本質上是表現了對黨的利益、階級的利益、人民的利益的愛護，而不是對於個人的神化。蘇聯共產黨第二十次代表大會的一個重要的功績，就是告訴我們，把個人神化會造成多麼嚴重的惡果。

蘇共二十大揭露了斯大林的錯誤，給中國共產黨以巨大震動。如果說斯大林的錯誤不是制度造成的（中國共產黨正是這樣認為的），那麼合理的解釋就是個人崇拜造成了斯大林的獨斷專行。鄧小平在報告中指出：

關於堅持集體領導原則和反對個人崇拜的重要意義，蘇聯共產黨第二十次代表大會作了有力的闡明，這些闡明不僅對於蘇聯共產黨，而且對於全世界其他各國共產黨，都產生了巨大的影響。很明顯，個人決定重大問題，是同共產主義政黨的建黨原則相違背的，是必然要犯錯誤的，只有聯繫群眾的集體領導，才符合黨的民主集中制原則，才便於儘量減少犯錯誤的機會。

　　個人崇拜是一種有長遠歷史的社會現象，這種現象，也不會不在我們黨的生活和社會生活中，有它的某些反映。我們的任務是，繼續堅決地執行中央反對把個人突出、反對對個人歌功頌德的方針，真正鞏固領導者同群眾的聯繫，使黨的民主原則和群眾路線，在一切方面都得到貫徹地執行。

　　引起中外人士關注的是，黨的八大並沒有像黨的七大那樣，把「毛澤東思想」寫入黨章。眾所周知，黨的七大的重要決策之一，就是把「毛澤東思想」作為黨的指導思想並寫入黨章。劉少奇在黨的七大的修改黨章報告中，用了一整章的篇幅來論述黨的指導思想——毛澤東思想。黨的七大黨章中規定：「中國共產黨以毛澤東思想作為自己一切工作的指針。」

　　而黨的八大透過的黨章則規定：「中國共產黨以馬克思列寧主義作為自己行動的指南。」另外，在大氣形成的所有文件中，都沒有提到「毛澤東思想」，也沒有直接說明為什麼要從黨章中刪除「毛澤東思想」這個詞。按說，黨的七大以來中國革命的勝利、新中國的日益強大和社會主義改造的順利進行，都進一步證明了毛澤東思想的正確性，毛澤東的威信也是如日中天。可是，為什麼黨的八大不提「毛澤東思想」呢？中外不少人對此猜測不一。

　　實際上，這種變化並不是在這時才發生的。1949 年 3 月召開的黨的七屆二中全會上曾經規定，禁止給黨的領導人祝壽，禁止用黨的領導人名字作地名、街名和企業的名字，反對在文學藝術中誇大領導者的作用。從那以後，毛澤東在審閱一些重要文件時，他本人就把遇到的「毛澤東思想」這個詞改掉或刪去。有的改為「馬克思列寧主義的路線」，有的改為「馬克思列寧主義的普遍真理和中國革命的具體實踐相結合」。

　　1950 年 8 月 19 日，在編輯《毛澤東選集》第三卷收入 1945 年 4 月中共中央透過的《關於若干歷史的決議》時，由毛澤東提議，經中央政治局同意，把「毛澤東思想」一律作了上述處理。

　　1953 年 5 月 24 日，在 4 月 3 日董必武關於中國政治法律學會召開成立大會給彭真並政法黨組幹事會的信上，毛澤東批示：「彭真同志，凡有『毛澤東思想』字樣的地方，均應將這些字刪去。」

1954 年 2 月，中共中央宣傳部根據毛澤東的指示精神，專門下發了《關於毛澤東思想應如何解釋的通知》。其中規定：「黨章已明確指出『毛澤東思想』即是『馬克思列寧主義的理論與中國革命的實踐之統一的思想』，它的內容和馬克思列寧主義是同一的。」「毛澤東同志曾指示今後不要再用『毛澤東思想』這個提法，以免引起重大誤解。我們認為今後黨內同志寫文章作報告，應照毛澤東同志的指示辦理。」

正是遵照毛澤東本人的意願，鄧小平關於修改黨章的報告、由他主持起草的新黨章、以及黨的八大的其他重要文件中都沒有出現「毛澤東思想」的字樣。

（三）既反保守又反冒進的經濟建設方針

相比較而言，八大關於「二五」計劃的建議和周恩來作的關於「建議」的報告，在它的形成過程中，經歷了較大反覆。即使是在它提出以後，也沒有真正統一過認識。

1955 年 8 月最初設想「二五」計劃時，曾經有過一個比較務實的指標。但由於受到 1956 年初開展的反對右傾保守鬥爭的影響，到 1956 年初國家計委提出的「二五」計劃初案時，指標便直線上升。到 1962 年，工農業總產值達到 2997 億元，糧食產量 6400 億斤，棉花產量 7000 萬擔，這就要求每年以 19.1%、10.3%、16.4% 的速度增長。這個方案得到了毛澤東的讚賞，他還主張 1962 年「把鋼搞到 1500 萬噸」，比 1955 年增長幾倍。

這樣的速度實際上是不現實的。這樣一來，勢必使計劃編制中的財政收支、物資供應無法平衡。但由於得到毛澤東的肯定，加上領導幹部中普遍存在急躁情緒，所以指標居高難下。從 5 月開始，周恩來、陳雲等人為遏制急躁冒進情緒作了很大努力。反冒進的目的之一，就是制定一個穩妥的「二五」計劃。從 7 月開始，周恩來親自主持「二五」計劃的編制，在起草兩個文件時不斷地降溫，壓縮指標。

「二五」計劃的建設規模，在一定程度上取決於蘇聯提供的援助規模。蘇聯對中國的「二五」計劃積累率從 22% 跳到 26%「感到驚奇」，他們向

當時在蘇聯訪問的中國國家計委主任李富春表示，蘇聯供應設備很難保證，「希望中國同志瞭解蘇聯的困難」。9 月 1 日，蘇共中央正式覆信中共中央，明確表示，中國要求為 109 個新建企業提供技術援助將予以滿足，但所需設備，要從 1961 年起才能開始供應。

薄一波回憶說：「蘇聯的答覆，對周總理主持修改的『二五』計劃草案被中央採納起了有利的作用。」9 月 13 日，毛澤東兩次給周恩來寫信，同意了「建議」和「建議」報告兩個文件。表示「看了一遍，很好」「你的報告全文很好」。

於是，提交八大的「二五」計劃建議，就是一個比較現實的計劃。計劃規定，1962 年工農業總產值 2205 億元，糧產量 5000 億斤，棉花 4800 萬擔，分別比年初計劃降低 27%、21%、46%。

更為重要的是，周恩來提出了一條積極穩妥的建設方針。他提出：

第一，應該根據需要和可能，合理地規定國民經濟的發展速度，把計劃放在既積極又穩妥可靠的基礎上，以保證國民經濟比較均衡地發展。

第二，應該使重點建設和全面安排相結合，以便使國民經濟各部門能夠按比例地發展。

第三，應該增加後備力量，健全物資儲備制度。

第四，應該正確處理經濟和財政的關係。

這條積極穩妥的建設方針，在黨的八大得到了積極的反響，成為大會發言的主題之一。大家坦率地說到了近幾年建設中的一些問題。

李富春說：「國民經濟各方面是一個有機整體，任何一方面過分突出和過分落後，都會引起比例失調。」

薄一波說：「正確地解決積累和消費的關係，是我國社會主義工業化過程中一個頭等重要的問題。」

李先念說：「投資比例應作適當調整，既要照顧國家建設，又要照顧個人消費。」

鄧子恢說：「沒有重工業的發展，不可能實現農業現代化，但是如果農業生產趕不上工業發展的要求，結果只有使工業化速度被迫降低，或者使工農聯盟關係緊張。」

…………

周恩來提出的穩健的經濟建設方針在黨的八大政治報告的決議中得到了明確的肯定。決議指出：

黨的任務，就是要隨時注意防止和糾正右傾保守的或「左」傾冒險的傾向，積極地而穩妥可靠地推進國民經濟的發展。

然而，這只是暫時的或者表面的意見一致。不久，在發動「大躍進」的過程中，這條方針受到了嚴厲批評，黨的八大確定的「二五」計劃方案也被丟棄。

在經濟方面，黨的八大不僅提出了一條穩妥的建設路線，而且對經濟體制的深層次問題也有所觸及。

9 月 20 日，陳雲作了《關於資本主義工商業改造高潮以後的新問題》的大會發言。陳雲的發言雖然是個人發言，但份量和意義非其他發言所能相比。這不僅僅因為他即將成為六大領袖之一，更因為他的發言深思熟慮，觸及了對傳統社會主義模式的認識問題。

陳雲是最早覺察到高度計劃經濟體制存在缺陷的一個。他的認識不是借助於某種理論，而是對實踐的觀察。

從社會主義高潮，尤其是城鎮對資改造和手工業改造高潮出現之時，陳雲就遇到了許多新問題：改造過程中，為限制私人工商業的許多措施不能用了；由於改造過急，手工業和服務業合併過多，導致產品質量下降，品種減少，服務不周，造成居民生活不便；農業合作化過急，家庭經營減少，導致部分農副產品生產下降；公私合營和國有企業只顧生產大路貨，不願增加品種，產品貨不對路，等等。

有人說：「資本主義生產大範圍不合理，但小範圍合理；我們現在是大範圍合理，小範圍不合理。」陳雲覺得有道理。

如何解決「小範圍不合理」問題呢？他主張改變加工訂貨、統購包銷的辦法，實行選購辦法；工業、手工業、農業副產品和商業應有很大一部分實行分散生產、分散經營，在堅持主要農產品統購統銷的前提下，對部分農副產品實行國營商店、合作商店、合作小組和供銷合作社自由收購、自由販運，禁止互相封鎖；價格政策必須有利於生產；國家計劃管理辦法，應有適當變更，做到「管而不死」，既要管好市場，又不把市場搞死。

在黨的八大發言中，陳雲歸納他的上述思想，提出了著名的「三個主體，三個補充」的總體構想：

在工商業經營方面，國家經營和集體經營是工商業的主體，但是附有一定數量的個體經營。這種個體經營是國家經營和集體經營的補充。至於生產計劃方面，全國工農業產品的主要部分是按照計劃生產的，但是同時有一部分產品是按照市場變化而在國家計劃許可範圍內自由生產的。計劃生產是工農業生產的主體，按照市場變化而在國家計劃許可範圍內的自由生產是計劃生產的補充。因此，我國的市場，絕不會是資本主義的自由市場，而是社會主義的統一市場，在社會主義的統一市場裡，國家市場是它的主體，但是附有一定範圍內國家領導的自由市場。這種自由市場，是在國家領導之下，作為國家市場的補充，因此它是社會主義統一市場的組成部分。

陳雲把這種設想稱為「大計劃小自由」。

陳雲的眼光，確實如毛澤東對他的評價：「很尖銳」。在蘇聯式的計劃經濟體制剛剛在中國落戶之時，陳雲就覺察到它的缺陷，並試圖做些改革，確實是言人所未言。

不只是陳雲覺察到了問題，在黨的八大發言中，有不少人提到所有制和經濟體制問題。

毛澤東也在思考體制問題。《論十大關係》中有「中央與地方的關係」「國家、集體與個人的關係」等內容，都觸及了體制。他對中央計劃管得太死也

十分不滿意。他後來逐漸形成了一種思路：下放權力，發揮中央與地方兩個積極性，同時直接訴諸群眾運動來彌補計劃的缺陷和資本的缺口，打破計劃的框架以促進高速發展。

毛澤東還有過「可以消滅資本主義、又搞資本主義」的驚人之論。那是在 1956 年 12 月 5 日和 7 日，毛澤東兩次約見民主建國會和全國工商聯負責人談話，應約者有陳叔通、黃炎培、盛丕華、胡厥文、榮毅仁、李燭塵等。

資本家怕定息取消太快。毛澤東說：「取消定息不要來個高潮，資本家要拿多久就拿多久。」資本家擔心再有兩年是否會被一腳踢開。毛澤東說：「現在看起來蘇聯消滅階級，消滅太早了，不能使用資本家的能力。我們把資本家當成真正的財富。」他還說：「現在自由市場還有資本主義，雖然沒有資本家。上海地下工廠也是對立物。因為社會有需要，就發展起來。要使它成為地上，合法化，可以雇工。」「我懷疑俄國新經濟政策結束得太早，只搞兩年退卻就進攻，到現在社會物資還不足。」

他的話轉到中國，指出還可以考慮，只要社會需要，地下工廠還可以增加，可以開私營大廠，訂條約，二十年不沒收。華僑投資二十年、一百年不要沒收。「可以消滅資本主義，又搞資本主義。」

在黨的八大以及前後，這樣新奇的思想，常常可以在黨的領袖們那裡看到，後人至今還能強烈地感受到蘊含於其中的思想光芒。

（四）形成了新的中央領導集體

黨的八大的重大成就之一，就是以民主的方式，選舉了一個新的成熟的中央領導集體。

黨中央、毛澤東一開始就高度重視黨的八大的選舉工作。1956 年 7 月 30 日，中央專門成立了研究八大選舉問題的委員會，經過多次討論，中央政治局認可，提出了「由下而上，由上而下」的選舉方針，具體來說，就是先由各代表團提出一個名單（中央不提名，由個人自己提，想提什麼人就提什麼人），然後中央集合起來，由政治局同各代表團團長、副團長制定一個預選名單，然後再發下去，各代表團進行預選，而後再由政治局集合起來制定

一個向大會提出的正式候選人名單。這樣，可以充分反映出選舉人的意志，充分發揚民主。

在選舉人提名問題上，毛澤東建議大家選一些犯過錯誤的同志，他在黨的七屆七中全會上說：

> 主要是過去犯了錯誤的領導同志，比如兩條路線，今天在座的就有一條李立三路線，還有王明同志一條路線，…… 我們覺得包括他們兩位都選出比較有利。…… 七次大會，…… 選舉了對我們事業究竟有利還是有害？沒有害，有利。

> 還有黨外的觀感，覺得我們不輕易拋棄人，犯了這麼大的錯誤，我們還要他們。

在中央確定的選舉方針的指導下，8月31日至9月2日，各代表團對中央委員和候補中央委員進行了提名。9月6—7日政治局舉行會議，討論各代表團提出的八屆中央委員候選人名單。9月8日，黨的七屆七中全會確定八屆中委名額為170人，並透過了八屆中委的候選人名單，這個候選人名單沒有區分正式中央委員和候補中央委員。9月10日黨的八大第二次預備會議，又將透過的候選人名單印發給代表，進行討論，最後黨的八大預備會議大體透過了這個預選的候選人名單。9月12日進行預備性質的選舉，這個預選是中央制定正式候選人名單的根據。9月13日，黨的七屆七中全會討論並透過了候選人名單，準備提交黨的八大會議。

1956年9月26日下午5時，黨的八大開始了大會的最後一個議程：選舉黨的最高領導機關——中央委員會。

5時15分，投票開始了，先是執行主席和監票人投票，然後是毛澤東和中央政治局委員投票。

在毛澤東的帶領下，政治局委員們一一向大家揮動手中的選票以示致意。所有的照相機、攝影機一齊忙碌起來，記者們也紛紛湧向那裡，燈光閃爍，攝下這珍貴的歷史鏡頭。

27日下午5時30分，大會秘書處宣讀了兩天來選舉的結果：

「毛澤東……一千零二十六票！」

這是全票。也就是說全體代表都投了他的票。場上頓時沸騰起來。記者這樣描繪當時歡騰的場面：

立刻，政協大禮堂成了歡騰的海洋，掌聲像海濤似的轟鳴起來，經久不息地轟鳴著，全場起立，向這位偉大的舵手致敬。劉少奇、周恩來、朱德、陳雲也選上了，其他政治局委員也選上了！……除此在黨中央委員會的隊伍中，又補充了一大批各方面有經驗、有威望的人。

黨的八大選舉產生的中央委員共九十七人（按得票多少順序排列，得票相同的按姓氏筆畫排列）：

毛澤東	劉少奇	林伯渠	鄧小平	朱德
周恩來	董必武	陳雲	林彪	吳玉章
陳伯達	蔡暢	李富春	羅榮桓	徐特立
陸定一	羅瑞卿	徐向前	鄧穎超	劉伯承
陳毅	彭德懷	廖承志	李先念	陳賡
聶榮臻	林楓	張鼎丞	彭真	烏蘭夫
黃克誠	滕代遠	肖勁光	譚政	柯慶施
粟裕	賀龍	王首道	王維舟	鄧子恢
李克農	楊尚昆	葉劍英	宋任窮	張雲逸
劉曉	李維漢	王稼祥	康生	葉季壯
劉瀾濤	劉寧一	薄一波	胡喬木	楊秀峰
舒同	賴若愚	張際春	程子華	陳郁
劉長勝	伍修權	肖克	錢瑛	王從吾
鄧華	馬明方	張聞天	譚震林	劉亞樓
李雪峰	陳少敏	李葆華	許光達	王震

曾山	林鐵	鄭位三	徐海東	肖華
胡耀邦	趙爾陸	歐陽欽	習仲勛	劉格平
謝富治	安子文	賈拓夫	李立三	黃敬
李井泉	吳芝圃	呂正操	王樹聲	陶鑄
曾希聖	陳紹禹（即王明）。			

候補中央委員七十三人（按得票多少排列，得票相同的按姓氏筆畫排列）：

楊獻珍	王恩茂	楊得志	韋國清	羅貴波
張經武	謝覺哉	葉飛	楊成武	甘泗淇
章漢夫	潘自力	李大章	許世友	帥孟奇
楊勇	劉仁	陳錫聯	萬毅	張宗遜
周揚	黃火青	李濤	陳奇涵	陳漫遠
徐子榮	黃歐東	古大存	李志民	劉瀾波
蘇振華	馮白駒	周保中	吳德	奎璧
張德生	區夢覺	範文瀾	朱德海	邵式平
張啟龍	黃永勝	李堅真	馬文瑞	張霖之
張璽	王世泰	閻紅彥	桑吉悅希	
張達志	高克林	賽福鼎	廖漢生	洪學智
章蘊	徐冰	江渭清	廖魯言	宋時輪
譚啟龍	周桓	鐘期光	陳丕顯	趙健民
蔡樹藩	錢俊瑞	潘復生	蔣南翔	江華
韓光	李昌	王鶴壽	陳正人	

黨的八大選舉產生的中央委員會，集中了黨在各個歷史時期的精英人物。特別是陳雲和鄧小平進入中央最高領導層，對於中國共產黨來說，是一件具有深遠影響的大事。

中央政治局委員由黨的七大的十三個增加至十七個，除任弼時、高崗已故外，康生、張聞天落選，變成候補委員；增加了鄧小平、林彪、羅榮桓、陳毅、李富春、劉伯承、賀龍、李先念，擴大了部隊和經濟工作領導幹部的比重。

黨的八屆一中全會除確立了毛澤東、劉少奇、周恩來、朱德、陳雲、鄧小平這個領導集體外，還成立了書記處和中央監察委員會。

黨的八屆一中全會選舉的中共中央領導機構及其成員如下：

中央委員會主席：毛澤東。

中央委員會副主席：劉少奇、周恩來、朱德、陳雲。

中央委員會總書記：鄧小平。

中央政治局委員：毛澤東、劉少奇、周恩來、朱德、陳雲、鄧小平、林彪、林伯渠、董必武、彭真、羅榮桓、陳毅、李富春、彭德懷、劉伯承、賀龍、李先念。

中央政治局候補委員：烏蘭夫、張聞天、陸定一、陳伯達、康生、薄一波。

中央政治局常委：毛澤東、劉少奇、周恩來、朱德、陳雲、鄧小平。

中央書記處書記：鄧小平、彭真、王稼祥、譚震林、譚政、黃克誠、李雪峰。

中央書記處候補書記：劉瀾濤、楊尚昆、胡喬木。

中央監察委員會委員（按姓氏筆畫排列）：王從吾、王維舟、王維綱、帥孟奇、劉格平、劉錫武、劉瀾濤、李士英、李楚離、肖華、吳溉之、高克林、高揚、馬明方、張鼎丞、董必武、錢瑛。

中央監察委員會候補委員（按姓氏筆畫排列）：王翰、劉其人、李景膺、龔子榮。

中央監察委員會書記：董必武。

中央監察委員會副書記：劉瀾濤、肖華、王從吾、錢瑛、劉錫五。

黨的八大產生的中央領導機構，確是群星燦爛。所形成的毛澤東、劉少奇、周恩來、朱德、陳雲、鄧小平六大領袖，或德高望重，或才華橫溢，眾望所歸。誰也不會懷疑，他們能把中國帶上社會主義美好的未來。

大會在宣讀了中央委員會名單之後，在執行主席陳雲的主持下，又透過了關於政治報告的決議和關於第二個五年計劃的建議。

最後，陳雲以這樣的話作為結束：

我們的大會已經勝利地完成了自己的任務。我們全黨今後的任務，就是為具體執行大會的各項決議而努力工作！

接著，雄壯的《國際歌》響起來了，全體代表起立，來自祖國各地、世界各國的代表，同聲齊唱。具有里程碑意義的中國共產黨第八次全國代表大會至此降下了帷幕。

四、濟濟一堂——參加黨的八大的民主黨派和外國政黨

參加代表來自祖國各個民族、各行各業。他們中既有黨和國家的領導人、身經百戰的元帥將軍，也有科學家、作家、工程師、工會、婦女、青年工作者，還有普通的黨員、勞動模範——代表們從四面八方匯聚在一起，參加新中國成立以來黨的第一次空前盛會。與十一年前參加黨的七大不同的是，這一次他們不用越過敵人的封鎖線，也不用跋山涉水、歷盡驚險，而是從容不迫地乘坐輪船、火車、汽車、飛機，像來到家裡一樣來到首都北京。歷史的巨大變遷，使代表們強烈地感受到勝利的喜悅，感受到黨的事業的強盛和新中國的勃勃生機。

與以往的黨的代表大會不同的是，在黨的八大上，還有一群特殊的客人，他們是受中國共產黨邀請列席會議的五十六個兄弟黨代表，以及國內各民主

黨派、各人民團體的負責人、無黨派民主人士等。當米高揚、烏布利希、崔庸健、黃國越、杜克洛、波立特、伊巴露麗等各國兄弟黨代表團的成員，以及宋慶齡、李濟深、沈鈞儒、郭沫若、黃炎培等著名民主人士出現在會場時，氣氛達到了高潮，代表們全體起立，以持久熱烈的掌聲迎接他們的光臨。

（一）民主黨派敬獻象徵「同舟共濟」的禮品

邀請國內各民主黨派和無黨派民主人士代表列席黨的全國代表大會，這在中國共產黨歷史上是第一次，也是黨的八大會議的一個特色，體現了中國共產黨貫徹「長期共存，互相監督」方針的誠意和對各民主黨派的信任。

列席的各民主黨派負責人有：中國國民黨革命委員會主席李濟深；中國民主同盟主席沈鈞儒；中國民主建國會主席黃炎培；中國民主促進會主席馬敘倫；中國農工民主黨主席章伯鈞；中國致公黨主席陳其尤；九三學社主席許德珩；臺灣民主自治同盟主席謝雪紅等。全國人大常委會副委員長宋慶齡、中國科學院院長郭沫若則以無黨派民主人士身份列席大會。

大會進行到了第三天，9 月 17 日下午 4 時，大會執行主席鄧穎超宣布各民主黨派和無黨派人士代表致祝詞，全場立刻爆發了雷鳴般的掌聲。李濟深興奮地走上講臺，用高亢的聲音朗讀祝詞：

我們各民主黨派願意長期在中國共產黨的正確領導下，和全國人民一道不斷地加強團結，相互督促，各盡所能，為建成偉大的社會主義國家和維護世界和平而共同努力。

李濟深在唸完祝詞後，忽然停了下來。大家以為他的發言已經完了，可是他又沒有走下臺的意思。正當代表們納悶的時候，他又開始說話了：

同志們，為了表示對中國共產黨的祝賀，我現在要把一件禮物贈給大會！

他向大會工作人員示意，鄭重其事地把各民主黨派負責人邀請到臺前來。於是，民主黨派代表沈鈞儒、黃炎培、郭沫若等在熱烈的掌聲中走到主席臺前，向大會敬獻禮品。禮品是一個精緻的象牙雕塑，反映的是在二萬五千里長征中英勇的紅軍戰士勝利渡過大渡河時的情景。

李濟深說，我們用這件禮品來像徵我們各民主黨派在中國共產黨領導下，「同舟共濟」，勝利地過渡到繁榮幸福的社會主義和共產主義社會。

聽到這樣熱情的話語，全場代表十分感動，起立熱烈鼓掌。這天的大會執行主席鄧穎超、李富春接受了禮品，並代表大會表示感謝。這件事情在中國共產黨的會議史上也是從來沒有過的。

在黨的八大召開前後，各民主黨派極為關注大會，並號召成員認真學習黨的八大的方針、政策。

在黨的八大召開的前一天，即 9 月 14 日，中國國民黨革命委員會就召開座談會。座談會決定：民革從中央到地方的各級組織都要對黨的八大的文件進行深入的學習和討論。

同一天，中國民主同盟中央常委召開第四次會議，透過了《關於迎接中國共產黨第八次全國代表大會的決定》。同一天，中國民主促進會也召開中央常委會議，並作出決議，號召全體會員及時認真學習黨的八大的文件，以加深政治認識和思想水平。

9 月 15 日，九三學社中央常務委員會向所屬各級組織下達及時組織社員學習黨的八大各項文件的決定。

9 月 17 日，中國民主建國會發出通知，要求各地方組織及時組織會員認真學習黨的八大文件。

9 月 19 日，中國農工民主黨中央執行局也發出通知，要求全黨認真學習黨的八大文件。

時任全國人大常委會副委員長的宋慶齡也向大會致辭。宋慶齡說：

像我這樣一個非共產黨員，能夠列席這次具有歷史意義的大會，這是我畢生中感到最光榮和最愉快的事。

中國人民積累了幾十年慘痛的經驗教訓，終於在中國共產黨正確領導下，很快地解脫了帝國主義的束縛，消滅了封建主義，取得了社會主義革命的決定性的勝利。經過兩次革命，我們已經推翻了那些吃人的剝削制度而站立起

來。這在人類歷史的進程中，再一次樹立了一個偉大的里程碑。我們要感謝不斷為人類解放事業而奮鬥的共產黨。沒有黨的領導，我們的勝利是不可能的。

宋慶齡、李濟深等人的致辭，使每一個與會者浮想聯翩，人們忘不了民主黨派與中國共產黨並肩戰鬥、風雨同舟的崢嶸歲月。一位在大會現場的新聞記者深情地寫道：

人們在患難和共同鬥爭中的友情是最寶貴的，最難忘懷的。在國民黨暗無天日的統治下，我們黨曾面對著重重阻難，然而我們並不孤單，人民和我們一起，我們有許多朋友。在抗日戰爭時期形成的各民主黨派，就是這樣的人。為著反對國民黨的獨裁專制，反對製造內戰，反對特務迫害，……各民主黨派和民主人士，在我們黨的影響和推動下，和黨站在一條戰線上，一道進行戰爭。人們都不會忘記：國民黨當權派對各民主黨派採取了多麼卑鄙的手段，他們一手製造了重慶校場口事件、南京下關事件……他們槍殺了愛國志士李公樸和聞一多！人們也不會忘記：宋慶齡女士早年就為我們黨奔走，在抗日戰爭中大量地為新四軍募捐，運送藥品和器材，營救我們被捕的同志。……郭沫若先生一直積極地贊同和執行黨的主張，他在《屈原》中慷慨高歌，體現了這位愛國民主詩人的勇敢精神！還有，因救亡被國民黨逮捕的「七君子」之一的沈鈞儒先生，新中國成立後仍然不辭辛苦地工作。

在民主革命時期，各民主黨派長期堅持反帝愛國、民主進步的主張，與中國共產黨親密合作，在鬥爭中結下了深厚的友誼。新中國成立之初，各民主黨派與無黨派人士在共產黨的領導下參政議政，擔負起管理國家和建設國家的歷史重任。據統計，1949 年，政務院副總理中，共產黨員二人，民主黨派與無黨派人士二人；政務委員中，共產黨員十人，民主黨派與無黨派人士十一人。中國人民政協第一屆全體會議選舉產生的中央一級政權機構，共有六十一名成員，其中各民主黨派和無黨派人士共三十一名。

在社會主義改造即將完成，開始進入社會主義時期，民主黨派要不要繼續存在下去？當時有人認為，資產階級作為階級正在被消滅，資產階級和上

層小資產階級個人正在被改造，民主黨派將「後繼無人」「壽命不長」。一些人對中國共產黨同各民主黨派是否還需要繼續合作持否定態度。

在這一背景下，1956 年 4 月，毛澤東在《論十大關係》的講話中提出：「究竟是一個黨好，還是幾個黨好？現在看來恐怕是幾個黨好。不但過去如此，而且將來也可以如此，就是長期共存，互相監督。」他認為，這樣對共產黨，對人民，對社會主義比較有利。他還對統戰部的同志說：「黨政機構要精簡，不是說不要民主黨派。希望你們抓一下統一戰線工作，使他們和我們的關係得到改善，儘可能把他們的積極性調動起來為社會主義服務。」

同年 6 月 25 日，全國人大常委會副委員長、中央統戰部部長李維漢在全國人大一屆三次會議上作了題為《繼續鞏固和擴大人民民主統一戰線》的發言，對「長期共存，互相監督」的方針進行了闡述。他指出，中共中央已經提出了共產黨和民主黨派「長期共存、互相監督」的方針。這是一個重大的方針。這個方針的提出，再一次地宣告，同黨外人士實行民主合作，是共產黨的一條「固定不移」和「永遠不變」的原則。我們應當宣傳長期共存和互相監督的方針。他在發言中還第一次提出中國共產黨和民主黨派、人民團體在法律上居於平等的地位，必須嚴格地尊重各民主黨派和人民團體在憲法賦予的權利義務範圍內的政治自由和組織獨立性。

在黨的八大上，鄧小平在《關於修改黨章的報告》中，對共產黨與黨外的民主人士合作共事作了進一步闡述。他指出：「這些黨外的民主人士，能夠對我們黨提供一種單靠黨員所不容易提供的監督，能夠發現我們工作中的一些我們所沒有發現的錯誤和缺點，能夠對於我們的工作作出有益的幫助。在社會主義改造取得了決定性的勝利以後，在他們的立場和我們的立場比以前更接近以後，他們給我們的幫助只會越來越多。」

在大會透過的《關於政治報告的決議》中再一次明確指出，必須按照「長期共存，互相監督」的方針，繼續加強同各民主黨派、無黨派人士的合作。

（二）有朋自遠方來

黨的八大召開之際，正是中國共產黨在國際共產主義運動中聲望日隆之時。應中國共產黨的邀請，世界上五十六個國家的共產黨、工人黨、勞動黨代表團列席了大會，日本共產黨代表團則因日本當局阻撓未能成行。

毛澤東在大會開幕式上，對外國黨代表團表示了真誠的歡迎：

今天在座的有五十幾個國家的共產黨、工人黨、勞動黨和人民革命黨的代表。他們都是馬克思列寧主義者，他們和我們有一種共同的語言。他們走了很長的路程來到我國，以崇高的友誼參加我們黨的這次代表大會。這對於我們是一個很大的鼓舞和支持。

在這次大會上，共有四十九個代表團代表在大會上致辭；12 個國家的共產黨中央發來了賀電。美國共產黨全國委員會的賀電說：

在我國人民中間，要求採取步驟緩和遠東緊張局勢，要求同中華人民共和國建立正常關係的情緒日益增長。這種要求包括接納中華人民共和國進入聯合國，美國政府在外交上承認中華人民共和國，以及在我們兩國之間發展互利的商務關係和文化交流……我們嚴厲地譴責艾森豪威爾政府和美國國會對中國所採取的反動政策，我們和越來越多的民主人士、民主團體一起，要求作根本的改變。

9 月 21 日晚，黨的八大主席團舉行宴會，招待應邀參加大會的各國共產黨和工人黨的代表。毛澤東在宴會上致辭。五十多個國家的共產黨和工人黨代表歡聚一堂，這在中國共產黨的歷史上是空前的。

對中國共產黨來說，黨的八大是建黨以來最廣泛的一次國際共運社交活動。在此期間，毛澤東的日程中，很大一部分是會見前來列席會議的各國代表團。賓朋如此之多，中央領導們不得不一齊出動，有時集體會見，有時分頭會見。

毛澤東以東道主領袖的身份，先後會見了西班牙共產黨總書記伊巴露麗；英國共產黨代表團；蘇聯共產黨中央代表團；朝鮮勞動黨代表團；義大利共產黨代表團；西德共產黨代表團；德國統一社會黨代表團；蒙古人民革命黨代表團；拉丁美洲的巴西、智利、危地馬拉、古巴、巴拉圭、哥斯達黎加、

玻利維亞、厄瓜多爾、烏拉圭等十一國共產黨代表團；敘利亞——黎巴嫩、摩洛哥、阿爾及利亞等國共產黨代表團；南斯拉夫共產主義者聯盟代表團；阿爾巴尼亞勞動黨代表團；羅馬尼亞工人黨代表團；波蘭統一工人黨代表團；保加利亞共產黨代表團。

毛澤東與上述代表團的會談內容，主要集中在三個方面：一是關於蘇共二十大、斯大林問題以及蘇聯與其他黨的關係；二是關於中國革命的經驗；三是關於中國的現狀和發展前途。

劉少奇三次陪同毛澤東、八次單獨會見外國代表團。八次單獨會見的外國黨代表團為印度共產黨代表團、伊朗人民黨代表團、比利時共產黨代表團、印度尼西亞共產黨代表團、加拿大勞工進步黨代表團、義大利共產黨代表團、土耳其共產黨代表團、尼泊爾共產黨代表團。劉少奇在與外國黨代表團談話中，著重介紹了中國共產黨的歷史情況和經驗。

周恩來兩次陪同毛澤東、七次單獨會見外國黨代表團。七次單獨會見的八個外國黨代表團為印度共產黨代表團、希臘共產黨代表團、挪威共產黨代表團、以色列共產黨代表團、匈牙利勞動人民黨代表團、澳大利亞共產黨代表團、新西蘭共產黨代表團、捷克斯洛伐克共產黨代表團。在談話中，周恩來回答了客人提出的各種問題，介紹了中國共產黨和中國國內的情況，講述了中國黨的歷史經驗，說明了中國共產黨對國際形勢和國內問題的一些看法和認識。

陳雲分別會見了芬蘭共產黨代表團、瑞典共產黨代表團、瑞士勞動黨代表團、奧地利共產黨代表團、匈牙利勞動人民黨代表團。

中國共產黨第八次全國代表大會受到了國際輿論的普遍關注。

在召開的當天，世界各社會主義國家的主要報刊都發表了社論和專文，祝賀大會的召開，稱讚這次大會不僅是「中國共產黨和全體中國人民的一件大事。同時，也對國際共產主義和工人運動有巨大的意義」。

蘇聯的《真理報》《消息報》和其他中央一級的報紙都連續刊登了黨的八大的消息和會議發言。莫斯科廣播電臺還播送了記者採編的黨的八大特別

節目。9 月 29 日，即大會閉幕的第三天，蘇聯《真理報》發表社論《中國共產黨代表大會的偉大歷史意義》，熱情稱讚黨的八大對進一步創造性地發展馬克思列寧主義作出了重大貢獻。

黨的八大召開期間，不僅蘇聯和社會主義國家的報紙以大量篇幅刊載大會文件和消息，許多資本主義國家共產黨和工人黨的報刊也刊載了大會的消息。9 月 19 日，印度共產黨政治局還就黨的八大的召開發表聲明，向八大致敬。

法國《人道報》從 9 月 15 日開始，連續報導黨的八大消息並摘要刊登了毛澤東的開幕詞、劉少奇的政治報告、鄧小平的關於修改黨章的報告和周恩來的關於第二個五年計劃的報告。義大利的《團結報》對黨的八大的消息和報告十分重視，幾乎每天都有比較詳細的報導。

美國的《工人日報》除了刊登有關黨的八大的消息外，還全文刊登了毛澤東的開幕詞。加拿大《論壇報》不僅刊登消息，還刊登了中國共產黨領導人的照片。

奧地利《人民之聲報》連續刊登了黨的八大的綜合報導，並摘要發表了毛澤東的開幕詞和劉少奇、鄧小平、周恩來的報告。

1955 年萬隆會議的召開，加強了亞非國家之間的相互瞭解和關心。黨的八大自然也受到這些國家的重視。

印度報紙大量刊登黨的八大消息，許多報紙還發表了社論。

緬甸的《緬甸人報》9 月 18 日發表的社論說：「我們並不是為共產主義辯護，但是必須承認，在把國民黨逐出中國大陸之後，中國幸而找到了一個它非常需要的能夠給予穩定和效率高的政府。」

西方國家的一些非共產黨報紙也對黨的八大發表了評論。

日本的《讀賣新聞》說：「同非共產黨集團共處的長期計劃，顯然是中國共產黨解決面臨的巨大任務的現實方法。」

美國的《基督教科學箴言報》指出，中國共產黨是世界上最大的全國性共產主義組織，目前舉行的第八次全國代表大會反映了「巨大的權力和極大的信心」「不管承認與否，中國共產黨已經使中國成為世界一大強國」。《紐約先驅論壇報》的報導則說：「代表大會發表的演說令人心寒，使人意識到共產黨中國日益增長的力量。」

英國的《星期日泰晤士報》在評論毛澤東開幕詞和劉少奇的政治報告時認為，北京代表大會的氣氛「是充滿了信心、喜悅、樂觀和團結的。這是能夠理解的，任何不抱偏見的觀察家都將承認這一點」。

巴黎《世界報》9 月 17 日的評論指出：「這次代表大會似乎將成為世界共產主義歷史上，特別是中國歷史上有意義的日子。」

（三）毛澤東與兄弟黨代表團坦誠相談

在眾多代表團中，有一個代表團特別引人注目，那就是南斯拉夫共產主義者聯盟代表團。南共 1948 年被斯大林革出共產黨情報局以後，與蘇共和所有共產黨都斷了關係。斯大林逝世後，蘇南關係重歸於好。1955 年赫魯曉夫訪問南斯拉夫，成為當時轟動東西方的重大事件。

中共對蘇南衝突的內情並不十分清楚，只是為了與蘇共和斯大林保持一致，1948 年也跟著批判了南共。新中國成立，南斯拉夫立即宣布承認中國。礙於蘇聯的關係，中國未予響應與南建交，但也沒有斷然拒絕，而是留有餘地。蘇南關係鬆動後，赫魯曉夫致函並派人來華通報情況，希望中國採取一致行動。毛澤東與周恩來商議後，答應了赫氏的要求，1955 年 1 月與南建交。

9 月 24 日下午，毛澤東單獨會見了南共聯盟代表團。與他們進行了兩個半小時的談話。毛澤東首先對中共曾寫文章批判過南共表示歉意。他說：「我們有對不起你們的地方。」同時坦誠解釋說，「蘇聯朋友不願意我們和你們建交……我們不同意也難辦。」

毛澤東的這種坦誠態度，想必得到了南共客人們的理解。其實，毛澤東對南共和鐵托曾經受到的壓力，在感情上是同情的。因為他自己也曾多次受到共產國際的擠壓。毛澤東說：

　　當時有人說世界上有兩個鐵托，一個在南斯拉夫，一個在中國。當然沒有作決議說毛澤東就是鐵托。我對蘇聯同志講過，你們懷疑我是半個鐵托，現在他們不承認。

　　從何時起才摘下半個鐵托的帽子呢？從抗美援朝打擊了美帝以後，才摘下了這個帽子。

　　毛澤東跟南共客人說，中國黨曾四次吃斯大林的虧。第一次是王明「左」傾路線；第二次是王明右傾路線；第三次是戰後斯大林支持蔣介石，不讓中國革命；第四次是懷疑毛澤東是半個鐵托。

　　毛澤東說：「我在見到斯大林之前，從感情上說對他就不怎麼樣。」同列寧不同，「斯大林站在別人的頭上發號施令」。他說：

　　自由、平等、博愛，是資產階級的口號，而現在我們反而為它鬥爭了，是父子黨，還是兄弟黨？過去是父子黨，現在有些兄弟黨的味道了，但也還有些父子黨的殘餘。

　　毛澤東講現在還有些父子黨的殘餘，是批評蘇共的。或許包含著批評米高揚的意思。

　　米高揚在黨的八大上仍然顯示出一種大國大黨心態。他 9 月 17 日的賀詞有點文不對題。其他兄弟黨代表的發言，以歌頌友誼、讚揚中國革命成就為主。而米高揚的發言，大量篇幅是在頌揚蘇聯共產黨的成績，十月革命、反法西斯戰爭勝利的作用，認為西歐革命的原動力來自俄國，革命中心在俄國等。甚至認為中國共產黨的每一個進步，每一項成就都是「根據蘇聯的經驗」而來的。這使毛澤東甚為不快，藉故不出席大會，以示抗議。

　　如果說對中國黨還只表現一點大黨心態，那麼對其他小黨的代表，米高揚就更倨傲無禮了。黨的八大期間，同為中國的客人，米高揚竟對英共總書記波立特粗暴訓斥。波立特滿腹委屈，在同毛澤東、周恩來會見時，談到此事悲傷地掉了眼淚。針對此事，周恩來專程拜訪了蘇共代表團。理直氣壯地向他們指出：「波立特是應我黨的邀請，前來參加我黨舉行的代表大會的，是來慶祝我黨代表大會的客人。難道他到了我國，還要受別人欺侮麼？」當

時米高揚不在場，其他蘇共代表團的成員面對周恩來的質問，理屈詞窮，面面相覷。

9月18日和23日，毛澤東在中南海頤年堂兩次會見蘇共代表團。劉少奇、周恩來、朱德、鄧小平等人參加會見。雙方會談的主要話題之一，就是斯大林和蘇共對中國革命犯的錯誤以及父子黨的不正常關係。

除上面兩次集體會見外，據師哲回憶，毛澤東與米高揚還有一次單獨的談話。地點在政協禮堂小會議廳（臨時餐廳），時間是晚餐後，人員只有毛澤東、米高揚，加上師哲、馬列兩個翻譯。

也許是這種非正式的不拘禮節的地點和方式，毛澤東更能表露自己的心跡，他一吐積鬱多年的胸中塊壘，話語也就十分尖銳：

對當年共產國際和蘇共的作法我們是有一些意見的，過去我們不便講，現在就要開始講了，甚至還要罵人了。我們的嘴巴，你們是封不住的……

中國黨在它發展的各個階段，由於最初時期的幼稚和缺少經驗，老是左右搖擺，時而犯右傾錯誤，時而犯「左」傾錯誤，但「左」傾機會主義路線統治時期較長，因而它給黨帶來的危害和損失也最大……

這都是由於不相信自己，而一味盲聽、盲從、盲動的結果。也由於國際共產主義運動中出現的好似老子黨與兒子黨之分的不正常的黨與黨之間的關係的結果。不管口頭上怎麼稱作兄弟黨，事實上一個黨竟可以凌駕於其他黨之上，形成了老子黨與兒子黨的局面，破壞了兄弟黨之間的正常關係。我發號施令，你得聽話、服從，不管我說得對不對。國際共產主義運動中這種要一個平等的兄弟黨聽從另一個兄弟黨的話，服從另一個兄弟黨的政策、策略和利益，跟著另一個兄弟黨的屁股後面跑的壞習氣、壞傳統，是一種極為嚴重的不正之風……

「左」傾機會主義分子的最嚴重、最根本的錯誤是打擊、排擠正確領導，否定、拋棄從實際出發制定出來的正確路線，使革命一而再、再而三地蒙受損失……

　　我們黨的幼稚、缺乏經驗，主要表現為一些人的無知、愚頑和剛愎自用。他們不相信自己而只一味聽從別人的、遠處的、外來的、奇異的、不切實際而聳人聽聞的東西……不分青紅皂白，他們都一概當作聖物接受下來，照搬、照套、照用、照行，卻不管其後果如何。這種盲從行為的責任當然不能由別人來負，而應由我們自己負責。但對這種盲從、盲目聽信別人所造成的後果，卻不能不說清楚，講明白。

　　米高揚沒有發表任何意見，沒有表明自己的態度，只是認真地傾聽。

　　毛澤東講這些話是注意場合的，對於其他眾多的共產黨代表團，毛澤東主要是為蘇共補臺的，把維護蘇共視為大局。

　　毛澤東先後會見了幾乎所有來訪的代表團。不少國家，尤其是資本主義國家共產黨代表在會談中坦言，蘇共二十大以後，國內、黨內發生波動、混亂和危機，處境維艱。有代表直言：「赫魯曉夫關於斯大林的報告對於我們是一個很大的打擊。」

　　對兄弟黨的困難，毛澤東表示同情和理解。他說：「有些問題我們可以寫冠冕堂皇的文章，我們也已經寫了。」談到蘇共二十大揭發斯大林，毛澤東肯定的多，批評的少。他說：

　　對斯大林的批評，我們人民中有些人還不滿意。但是這種批評是好的，它打破了神化主義，揭開了蓋子，這是一種解放，是一場解放戰爭，大家都敢講話了，使人能想問題了。

　　毛澤東說，現在有點反封建主義的味道，由父子黨過渡到兄弟黨，反對家長制。以前思想控制很嚴，深過封建統治，甚至有些君主也比他開明些。不是今天殺人，就是明天殺人。捉人、殺人、刑訊逼供均是封建主義，同志之間的猜疑也是舊社會的。

　　毛澤東十分不同意藉口說因為受到敵人包圍就得大批捉人、殺人。他說：「那麼列寧受到的包圍不比列寧去世以後更厲害嗎？列寧在世時殺人就少。我們在江西、在延安時，敵人的包圍也很厲害，我們那時就已經糾正了錯

誤。」毛澤東認為，斯大林犯錯誤，原因主要不在這裡，而在於他在認識上離開了馬列主義原則，離開了唯物主義，犯了主觀主義錯誤。

毛澤東指出，社會主義必須想些辦法，避免這種現象。沒有集中和統一是不行的，但缺點是使人不敢講話，因此，要使人有機會。

對於蘇共新領導，毛澤東只是提出一點批評，認為他們在批斯大林時沒有承擔自己的責任。他說：「這是道德問題。」

關於如何對待蘇共二十大以後的蘇聯，毛澤東態度很明確：維護蘇聯。他對英共總書記波立特說：

蘇聯一般來說，總是好的。他們有四好：馬列主義、十月革命、主力軍、工業化。當然也有陰暗面，有些錯誤。但成績是主要的，錯誤是次要的，尤其是我們要支持赫魯曉夫等同志，敵人正利用對斯大林的批評在全世界展開攻勢。我們應該支持蘇聯。

世界共產主義運動的中心在莫斯科，帝國主義怕蘇聯而不怕中國，列寧主義從十月革命以來已經 40 年了，二次大戰時蘇聯是主要的反法西斯力量。蘇聯已經大大地工業化了，今天是唯一能對付帝國主義的強大力量。我們以蘇聯為中心，一個頭。一個人只能有一個頭，哪能有兩個頭！一個陣營一個頭，只有它有資格。在軍隊裡也只有一個總司令，別的就是副司令，蘇聯就是總司令。我們支持蘇聯為中心，這對社會主義運動有利。

毛澤東說這些話是從大局出發的，也是真誠的。

黨的八大是一個歷史起點，毛澤東由此走上了世界共運的中心舞臺。他目光遠大，不僅規劃著中國的未來，也關注著世界革命的前途。

▌社會主義建設規律的探索

一、由空想到科學的飛躍：馬克思關於社會主義建設的理論構想

在將來某個特定的時刻應該做些什麼，應該馬上做些什麼，這當然完全取決於人們將不得不在其中活動的那個既定的歷史環境。

——馬克思

■馬克思高度評價聖西門等人，稱他們是「第一批社會主義者」，是體例

■馬克思、恩格斯對未來社會的基本特徵作了科學的預測，但又反覆強調他們的理論是發展著的理論，不是現成的教條。他們還預言，落後國家能夠跨越資本主義「卡夫丁峽谷」而走向社會主義

自古以來，追求建立沒有剝削和壓迫、人人平等幸福和徹底解放的社會，就是無數志士仁人夢寐以求的理想。到了近代，隨著資本主義的發展，誕生了近代空想社會主義。

近代空想社會主義思想起源於 16 世紀。一些思想家憎恨資本主義的罪惡，虛構未來理想社會的方案。空想社會主義開始只是由個別人提出，後來信仰者逐漸增多，慢慢形成一種社會思潮。在馬克思、恩格斯的科學社會主義誕生前，空想社會主義已大約經歷了三個多世紀。它與資本主義的家庭手工業、手工工場、機器工業三個發展時期同步，經歷了早、中、晚三個發展階段。

早期空想社會主義的代表人物是 16 世紀和 17 世紀的莫爾和康帕內拉。英國的托馬斯·莫爾以《烏托邦》一書聞名於世。這是人類思想史上第一部比較完整的空想社會主義著作，對後來空想社會主義的發展產生了深遠的影響。義大利的托馬斯·康帕內拉的《太陽城》，則以對話的形式，虛構了熱那亞航海家在遙遠的海島上看到光明的社會制度的故事。

中期空想社會主義的代表人物是 18 世紀的法國人摩萊裡和馬布利。他們不再採取文學的形式描繪未來的理想社會制度，而是進一步採取法律條文的形式把他們的理想社會法律化、制度化。馬布利提出「共和國的第一條法律就是禁止財產私有」，實現「人人都是富人，人人都是窮人，人人平等，人人自由，人人是兄弟」。摩萊裡主張把社會劃分為小規模的、自給自足的經濟單位，按一千人規模組織一個公社，把工業集中在公社的作坊裡進行生

產。由於他們幻想在生產力低下的手工工場的基礎上實現公有制和平等，因而他們的學說都帶有平均主義和禁慾主義色彩。

到了 19 世紀初，以法國人聖西門、傅立葉和英國人歐文為代表的晚期空想社會主義，把近代空想社會主義推到了頂峰。他們既不是採取虛幻的文學描寫的形式，也不是採用細緻的法律規定的形式，而是採用詳盡的理論論證的形式，說明了資本主義制度的不合理，塑造了未來理想社會的模式。馬克思、恩格斯高度評價聖西門等人，稱他們是「第一批社會主義者」「社會主義的鼻祖」。

空想社會主義者的觀點，雖然總的來說仍屬唯心史觀，但已包含某些辯證法和唯物論的因素。一方面，對資本主義制度深刻的揭露和批判，提供了啟發工人覺悟的極為寶貴的材料；另一方面，對未來社會提出許多積極的主張和天才的預測，為科學社會主義的創立提供了有益的思想材料。但空想社會主義畢竟是「空想」，其學說由於受歷史條件的限制，存在不少缺陷。空想社會主義者雖然看到了資本主義不可克服的矛盾，但是他們沒有認識到社會發展的客觀規律，不明白生產的社會性和私人占有的矛盾即生產力與生產關係這一資本主義社會的基本矛盾，使社會主義必然取代資本主義。他們不瞭解無產階級的社會地位和歷史使命，找不到變革資本主義制度的社會力量。他們不要階級鬥爭，不要無產階級革命和無產階級專政，不認識無產階級的歷史使命，不把無產階級看作是推翻資本主義、建設社會主義的決定性力量，從而不能指出實現社會主義的正確道路。

到了 19 世紀中葉，歐美主要資本主義國家相繼從工場手工業階段過渡到機器大工業階段，資本主義制度存在的合理性及其發展的侷限性都充分顯現，為人們正確認識資本主義向何處去、人類社會向何處去，提供了足夠的歷史素材。在這樣的歷史背景下，馬克思主義應運而生。

1848 年，馬克思、恩格斯發表的《共產黨宣言》，標誌著科學社會主義的誕生。從此，科學代替了烏托邦的幻想，歷史進入了一個嶄新的天地。

較之空想社會主義，馬克思主義的科學社會主義之所以說是「科學」，是因為它的理論不是憑主觀願望和想像，而是建立在唯物史觀和剩餘價值學

說的基礎之上的，它科學地論證了社會主義必然取代資本主義，認識到無產階級的歷史使命，指明了實現社會主義的正確道路。它揭示了資本主義剝削的秘密，發現了資本主義制度必然被社會主義所取代的客觀規律，論證了無產階級是資本主義的「掘墓人」，指明了無產階級的歷史使命是透過革命推翻資產階級的統治，建立無產階級專政，實現社會主義的理想。科學社會主義強調按客觀規律辦事，一切從實際出發，實事求是。科學社會主義誕生以後，逐漸為工人群眾所接受，成為他們的行動指南，形成了規模越來越大的社會主義、共產主義運動，並不斷地取得新的成就，而社會主義、共產主義運動的實踐經驗，又反過來豐富並推動著科學社會主義理論的發展。

馬克思、恩格斯在科學社會主義理論創立的過程中，對未來社會的發展過程、發展方向和基本特徵等問題，作了科學的預測和設想：關於未來社會的發展階段，馬克思明確地把共產主義社會區分為「第一階段」和「高級階段」。共產主義社會的高級階段，只有在第一階段充分發展和高度發達的基礎上才能實現。關於未來社會的本質規定，馬克思、恩格斯認為，未來社會是自由人聯合體，是實現人的全面和自由發展的社會。人的全面而自由的發展，是社會物質和精神多方面協調發展的結果。其中，最根本的條件是生產力的充分發展。關於對未來社會預測的方法，馬克思、恩格斯不贊成對未來社會的特徵作過於具體、全面的論述，更沒有對未來社會規定具體方案。馬克思、恩格斯恩反覆強調，他們的理論是發展著的理論，不是現成的教條，而是供進一步研究的出發點和所使用的方法。

馬克思主義是西歐資本主義發展到一定階段的產物。馬克思、恩格斯提出的許多結論都是透過對西歐主要資本主義國家的社會基本矛盾進行分析後作出的。比如關於社會主義革命的問題，在當時的社會歷史條件下，他們曾經設想這一革命將首先在幾個主要資本主義國家同時發動並陸續取得勝利。他們分析，在這些國家裡，由於社會生產力的迅速發展，引起資本主義社會的固有矛盾，即生產的社會化和生產資料的私人占有之間的矛盾空前激化，使資本主義生產方式成為生產力進一步發展的嚴重障礙。與此同時，社會化大工業的發展使產業工人占全國人口的大多數，強大的無產階級成為實現社會主義革命的現實力量。而且，生產的社會化還為無產階級奪取政權後實行

社會共同占有生產資料並在全國範圍內組織生產和分配準備了物質條件。所以，馬克思、恩格斯在其早期和中期活動中，始終把實現社會主義的注意力和著眼點放在西歐主要資本主義國家。

但是，歷史的發展超出了馬克思、恩格斯的最初設想。因為最先發展起來的英國、美國、法國、德國等資本主義國家，憑藉國內社會化大生產創造出的豐厚利潤和海外殖民掠奪帶來的巨額財富，收買工人貴族，在一定程度上改善了人民群眾的生活，緩解了國內的階級矛盾。從某種意義上說，資本主義的社會化生產力越發達，工人群眾的生活水平相對越高，其「革命性」則相對減弱。特別是 1871 年法國巴黎公社起義失敗之後，西歐資本主義進入一個相對和平發展的時期。

在這種情況下，馬克思、恩格斯並沒有被他們原有的設想束縛住自己的手腳。19 世紀 70 年代以後，他們將視線逐漸東移，透過對俄國等東方國家的研究與思考，提出了新的研究課題，即世界上大部分的落後國家，它們的社會主義革命將會如何展開，是否一定要經過資本主義的充分發展之後才能取得勝利？19 世紀 80 年代，馬克思、恩格斯提出了落後國家跨越資本主義「卡夫丁峽谷」的構想。1881 年馬克思在給俄國民粹派女革命家查蘇里奇的信中指出，俄國無產階級在原有社會基礎上，利用世界形勢和時機，「有可能不透過資本主義的『卡夫丁峽谷』，而吸收資本主義制度所取得的一切成果」。使俄國實現向社會主義過渡，獲得新生。1882 年 9 月 12 日，恩格斯在給考茨基的信中也指出：「殖民地半殖民地國家能夠避免資本主義的獨立發展階段而走向社會主義。」到了 19 世紀 90 年代，恩格斯進一步發展了這一思想，提出：「這不僅適用於俄國，而且適用於處在資本主義以前的發展階段上的一切國家。」

俄國十月革命和中國革命的勝利，證明了經濟文化落後國家在一定的條件下可以不經過資本主義的充分發展，率先實現社會主義；但經濟文化落後的國家跨越「卡夫丁峽谷」，又面臨著種種歷史的難題，這當然是後話了。

二、從理論到現實的轉變：蘇聯和東歐諸國建設社會主義的經驗教訓

　　社會主義究竟是個什麼樣子，蘇聯搞了很多年，也並沒有完全搞清楚。可能列寧的思路比較好，搞了個新經濟政策，但是後來蘇聯的模式僵化了。

　　——鄧小平

　　■從「戰時共產主義」到「新經濟政策」，在沒有任何經驗可資借鑑的情況下，布爾什維克黨開始了社會主義的艱難探索

　　■「二戰」結束後，歐亞一系列國家走上了社會主義道路，社會主義從一國實踐迅速發展為多國實踐。然而，如何跨越「卡夫丁峽谷」？幾乎所有的社會主義國家都走了一條崎嶇之路

　　1917 年俄國十月革命勝利後，世界上出現了第一個社會主義國家，社會主義理論第一次變成了活生生的社會制度。

　　社會主義建設，是人類歷史上沒有先例的創舉。列寧當時說，我們還沒有創造出什麼完備的東西，我們還沒有一個可以分條列款的定型的社會主義。就這樣，在沒有任何經驗可資借鑑的情況下，布爾什維克黨開始了艱難的探索。

　　在經濟體制上，蘇維埃政權按照馬克思、恩格斯的設想，建立起以生產資料國有化為基礎，以高度集中的國家計劃和分配體製為特徵的經濟體制。列寧鑒於俄國經濟落後的情況，曾考慮透過國家資本主義迂迴過渡到社會主義。但是從 1918 年春開始的帝國主義武裝干涉與國內反革命叛亂，迫使蘇維埃轉而採取「戰時共產主義」政策。在「戰時共產主義」時期，蘇維埃的經濟體制更趨集中：企業的人、財、物、產、供、銷方面，一切權力集中在中央，國家無償徵集農民糧食，取締市場，禁止商品交換和貿易活動，職工實行供給制等。這一體制儘管對取得內戰勝利立下功勞，但卻嚴重阻礙了生產的發展，損壞了工農聯盟。

　　從 1921 年起，蘇俄轉入和平建設時期。在列寧的領導下，俄共（布）適時從「戰時共產主義」政策轉為「新經濟政策」。列寧提出，允許發展一

部分資本主義經濟，引進外資，實行租讓制和租借制，讓社會主義透過商品市場競爭逐步戰勝資本主義。在實行新經濟政策時期，蘇聯同外國公司簽訂的租讓合約 1921 年為 5 個，1926 年達 144 個。1927 年建立的租讓企業達 73 個，1928 年外國投資增至 5770 萬盧布。蘇聯從租讓企業中得到的收入，1924—1925 年為 680 萬盧布，1927 年為 1611 萬盧布，1928 年為 1010 萬盧布。蘇聯還利用外國貸款、引進設備、技術和人才。這些措施對蘇聯經濟的恢復和發展造成了重要作用。

列寧死後，斯大林提前結束了新經濟政策，從 1930 年起全面向資本主義進攻，加速農業的全盤集體化。1936 年他宣布基本上建成了社會主義，1939 年又宣布要從社會主義向高級的共產主義過渡。急於求成的指導思想和高度集權的體制，嚴重阻礙了生產的發展。

列寧對社會主義的政治體制建設也進行了可貴的探索。在黨成為執政黨之後，列寧高度重視黨內民主建設。他堅持每年召開黨代表大會，在會上就黨的路線方針政策展開自由討論，按少數服從多數的民主原則進行表決。為加強中央領導，1919 年黨章規定，中央全會至少每月召開兩次，在中央機構中實行每人一票的平等表決制。從 1921 年起，設中央監察委員會，專門監督中央委員會。在國家領導體制方面，由於 1918—1920 年戰爭的特殊情況，實際上形成了以黨代政、黨政不分的體制。列寧於 1922 年 3 月在養病中向黨提出：「必須十分明確地劃分黨（及其中央）和蘇維埃政權的職責。」可惜列寧沒來得及解決這些問題就與世長辭。斯大林領導時期，把總書記變成黨的最高領袖的職位，搞成終身制，他晚年連中委會和政治局會議都很少召開，完全陷入個人專斷。

斯大林時期，經濟和政治體制雖有嚴重弊病，但蘇聯的社會主義建設仍然取得了重大成就。1924—1941 年短短的十幾年時間內，蘇聯透過了三個五年計劃，實現了國家工業化和電氣化，農業集體化和機械化，國民經濟公有化和計劃化，使蘇聯由落後的農業國變為先進的工業國。蘇聯在世界經濟中由革命前的第五位而躍居至第二位（僅次於美國）。蘇聯在國內消滅了私有經濟和舊的剝削階級，改造了個體經濟和小資產階級，使個體農民變為集體

農民，使舊知識分子變為工人階級新型的知識分子，還培養了大批工農出身的新知識分子，工人階級成為國家和社會的領導階級，實現了各民族廣大勞動人民當家做主，消滅了失業和貧困，各民族勞動人民的物質生活和文化生活水平有了較大提高，社會面貌發生了翻天覆地的大變化。經濟實力和綜合國力的增強，使蘇聯在第二次世界大戰中勝利地充當了世界反法西斯戰爭的主力軍，為社會主義在世界上贏得了聲望。

第二次世界大戰結束以後，世界格局發生重大變化。歐亞一系列國家走上了社會主義道路，社會主義從一國實踐迅速發展為多國實踐。隨著蘇聯紅軍向德國推進，東歐大片地區被解放，南斯拉夫、阿爾巴尼亞、波蘭、羅馬尼亞、匈牙利、保加利亞、捷克斯洛伐克、民主德國八國相繼建立了人民民主政權。與此同時，在東方，中國人民革命取得了偉大勝利，金日成領導的朝鮮人民軍在朝鮮北部建立了人民民主政權，胡志明發動「八月革命」解放了越南的大片國土。在拉美，卡斯特羅領導古巴人民取得了革命勝利。這些國家經過民主改造，都走上了社會主義道路。一個強大的、堪與世界資本主義體系相抗衡的社會主義體系在世界上形成了。

歷史正如馬克思晚年所預料的，社會主義不是在經濟文化最發達的國家先勝利，而是在小農經濟占優勢的落後國家取得了革命勝利。然而，在落後國家建設社會主義並非易事，如何跨越馬克思所說的「卡夫丁峽谷」？歷史向這些社會主義國家提出了一系列新的課題。

今天的人們回顧社會主義國家艱辛探索的歷史，會遺憾地發現，在社會主義建設的道路上，超越階段、急於求成，幾乎成為落後國家建設社會主義的通病。

首先是蘇共對本國社會主義所處發展階段的認識和估計長期脫離實際，總是急於向共產主義過渡，結果欲速則不達。斯大林在 1936 年宣布已「建立了社會主義制度」，1939 年提出向共產主義過渡。第二次世界大戰使這一過程中斷了。戰後的 1952 年蘇共十九大又恢復了向共產主義過渡的口號。赫魯曉夫時期，繼續堅持向共產主義過渡的口號。1959 年，赫魯曉夫提出蘇聯進入了「全面展開共產主義建設」的新時期。1961 年蘇共二十二大提出要

用 20 年時間基本上建成共產主義社會。布里茲涅夫後來修改了赫魯曉夫的蘇聯「進入全面展開共產主義建設時期」的估計，採用了「發達社會主義」的提法，認為「發達社會主義社會是通往共產主義道路上的一個合乎規律的階段」。東歐社會主義國家模仿蘇聯，不少國家也提出建設發達社會主義的口號。

進入 20 世紀 80 年代後期，蘇聯東歐國家政治上缺乏民主，經濟上缺乏活力，領導人思想既有僵化又有混亂。其經濟體制的一大弊端，是所有制純而又純，普遍實行高度單一的公有制，經濟缺乏活力。據 1986 年的資料顯示，公有制在蘇東國家所占比例，蘇聯幾乎是 100%，保加利亞 99.9%，捷克斯洛伐克 99.5%，民主德國 96.5%，羅馬尼亞 95.8%，匈牙利 94.5%，波蘭 81.8%。經濟體制的另一大弊端，是實行高度集中和僵化的計劃經濟體制。幾乎所有商品的價格都由國家計劃定價，嚴重背離價值規律，影響生產的發展。另外，蘇東國家片面強調發展工業，特別是重工業，輕視農業和輕工業，造成產業結構比例嚴重失調，人民日常生活必需品供應不足，市場供應緊張。

蘇東社會主義模式的弊端，早在 20 世紀 50 年代就被這些國家的領導人和學者發現。20 世紀 70 年代以後，這些國家颳起了改革旋風。改革的先驅者是南斯拉夫和匈牙利，波蘭、捷克斯洛伐克、保加利亞、民主德國接踵而至。到 20 世紀 70 年代末和 80 年代初，中國和蘇聯兩個社會主義大國也相繼進行改革。但是在複雜的歷史背景下，蘇東一些國家在探索改革的道路上，逐步偏離了正確的方向。東歐劇變、蘇聯解體，使世界政治版圖發生了重大變局，世界社會主義遭受了嚴重挫折。

三、從輝煌到曲折的探索：中華人民共和國成立後我黨對社會主義建設規律的認識軌跡

歷史上成功的經驗是寶貴財富，錯誤的經驗、失敗的經驗也是寶貴財富。

——鄧小平

■黨的八大前後，毛澤東等黨的領袖對中國社會主義道路的思考異常活躍，產生了許多創造性的理論觀點，可惜歷史的車輪不久就發生了令人遺憾的嚴重偏離

■「文化大革命」以極端的形式充分暴露了各種矛盾，它促使人們在痛苦中警醒，在教訓中反思：什麼是社會主義？如何建設社會主義

在中國，社會主義同樣走過了一條輝煌而曲折的道路。1956 年，隨著社會主義改造的基本完成，中國走上了社會主義建設之路。在經濟和文化落後的國家中，社會主義建設應該怎麼搞，國際共運尚未很好解決這個課題。但毛澤東下決心不走或少走彎路，探索出一條自己的路。他曾說：「解放後，三年恢復時期，對搞建設，我們是懵懵懂懂的。接著搞第一個五年計劃，對建設還是懵懵懂懂的，只能基本照抄蘇聯的辦法，但總覺得不滿意，心情不舒暢。」毛澤東的這段話，道出了中共第一代領導人的共同心情，也反映出毛澤東決心開拓出了一條中國自己的建設之路的迫切願望。

恰在這時，國際共運形勢發生了巨大變化。1956 年 2 月，蘇共二十大尖銳地揭露了斯大林的錯誤，暴露了蘇聯社會主義模式的弊端，在全世界引起了巨大震動。這更加促使了中國共產黨人進一步思索如何建設中國自己的社會主義。

1956 年黨的八大，是中共黨史上的輝煌一頁。黨的八大前後，毛澤東等黨的領袖對中國社會主義道路的思考異常活躍，產生了許多創造性的理論觀點。黨的八大集這一時期探索之大成，制定了各項方針政策，取得了探索的初步成果。其主要內容包括以下幾個方面。

1. 揭示國內主要矛盾和黨的中心任務

指出在社會主義改造基本完成後，中國社會的主要矛盾已經不再是階級鬥爭，而是人民對於經濟文化迅速發展的需要同當前經濟文化不能滿足人民需要的狀況之間的矛盾。黨和人民的主要任務是集中力量發展社會生產力，把中國盡快地從落後的農業國變為先進的工業國。

2. 提出要走中國式的工業化道路

「又要重工業，又要人民」，走出一條發展重工業同發展農業、輕工業同時並舉的工業化新道路。

3. 提出要改變過分集中的經濟管理體制

毛澤東提出，可以消滅了資本主義又搞資本主義，並把這稱作「新經濟政策」。陳雲提出了著名的「三個主體、三個補充」思想，即國有經濟和集體經濟是工商業生產經營的主體，附有一定數量的個體經濟作為補充；計劃生產是工農業生產的主體，按照市場變化而在國家計劃許可範圍內的自由生產作為補充；國家市場是主體，附有一定範圍內國家領導的自由市場作為補充。這一思想得到了黨的八大的肯定。

4. 提出社會主義民主政治建設的新設想

提出「專政要繼續，民主要擴大」，要嚴格區分和正確處理兩類不同性質的矛盾，努力建設又有集中又有民主，又有紀律又有自由，又有統一意志又有個人心情舒暢、生動活潑的政治局面；確定共產黨和民主黨派「長期共存，互相監督」和在科學文化工作中實行「百花齊放、百家爭鳴」的方針。

5. 提出加強執政黨建設的重要原則

指出要更加重視發揚黨的群眾路線的優良傳統，警惕執政黨脫離群眾和實際；強調對黨的組織和黨員的監督，堅持集體領導和個人負責相結合的制度，發揚黨內民主，反對個人崇拜。

黨的八大提出的思想觀點和方針政策，實際上構成了一條以發展生產力為中心任務的全面建設社會主義的正確路線。但是，歷史的車輪在黨的八大以後不久發生了令人遺憾的嚴重的偏離。由於全面建設社會主義的形勢來得太快，黨沒有充裕的時間對新任務進行深入的思考和研究，也沒有足夠的實踐經驗可供總結，這就導致了 1957 年反右派運動以後，黨的八大的正確路線被輕率改變。主要的改變在兩個方面：一是在政治領域，改變了黨的八大關於社會主要矛盾的正確論斷，這成為後來階級鬥爭擴大化錯誤得以發展的理論基礎；二是在經濟建設方面，改變了黨的八大所制定的既反保守又反冒

進，在綜合平衡中穩步前進的經濟建設的正確方針，這直接導致了「大躍進」和人民公社化運動。

　　1958 年 5 月，黨的八大二次會議透過了「鼓足幹勁、力爭上游、多快好省地建設社會主義」的總路線。在這條總路線的指引下，很快掀起了「大躍進」的高潮。在「趕英超美」目標的激勵下，中央號召全黨全民為生產 1070 萬噸鋼而奮鬥。號令之下，全國幾千萬人一齊上陣，大修小土爐，大砍樹木，大找礦石，掀起了一個空前規模的全民大煉鋼鐵運動。與此同時，在生產關係上盲目求純，急於過渡。1958 年 8 月的北戴河會議作出了《關於在農村建立人民公社問題的決議》，認為「共產主義在我國的實現，已經不是什麼遙遠將來的事情了」。會後，全國農村一哄而起，大辦人民公社。當時的報刊上還頻繁放出「高產衛星」，宣揚「人有多大膽，地有多大產」。以「高指標、瞎指揮、浮誇風、共產風」為主要標誌的「左」傾錯誤在全國泛濫。「大躍進」和人民公社化運動造成了國民經濟的主要比例關係嚴重失調，導致 1959—1961 年國家經濟和人民生活陷入極度困難的境地。

　　面對挫折，毛澤東認識到，搞社會主義我們沒有經驗，思想準備不足。別人的經驗是別人的，別人碰了釘子，我們自己還要碰，像害病一樣，我們沒有害病，就沒有免疫力。他承認在社會主義建設上還存在一個沒有被認識的「必然王國」。

　　1961 年 1 月，黨的八屆九中全會透過了「調整、鞏固、充實、提高」的方針，中國經濟進入調整階段。經過幾年艱苦努力，調整取得了明顯成效。這一時期，黨的領袖們提出了許多有價值的理論觀點，對社會主義建設具有長遠的指導意義。這些理論觀點包括以下幾種：毛澤東提出的堅持馬克思關於農業為國民經濟的基礎的理論，主張以農、輕、重為序安排國民經濟計劃的觀點，強調發展商品生產、遵守價值規律的觀點；劉少奇提出的關於建立托拉斯和許多生產資料可以作為商品進行流通的觀點，以及兩種勞動制度、兩種教育制度的觀點；周恩來提出的重視知識和知識分子在社會主義建設中的作用，科學技術在我國現代化建設中具有關鍵性作用的觀點；鄧小平提出的關於整頓工業企業，改善和加強企業管理，實行職工代表大會制等觀點；

陳雲提出的計劃指標必須切合實際，建設規模必須同國力相適應，人民生活和國家建設必須兼顧，制訂計劃必須做到物資、財政、信貸三大平衡的觀點。這些思考，從新的廣度和深度對中國自己的建設社會主義道路進行探索和思考，反映了黨對社會主義的認識逐步走上正軌。

但是，在 20 世紀 60 年代上半期，在經濟發展問題特別是階級鬥爭問題上的「左」傾指導思想並沒有從根本上得到糾正，對於形勢和政策的看法在黨內實際上還存在許多分歧。隨著國內政策調整的進一步深入，再加上中蘇爭論的進一步激化，使黨內在形勢估量和工作指導上的分歧又逐步發展起來。1966 年「文化大革命」爆發，許多關於社會主義的正確認識又一次被否定。

「文化大革命」時期，是社會主義建設陷入歧途的時期。毛澤東發動「文革」，其出發點是要防止資本主義復辟，也試圖尋求一條「以階級鬥爭為綱」模式的社會主義道路。他所提出的「無產階級專政下繼續革命的理論」，完全以階級鬥爭取代了經濟建設這個「中心」，這與黨的八大前後開始的探索中國社會主義建設道路的工程完全背道而馳。

十年動亂，使社會主義建設事業遭受了嚴重的挫折和損失。十年間國民收入損失達五千億元，人民生活水平下降。科學文化教育事業遭到嚴重摧殘。黨和人民的優良的傳統和道德風尚在相當程度上被毀棄。所以說，「文化大革命」不是任何意義上的革命和社會進步。

「文化大革命」以極端的形式充分暴露了各種社會矛盾，它使人們在痛苦中警醒，在教訓中反思。「文化大革命」結束後，鄧小平領導黨和人民撥亂反正，開始了建設有中國特色的社會主義事業的偉大征程！

四、從低潮到復興的收穫：黨的十一屆三中全會以來建設有中國特色社會主義道路的確立

把馬克思主義的普遍真理跟我國的具體實際結合起來，走自己的道路，建設有中國特色的社會主義。

——鄧小平

■鄧小平在黨的十二大開幕詞中第一次提出「建設有中國特色的社會主義」的命題，獲得全黨共識，這一命題後來成為鄧小平理論的名稱和主題

■實踐結出理論之花。江澤民在黨的十四大的報告中，從九個方面對鄧小平建設有中國特色的社會主義理論作了系統深刻的概括

粉碎「四人幫」後，中國向何處去？社會主義事業的航船如何撥亂反正？人們在翹首以待。

1978 年，歷史揭開了新的篇章。黨的十一屆三中全會的召開，是黨在新中國成立後歷史上的一個偉大轉折。在這次會議上，以鄧小平為代表的中國共產黨人撥亂反正，重新確立了馬克思主義的思想路線、政治路線和組織路線，引導黨和人民從以「階級鬥爭為綱」轉到以經濟建設為中心。鄧小平在黨的十一屆三中全會之前召開的中央工作會上，作了《解放思想，實事求是，團結一致向前看》的重要講話。這篇講話衝破了「兩個凡是」的禁錮，解放了人們的思想，成為開闢新時期新道路、開創建設有中國特色社會主義新理論的宣言書。

黨的十一屆三中全會在確定工作重點轉移到經濟建設上來的同時，作出了改革開放的偉大決策。鄧小平在會上指出：「如果現在再不實行改革，我們的現代化事業和社會主義事業就會被葬送。」關於對外開放，全會指出，我們要從閉關自守或半閉關自守狀態轉到積極引進國外先進技術、利用外國資金、大膽地進入國際市場的狀態上來。對內改革和對外開放的提出，為建設有中國特色的社會主義確定了總方針和總政策，成為決定中國社會主義命運的關鍵一招。

全會閉幕不久，思想領域在反思批判「文革」「左」傾錯誤的同時，也出現了一股懷疑社會主義和黨的領導的右傾思潮。針對這種情況，鄧小平旗幟鮮明地指出，必須堅持社會主義道路，堅持人民民主專政，堅持中國共產黨的領導，堅持馬克思列寧主義和毛澤東思想。「如果動搖了這四項基本原則中的任何一項，那就動搖了整個社會主義事業，整個現代化建設事業。」

　　全會以後，黨在有步驟地平反冤假錯案，解決歷史遺留問題的同時，領導人民踏上社會主義改革和建設的新徵程，國家的經濟政治形勢迅速好轉。在此基礎上，1981 年黨的十一屆六中全會透過了《關於建國以來黨的若干歷史問題的決議》（以下簡稱《決議》）。《決議》在全面總結黨的歷史經驗的基礎上，明確了一系列關於社會主義建設的方針政策，並將這些方針政策概括為十條。對於這十條，鄧小平做了高度評價，認為它的中心思想是「三個轉變」，即從以「階級鬥爭為綱」轉到以發展生產力為中心，從封閉轉到開放，從墨守成規轉到各方面的改革。《決議》的制定，初步勾勒了建設有中國特色社會主義的基本藍圖。

　　1982 年 9 月，黨的十二大召開。鄧小平在開幕詞中第一次明確提出「建設有中國特色的社會主義」這一命題。這一命題，因其準確科學地反映了黨所進行的偉大事業，獲得全黨共識，並在後來成為鄧小平理論的名稱和主題。

　　如果說黨的十二大以前主要是撥亂反正，那麼黨的十二大以後則主要是全面改革。黨的十二大以後，改革開放全面展開，現代化建設飛速發展。改革開放經歷了從農村到城市，從經濟體制到各方面體制的改革，從對內搞活到對外開放的波瀾壯闊的歷史進程。

　　改革開放的全面展開，呼喚著思想的解放，理論的創新。作為改革開放的總設計師，鄧小平思考的中心是什麼是社會主義，如何建設社會主義？圍繞著這個中心，黨在理論上實現了重大的突破。

　　1984 年 10 月，黨的十二屆三中全會透過《關於經濟體制改革的決定》，首次提出「社會主義商品經濟」的概念。鄧小平對其給予很高的評價，稱它是馬克思主義基本原理和中國社會主義實踐相結合的政治經濟學。並說，這個文件好，好就好在解釋了什麼是社會主義。

　　理論上的另一重大突破，是提出社會主義初級階段理論。

　　1987 年 10 月，黨的十三大系統論述了社會主義初級階段理論，並概括闡發了黨在社會主義初級階段「一個中心，兩個基本點」的基本路線。社會

主義初級階段理論的提出，是對中華人民共和國成立以來社會主義建設經驗的科學總結，是對馬克思主義關於社會發展階段學說的一大貢獻。

　　隨著理論上的突破，黨的十三大第一次明確提出了「建設有中國特色社會主義理論」的概念，並列舉了這一理論的十二個重要觀點，大會認為，這些觀點構成了建設有中國特色的社會主義理論的輪廓，初步回答了中國社會主義建設的階段、任務、動力、條件、佈局和國際環境等基本問題，規劃了我們前進的軌道。

　　黨的十三大以後，黨領導人民沿著有中國特色的社會主義道路繼續前進。在這個過程中，黨繼續探索新道路，總結新經驗，並多次從不同的角度和側面對建設有中國特色社會主義理論進行新的概括，使這個理論日趨深刻化和完整化。

　　1992 年年初，鄧小平視察南方，發表了重要談話。他深刻總結了改革開放的歷史實踐，鮮明地回答了經常困擾和束縛人們思想的許多重大認識問題，同時也提出了一些新的重大理論觀點。同年 10 月，在鄧小平南方談話精神指引下，中國共產黨召開了十四大。江澤民在黨的十四大的報告中，從九個方面對鄧小平建設有中國特色的社會主義理論作了全新的概括。

　　一是社會主義的發展道路。走自己的路，不把書本當教條，不照搬外國模式，解放思想，實事求是，建設有中國特色的社會主義。

　　二是社會主義的發展階段。中國還處在社會主義初級階段的科學論斷，這是一個至少上百年的很長的歷史階段，制定一切方針政策都必須以這個基本國情為依據，不能脫離實際，超越階段。

　　三是社會主義的根本任務。社會主義的本質是解放生產力，發展生產力，消滅剝削，消除兩極分化，最終達到共同富裕。必須把發展生產力擺在首要位置，以經濟建設為中心，推動社會全面進步。要按照「三個有利於」標準判斷各方面工作的是非得失。

　　四是社會主義的發展動力。改革也是一場革命，是中國現代化的必由之路。經濟體制改革的目標是建立和完善社會主義市場經濟體制。政治體制改

革的目標,是以完善人民代表大會制度、共產黨領導的多黨合作和政治協商制度為主要內容,發展社會主義民主政治。

五是社會主義建設的外部條件。和平與發展是當代世界的兩大主題,必須堅持獨立自主的和平外交政策,為現代化建設爭取有利的國際環境。必須堅持對外開放,吸收和利用世界各國包括資本主義發達國家所創造的一切先進文明成果來發展社會主義。

六是社會主義建設的政治保證。四項基本原則是立國之本,是改革開放和現代化建設健康發展的保證,要從改革開放和現代化建設中獲得新的時代內容。

七是社會主義建設的戰略步驟。要按照「三步走」戰略,抓住時機,加快發展。必須允許和鼓勵一部分地區一部分人先富起來,以帶動越來越多的地區和人們逐步達到共同富裕。

八是社會主義的領導力量和依靠力量。共產黨是社會主義事業的領導核心。執政黨的黨風關係黨的生死存亡。必須依靠廣大工人、農民、知識分子,依靠各民族人民的團結,依靠全體社會主義勞動者、擁護社會主義的愛國者和擁護祖國統一的愛國者的最廣泛的統一戰線。

九是關於祖國統一。按照「一個國家、兩種制度」的構想,即在一個中國的前提下,國家的主體堅持社會主義制度,香港、澳門、臺灣保持原有的資本主義制度長期不變,推進祖國和平統一大業的完成。

一個新的理論——建設有中國特色的社會主義理論,在中華大地上誕生了!從毛澤東到鄧小平,中國共產黨人經過艱辛的探索,終於取得了豐碩的成果。這一理論誕生之際,正值蘇聯東歐發生劇變,世界社會主義運動處於低谷。在歷史的關鍵時刻,以鄧小平為代表的中國共產黨人成功地解決了在中國這樣的經濟文化比較落後的國家如何建設、鞏固和發展社會主義的問題,這是對科學社會主義作出的具有劃時代意義的重大貢獻!

改革開放以來農業用地制度研究

　　農村制度環境的改變，總是與農村微觀經濟主體的改造相伴而生。我國農業用地制度改革的演進邏輯，總是服從不同的歷史條件和社會發展背景，並試圖暫時性繞過一時間難以徹底解決的體制機制障礙，並在各利益相關方的橫向博弈及縱向推動中緩緩邁進。事實上，從我國改革開放後的實際發展來看，農業用地的改革經歷了以單純增產為導向的「多元維繫」，到多元主體間的流轉互動所倒逼的制度規則調整優化，最後實現農業不同功能性主體競爭力提升的「供給側」配對。

一、「家庭聯產承包責任制」形成於增產導向下多元利益主體博弈

　　20 世紀 50 年代，農地制度從「農民的所有制」轉向了「人民公社制」，這種所有權和經營權都高度統一的農村集體土地制度客觀上抑制了土地產出效率，造成了嚴重的糧食危機和農村貧困，但是在 1961 年中央試行的「分田到戶」和「農民自留地」政策開啟了農民在「私地」和「公田」間的有限選擇，也讓部分農民感受到了「私地」耕種的積極性和生產甜頭。然而，很快開始的「文化大革命」讓這一制度探索迅速成了絕大多數農民心底的回憶，而重新回歸到「公田」的制度設計。

　　（一）多元主體的橫向博弈和縱向推動形成了「聯產承包責任制」的最初框架

　　1978 年 12 月，黨的十一屆三中全會作為我國改革開放的發端，事實上並未實現農業領域的破冰，「不許包產到戶」「不許分田單干」依然緊緊束縛著農村向前發展，作為新中國成立後三十年所追求的「集體制度」形成的路徑依賴，長期以來公有制等於社會主義的簡單思維定式讓包產到戶成為禁區。在這種歷史背景下，黨中央和基層農戶都開始了各自的探索過程，並尋求文中前進的方式，設定了三個底線：一是不提放棄人民公社，而是在人民公社中實現「聯產承包生產責任制」；二是明確包干、包產、包工、到組、到勞、到戶等都是責任制裡的多種形式，不是一刀切，給了農民以選擇的機

會；三是從大家最贊成的地方開始。在 1961 年，安徽已經開始嘗試過「分田到戶」和「農民自留地」，且在 1979 年旱災中最早開始試驗包產到戶。儘管華國鋒在七省三縣座談會上主張堅持「集體方向」，但中央轉發的國家農委黨組關於農村工作問題座談會紀要主張的「邊遠山區單門獨戶允許搞包產到戶」以及「不是單門獨戶的地方有人包產到戶的也不必禁止、不批不鬥」為口子的擴大鋪設了條件。1980 年，以鄧小平公開表態支持和肯定小崗村「大包干」做法為標誌，農村土地制度改革勢在必行。1982 年 1 月，黨的歷史上第一個關於農村工作的中央一號文件《全國農村工作會議紀要》正式頒布，標誌著來源於農村基層創新的「家庭聯產承包責任制」政策在全國逐步開始施行，實現了土地所有權與使用權的「兩權分離」，改革開放後的農村土地制度迎來第一次大變革。

（二）「提產增效」的實現成為「多點增產維繫」的根本保障和正向激勵推動

改革開放後確立的「家庭聯產承包責任制」，從本質上來看就是要提高土地的產出效率，因此必然要求農地經營出現明顯的正向反饋結果。在這種以「提產增效目的導向」的改革推動下，出現了三大正向經濟激勵：一是農業總產值大幅增長。從 1978—1984 年，農產品產值以不變價格計算增長了 42.2%，在農業增長的要素貢獻中，土地制度的變革貢獻率高達 46.9%，相當於同期土地投入、化肥、資本和勞動力的總效應（45.8%）；二是有效提高了糧食供給。從 1978—1984 年，我國糧食產量由 3.04 億噸增加到了 4.07 億噸，人均糧也從 31.6 千克增加到 390.3 千克。三是帶動了鄉鎮企業的發展。承包制促進了農業的分工，促進了農業剩餘勞動力轉向第二產業。從 1978—1989 年，鄉鎮企業數量從 152 萬個劇增到 1868 萬個，鄉鎮企業就業人數從 2827 萬人增長到 9265 萬人，占農村勞動力比重從 9.5% 提高到了 22.1%。鄉鎮企業容納了 50% 的農村剩餘勞動力，其異軍突起成為「完全沒有預料到的最大的收穫」。

二、「多點增產自我維繫」到「多點流轉互動聯繫」：從單純的增產導向到功能主體競爭力提升導向的過渡

　　透過推行家庭聯產承包責任制，我國實現了農地生產率大幅提高。但與此同時，家庭聯產承包責任制這一總體「頂層設計」亟待暢通及保障個體與個體之間的聯繫，為點與點之間連接成線所需的「制度規則」完善成為改革的現實緊迫需求。

　　（一）農地如何物盡其用：多點流轉互動聯繫的「流轉規則」確立

　　在推進家庭聯產承包責任制過程中，有兩大問題制約了農地的物盡其用：一是家庭經營的土地規模過小，難以形成規模經濟收益。20 世紀 80 年代中期，我國戶均土地面積為 8.4 畝，而到 20 世紀 90 年代中期則下降到 6 畝，且戶均承包土地高達 9～10 塊，全國 30% 左右的省份人均耕地不足 1 畝，戶均耕地總量也只有 2 畝左右。細小且分散的田地結構，使得農民耕作經營十分不便，農戶也無法進行大規模的投入，農業機械化和農業技術進步的實現非常困難。二是農民從事小農生產的機會成本太大。在城鄉被嚴格分割，勞動力在農業與第二、三產業之間流動受到束縛的改革開放初期，家庭聯產承包責任制將土地的經營權和農業剩餘的索取權授權給了農戶，這種激勵機制在很大程度上降低了人民公社時期勞動要素投入的道德風險，從而提高了農業生產效率。然而，伴隨著改革開放的深入，農村剩餘勞動力能夠向工業、服務業部門自由流動時，農業生產的機會成本則較為顯著地呈現開來，並極大影響了農民的就業決策。為了使農地物盡其用，有必要從頂層設計上確立「農村土地承包經營權流轉」的合法性。

　　1998 年，黨中央文件中第一次出現了「土地流轉」和「適度規模經營」的提法，而到 2004 年《中華人民共和國土地管理法》則明確了農民承包的土地在不改變用途的情況下可以流轉。農地流轉合法性的「規則」確立以後，農地流轉速度加快，規模加大。2007 年全國家庭承包耕地流轉面積約為 6372 萬畝，僅占家庭承包耕地總面積的 5.2%，而到 2015 年年底，全國家庭承包耕地流轉面積達到 4.47 億畝，占家庭承包經營耕地總面積的 33.3%，年均新增流轉面積 4800 萬畝，涉及數以百萬計的承包農戶。研究發現，抑

制農地流轉最主要的因素是農地承包的「有限期限」問題，《土地承包法》第 20 條規定「耕地的承包期為 30 年」，也即土地流轉權的設定從法律上來說不得超過 30 年的上限，隨著二輪承包期限的到期，無論是土地流入方還是流出方主觀上繼續流轉的意願都會越來越弱。

　　（二）農地的屬性和面積如何確定：農地確權規則確立

　　農地改革必須建立在農地屬性、面積清楚的前提之上，因此推進農村土地承包經營權確權登記頒證以明晰土地產權作為對農地最基礎性的「規則確立」，是農地制度進一步改革能否順利實施的前提。

　　2008 年，黨的十七屆三中全會明確提出「要賦予農民更加充分而有保障的土地承包經營權，穩定並保持現有土地承包關係長久不變」。截至 2016 年 3 月，全國範圍內已有 2423 個縣、2.4 萬個鄉鎮、38.5 萬個村開展了農村土地承包經營權確權登記頒證試點工作，實測承包耕地面積近 7 億畝。中央按照 10 元 / 畝的標準，安排了 181.4 億元專項補助。中央給出的時間表是 5 年時間內結束確權登記頒證工作，但研究發現，確權進展與基層政府意願密切掛鉤。農地確權及統一登記發證無疑會給農民帶來更好的產權保障，但是可能給地方政府工作尤其是徵地方面的工作造成影響。實際上，在農業用地的改革邏輯中，從「多點增產」實現自我生計維繫，到解決溫飽後最大程度發揮農業用地的價值，讓農地的承包經營權人獲得作為集體成員的土地收益，讓土地經營者能夠最大限度實現土地規模經營並進一步提高農地產出率，邁出了從農戶多點獨立到點線聯結的重要一步。

三、「功能主體競爭力提升」：賦予所有制、承包者、經營者更加完整的農地產權權能，並為構建全產業鏈的立體農業產業化奠基鋪路

　　如果說「點點獨立—多點增產」的改革設計是在改革開放初期根據當時城鄉經濟社會發展特徵形成的必要探索，以滿足農地經營效率提高的客觀要求；「多點流轉互動聯繫」的改革探索是在家庭聯產承包責任制框架下對基礎性規則的制定和補充，是在深化農業農村改革進程中對農地制度的主動完

善。那麼，在「功能主體競爭力提升」階段下的農地改革邏輯就上升到了以農業產業化為核心，推動農業實現現代化的視域範疇。

（一）「三權分置」擴展了「占有權」和「使用權」，是功能主體競爭力提升的根本制度設計

在很長時間內，「農村承包經營權」都作為「土地使用權」的表徵而被整體使用，然而從 1998 年開始日益加快的「流轉」的真正對像是「承包土地的經營權」，而非「承包權」，因此將「承包權」「經營權」分開並與「所有權」並列，不僅有助於從法律上明晰土地利益對象，也有助於從實踐層面推進土地經營權有序流轉，真正「落實集體所有權、穩定農戶承包權、放活土地經營權」「三權分置」後，農民專業合作社等新型農業經營主體放心流轉農地經營權，而向擁有「占有權」的農民支付流轉費。以本文在成都崇州的調研為例，當地水稻專合社每年每畝付給農民等價於 500 斤黃谷的租金，專合社因「使用權」獲得 500 元每畝每年的適度規模補貼；農民因「承包權」獲得每畝每年 360 元的耕保基金和 93.4 元的糧食直補。

（二）以「三權分置」為核心的功能主體競爭力提升，在基層實施層面仍存在認識分歧

對如何看待「三權分置」及實現「分置」的路徑，各地在具體實踐中存在著兩種不同的認知，且差異較為明顯。一是認為「經營權」是由原「承包經營權」派生，「三權分置」主要有利於工商資本。部分農業經營主體負責人認為「三權分置」就是在堅持原農民集體所有權不變的前提下，將土地承包經營權分離為農戶承包權和土地經營權，「三權分置」是在為工商資本進一步大規模下鄉鋪路，主要理由是現實中，小規模的農業經營主體是不太需要大量資金的，也沒有融資需要；但是像大規模的農業企業、家庭農場希望流轉的土地能夠作為抵押物進行貸款，因此，把經營權從承包經營權中單獨分離出來，允許抵押擔保，更多是利於工商資本。在這種認知情況下，農業經營主體更多地將集體與自身的關係視為引導與被引導、監督與被監督的關係，認為只要支付足了農民的土地租金後，集體不應再幹涉自身的農業經營活動，且讓集體分享的經營分紅並非是規定的義務。二是認為「經營權」就

是原有的「承包經營權」，繼承了其全部法律屬性，而「承包權」可以視為「集體成員權」「三權分置」，主要有利於承包農戶。這種觀點認為，農民相比城市居民來說，缺少完整的社保來民生兜底，土地是其維持生計的最後保障，因此，不管農民是否流轉了土地，都應享有土地的收益分配權，並且認為目前「經營權」在法律上就是原有的「承包經營權」，而「承包權」事實上指的是「集體成員權」。此外，只有「經營權」是用益物權。這種認知情況下，「穩定承包權」被置於首要位置，也讓農戶在與工商資本談判中更有底氣，但也為基地、業主等流轉者進一步擴大經營埋下了隱患。

四、從多點增產維繫到功能主體競爭力提升改革邏輯的三條基本準則

總體來看，我國農地制度在改革邏輯中一直秉持三條基本準則，這些標準也成為我國農地制度進一步改革的重要經驗。

（一）在農地制度改革進程中始終秉持統籌兼顧農戶、國家、集體、經營者利益的準則

農地問題既是保障農民生存權的核心問題，也關係到經營者、集體、國家的利益，因此平衡好四方利益，形成「最大公約數」，才能在「穩」的基礎上推進農村各項改革事業。

1. 體現出與時俱進的公平性

改革開放初期，聯產承包責任制激發了農民生產積極性，透過「三提一統」保障集體利益，透過農業稅保障國家利益。在進入 21 世紀後，城市工商資本開始密集湧入農業，透過「三權分置」加快放活土地經營權的同時強化了承包權的用益物權，保障了農民的權益，透過與農地改革協同的農村集體資產股份權能改革強化集體作為農地所有權人所享有的土地權益，透過「十八億畝耕地紅線」、嚴格的土地規劃、永久基本農田制度等保障了國家的糧食安全。因此，從不同時期來看，儘管具體的農地政策和實踐探索存在差異，但兼顧農民、國家、集體利益的準則在農地制度改革中一以貫之，成為改革取得巨大成就、發揮出農村社會穩定器作用的重要經驗。

2. 保障農民在不同時期的發展需要

從黨的十一屆三中全會提出「在經濟上保障農民的物質利益，在政治上尊重農民的民主權利」開始，我國就開始高度重視農民的利益問題，在處理與農地制度改革具體事項時，也堅決秉持「保障農民的經濟利益，尊重農民的民主權利」的原則，這點從 1978 年以後黨中央關於農業農村的五次全會、二十個中央一號文件，以及十二份以中共中央名義發出、規格和地位與一號文件相同的專項文件中都清晰地呈現出來。例如，對於過去農村剩餘勞動力進城，主要採用「農轉非」的制度設計，讓其成為「吃公糧的非農人員」，過上具有完善社會保障的城鎮人生活。而新時期，在工作選擇自由度高、非農行業收益率高的環境下，對於失地農民、主動放棄農村土地承包經營權的農民，普遍做法是解決社保來保障其生存權，並幫助其在城鎮中落實發展權。

3. 實現較為平等的農村集體土地權能

依據土地權益相關者的「身份」差異，分別清晰設立土地占有、使用、經營、收益、處分等權能，保障不同利益主體對土地權利「有法可依、有法可循」，最大限度地維護自身法定權利。針對土地經營者所擁有的土地只有資源屬性、缺乏資產和資本屬性的問題，創新性出臺「兩權抵押」機制，擴展了土地財產權的實現形式。

（二）在農地制度改革進程中採用由易到難、循序漸進的方式推進農地規模經營

農業機械化、現代化是提高農地產出率的必然選擇，而農地機械化經營的前提是實現土地的規模化經營。從改革開放歷程來看，與農地規模化經營相關的土地政策的改革進程堅持由易到難、循序漸進。一是在家庭聯產承包責任制初期，一般根據土地、好壞、遠近而採用「混搭」的方式來分配，造成農地零散化嚴重。為瞭解決這一難題，在土地承包規定範圍內，鼓勵農戶透過「互換」的方式實現「連片耕種」，但總體上來看土地零散化程度依然較高，戶均耕地仍高達 5.7 塊。二是在「連戶連片耕種」進入瓶頸期，單靠農戶的互換實現不了規模化經營時，開始推行「土地股權化、資產股份化」的方式，「確權確股不確地」，由集體統一經營或統一流轉給新型經營主體。

相比於「互換」來說，這種邊界虛化的流轉方式從操作上來說更難，但也更利於規模化經營。三是在土地轉包、出租等流轉基礎上，發展股份合作、託管等方式，進一步解決了土地租金高的難題，也避免了農戶人為抬高地租的現象，有利於降低新型經營主體的農業生產經營資金壓力。四是透過在法律層面明晰「三權分置」，依法保護農戶承包權和集體所有權的前提下，平等保護新型經營主體的土地經營權，在「鼓勵」和「規範」前提下，採用農業公司、家庭農場和農民合作社的運作方式，促使經營主體放心地對土地進行長期投資，推動承包戶利益維護與經營者透過規模經營提高收益兼顧。

改革開放以來採用的這一循序漸進的農業經營規模化機制設計，實現了農村社會的極大穩定，也在「摸著石頭過河」的過程中重點突破，成為農地制度改革取得巨大成就的堅實基礎。

（三）在農地制度改革進程中跳出「農地」看「農地」，多要素聯動協同配套

農地制度改革絕不單純是土地制度的自身問題，因此，中央和國務院一直將農地改革置於相關涉農改革聯動推進的大背景中籌劃考慮。從改革開放的歷程來看，對於農地制度改革的設計一貫是與四大方面捆綁在一起，形成「1+4」的農村大改革框架、大改革設計。

1. 將農地制度改革與農村集體資產確權到戶、股份合作制改革結合

透過建立嚴格的監管審查制度，讓農民民主參與到集體清產核資的過程中，將以土地資產為主的農村集體資產確權落到經濟組織成員手中，讓農民在農地制度改革中有更多的獲得感。

2. 將農地制度改革與新型經營主體培育結合

對接農地流轉後承包者與經營者分離的現實趨勢，鼓勵培育各類別經營主體，讓農民以企業家、職業農民、農業工人、鄉村匠人等多種身份融入農業經營體系之中，有更多的參與感。

3. 將農地制度改革與供銷合作社改革結合起來

對接「三位一體」供銷社改革，解決供銷社自身社企不分、政企不分的問題，將供銷社打造成為助力農民生產生活的新平臺，成為更有活力的服務體系，讓農民有更多地被服務感。

4.將農地制度改革與農業支持保護體制改革結合起來

在農業支持保護不斷加強、涉農形勢不斷變化的過程中，始終「靈活＋規範」地調整農業支持保護體制機制，「把錢花在刀刃上」，讓從事農地經營的農民有更多的受尊重感。

跳出「農地」看「農地」，將農地制度改革與事關農村深化改革的其他重要改革緊密結合，把控「全局」、掌握「整體」，成為順利推進農地制度改革的重要經驗。

五、對未來農地制度改革的進一步思考

從「多點增產維繫」到「功能主體競爭力提升」，加上中間作為過渡的「多點流轉互動聯繫」，我國的農地制度改革沿著縱向增產到橫向聯結、實現競爭力最大化的思路邁進，而在這一進程中，必須要考慮農業產業化進一步發展、新型農業經營主體的培育、農產品品牌化的培育等客觀要素，從這個角度來講，未來農地改革的發展將在「功能主體競爭力提升」層次進一步細化，可能的路徑有三條。

（一）要實現農業產業化，進一步挖掘農業在產業鏈各階段的增加值

首要前提是釐清目前農地「所有權、承包權、經營權」的內涵和外延，其關鍵是盡快確定土地經營權的「實體性物權屬性」。將土地經營權定性為物權抑或定性為債權，法律效果迥異：如果將土地經營權定性為債權，則土地經營權對原承包農戶存在高度依賴性和權利的短期性與不穩定性，租賃期限的設定必須遵守《中華人民共和國合約法》的強制性規定，不得超過二十年；流轉雙方的權利義務安排上不得突破債權相對性規則，土地經營權人僅具有承租人地位但不享有轉讓、抵押租賃物的權利，如要轉租，需經出租人同意。反之，如果將土地經營權定性為物權，則流轉合約不受有關租賃合約的強制性規定的限制，期限設定可以超過二十年；土地經營權作為一種物權，

屬於絕對權和對世權，具有相對獨立的地位。因此，從當前大力推動土地經營權抵押來看，必須盡快賦予土地經營權物權地位。

（二）要培育新型農業經營主體，絕不能忽視農民對土地利益的分享，要制定配套制度來實現對農地承包權的「實體性保護」，對承包戶土地利益保障「生存權」擴展至「發展權」

目前改革中有一種傾向是以「三權分置」改革的名義，把重心都放到經營權上，單純以推動土地流轉、造大規模經營主體，而忽視了農地承包農戶的利益保護。從農地承包權得以切實保護的角度來看，應該在四個方面著力強化：一是確定承包權是集體經濟組織的成員權，只有集體經濟組織成員可以憑身份無償獲得，集體經濟組織之外的人即便出再多錢也不能獲得；成員承包權是財產權，受物權保護。二是鎖定成員權。成員權是有時點的，在確定某個時點之後，這之後的人就此切斷。成員權不鎖定，一直保持動態調整，集體所有制就是無解的，承包權就無法成為有穩定預期的財產權。三是必須要對現行《農村土地承包法》的承包經營權加以擴權。農戶獲得的承包權應該是一個完整的承包權，除了已有的使用權、收益權和流轉權以外，也應該賦予抵押權、繼承權、轉讓權等。四是在承包權與經營權分置時，承包農戶獲得的地租是私權，是農民的財產收益；與經營者的合約主體是農民，真正體現承包權作為財產權的性質。

（三）要培育特色農產品品牌，除了重視政府、企業、集體作用的發揮，還需要在重視賦予農民「實體性權利」的基礎上，進一步完善農民的「實體性責任」

事實上，在農村特色農產品品牌培育過程中，目前對農戶使用地方「三品一標」有具體的規定，但是沒有對農民在一定範圍內須承擔的責任或義務作明確的規定，因此也出現了農民從外地批發購入，本地貼牌出售的「搭便車」行為。此外，未來農地改革在重視制度「實體性」的同時也應更規範制度的「程序性」。在制度設計中，要從目前強調如何保障農民和基層地方政府的利益均衡，轉向兼顧「公佈訊息」「遵守公約」「違背約定後的懲罰標準」「糾紛調解」等環節的「程序性」，使相關制度可行、可信、有持續操作性。

▌中國近代以來的六次重大選擇

　　堅持和發展中國特色社會主義，實現中華民族偉大復興的中國夢，是中國共產黨人的理想追求，凝聚著近代以來無數中華兒女的美好憧憬和不懈探索。「四個自信」既不是空穴來風，也不是空洞的政治說教，而是具有堅實深厚的歷史基礎，是近現代中國社會發展的內在規律使然，是建立在歷史邏輯之上的必然要求。1840 年鴉片戰爭後，中國逐步淪為半殖民地半封建社會。為了挽救民族危亡、實現民族振興，中國人民和無數仁人志士上下求索、不懈奮鬥，反覆比較和嘗試，不斷尋找著適合國情的發展道路。縱觀中國近現代一百七十多年的發展歷程，影響國家和民族發展命運的重大選擇共有六次。

一、器物層面的變革，試圖「師夷長技以制夷」

　　鴉片戰爭中，西方列強的堅船利炮，不但打開了中國的國門，也擊碎了清王朝「天朝上國」的迷夢。面對「三千年未有之大變局」，統治階級內部的一些開明官僚、有識之士開始覺醒。林則徐積極主張學習西方的長處，被譽為近代中國「開眼看世界」的第一人。魏源編纂的《海國圖志》，主旨是「師夷長技」，匯聚了大量製造洋槍洋炮、西洋艦船等軍事科技資料。19 世紀 60 年代，在第二次鴉片戰爭和太平天國運動的雙重打擊下，清政府內外交困，為了挽救統治危機，以曾國藩、李鴻章、左宗棠、張之洞為代表的清朝官員，打著「自強」「求富」的旗號，開始了洋務運動。洋務派創辦了第一批中國近代軍事工業和民用企業，建立了南洋、北洋、福建三支水師，開辦了一批近代外語、科技、軍事類的新式學堂，派遣了第一批留學生。洋務運動持續了三十多年，為中國引進了西方先進的科學技術，對中國近代工業的發展造成了促進作用，但是單靠引進西方的技術和設備，而不從根本上變革腐朽的封建制度，不可能使中國走向富強。甲午海戰的硝煙，宣告了洋務運動事實上的破產。

二、制度層面的效仿，主張實行西方資本主義典章制度

　　早在 19 世紀 50 年代末，太平天國領袖洪仁玕向洪秀全提出了施政綱領《資政新篇》，這是一個試圖發展資本主義的治國方案，但囿於當時太平天國本身的歷史條件，未能付諸實施。甲午戰爭後，民族危機日益加深。1898 年，在光緒皇帝的支持下，以康有為、梁啟超、譚嗣同等人為代表的維新派推行戊戌變法運動，開始了變革社會制度的初步嘗試。維新派在一百零三天裡頒布了一系列詔令，內容涵蓋經濟、教育、軍事、政治及官僚制度等各個層面，目的是按照西方國家的模式，在政治上建立資產階級君主立憲制，在經濟上發展民族資本主義。由於遭到以慈禧太后為首的守舊派的強烈阻撓，戊戌變法最終以失敗告終。到了清朝末期，迫於形勢和壓力，清政府雖然也搞了所謂的新政和預備立憲，但已是人心盡失，頹勢難挽。改良失去了機會，革命走上了歷史前臺。以孫中山為首的資產階級革命派喊出了「振興中華」的響亮口號，1911 年的辛亥革命推翻了統治中國幾千年的君主專制制度，建立了民主共和國，這是 20 世紀初中國發生的一件了不起的大事，為中國的進步打開了閘門。但是，辛亥革命沒有能從根本上解決帝國主義侵略和中國封建勢力的問題，國家和人民的悲慘境遇依然如故。

三、思想文化的啟蒙，倡導「德先生」「賽先生」

　　辛亥革命雖然推翻了封建帝制，但是沒能撼動封建文化的根基。北洋政府時期，袁世凱大搞帝制復辟，提倡尊孔讀經，在思想文化方面出現了一股復古逆流。為了徹底滌盪封建思想意識，20 世紀初，陳獨秀、李大釗、魯迅、胡適等人在文化思想領域裡發動了一場新文化運動，其基本內容是提倡民主和科學（「德先生」和「賽先生」），反對專制和愚昧迷信；提倡新道德，反對舊道德；提倡新文學，反對舊文學，主張向西方學習先進的思想文化。陳獨秀的《敬告青年》《文學革命論》，魯迅的《狂人日記》，胡適的《文學改良芻議》等，激烈批判幾千年來的封建舊禮教、舊道德、舊思想、舊文化，成為無數青年爭相傳頌的名篇。1917 年，俄國爆發了「十月革命」，中國的先進分子從「十月革命」的勝利看到了中國的新出路。1919 年「五四」運動爆發，一批具有初步共產主義思想的知識分子積極引進、研究和宣傳俄國「十

月革命」和馬克思列寧主義，走上與工人運動相結合的道路。「五四」運動不僅是一場愛國革命運動，也是一次偉大的思想解放運動，為馬克思主義在中國的傳播開闢了道路，開啟了中國新民主主義革命的序幕。

四、主義和道路的抉擇，資產階級共和國讓位於人民共和國

　　辛亥革命之後，中國嘗試過君主立憲制、帝制復辟、議會制、多黨制、總統制等各種形式，也流行過改良主義、自由主義、社會達爾文主義、無政府主義、實用主義、民粹主義、工團主義等思潮，各種政治勢力及其代表人物「你方唱罷我登場」，但都沒能解決中國的前途和命運問題。1921 年，在中國人民艱難探索的鬥爭中，中國共產黨誕生了。黨自成立之日起，就以實現中國人民當家作主和中華民族偉大復興為己任，在科學分析中國社會性質的基礎上，制定了反帝反封建的民主革命綱領，確定了民主革命的中心任務，經過二十八年的浴血奮戰，終於奪取了革命勝利。新中國成立以前，在如何建設國家的問題上，中國社會曾一度出現過三種不同的建國方案。以蔣介石為代表的國民黨集團希望繼續維護其獨裁統治；一些民主黨派和無黨派民主人士主張「第三條道路」，建立資本主義共和國；中國共產黨則主張建立一個無產階級領導的人民大眾的新民主主義的人民共和國。1946 年，國民黨、共產黨、民主同盟等方面在重慶召開了政治協商會議，達成了《和平建國綱領》等協議，但是國民黨很快撕毀協議，並對解放區發動了戰爭。歷史給人民以深刻的教育，使人民懂得，在事關國家前途與命運的問題上絕無妥協的餘地。在中國共產黨的領導下，經過三年解放戰爭，中國人民推翻了國民黨反動統治，建立了中華人民共和國，中華民族發展進步從此開啟了新的歷史紀元。

五、確立社會主義基本制度，走上社會主義道路

　　新中國成立後，黨帶領人民迅速醫治戰爭創傷、恢復國民經濟，不失時機地提出了過渡時期總路線，創造性地完成了對農業、手工業和資本主義工商業的社會主義改造，確立了社會主義基本制度，使中國這個占世界四分之一人口的東方大國進入了社會主義社會，成功實現了中國歷史上最深刻最偉

大的社會變革。關於社會主義，馬克思、恩格斯作過一些科學的預測，但又反覆強調他們的理論是發展著的理論，不是現成的教條。對如何建設社會主義，他們歷來主張由後人自主探索。歷史上第一個社會主義國家是蘇聯，但後來的歷史表明，蘇聯搞得並不成功。中國的社會主義建設應該怎麼搞？毛澤東決心探索出一條「自己的路」。他曾說：「解放後，三年恢復時期，對搞建設，我們是懵懵懂懂的。接著搞第一個五年計劃，對建設還是懵懵懂懂的，只能基本照抄蘇聯的辦法，但總覺得不滿意，心情不舒暢。」毛澤東的這段話，道出了中共第一代領導人的共同心聲，也反映出毛澤東決心開拓出了一條中國自己的社會主義建設之路的迫切願望。1956—1978 年，社會主義建設雖然走了不少彎路，但是仍然取得了巨大成就。在不長的時間裡，我國社會就發生了翻天覆地的變化，建立起獨立的比較完整的工業體系和國民經濟體系，獨立研製出「兩彈一星」，成為在世界上有重要影響的大國，積累起在中國這樣一個社會生產力水平十分落後的東方大國進行社會主義建設的重要經驗。

六、改革開放，成功開創中國特色社會主義

粉碎「四人幫」後，面對著十年「文革」造成的混亂局面，中國向何處去？社會主義事業的航船如何撥亂反正？人們翹首以待。第三次復出的鄧小平，已經是七十三歲。他說，坦率地講，出來工作可以有兩種態度：一是做官，二是做點工作。我想，誰叫你是共產黨員呢？既然當了，就不能做官，不能夠有私心雜念。鄧小平領導黨和人民勇敢地挑起了歷史賦予的重任，在他的指導下，1978 年 12 月召開的黨的十一屆三中全會，重新確立解放思想、實事求是的思想路線，停止使用「以階級鬥爭為綱」的錯誤提法，確定把全黨工作的著重點轉移到社會主義現代化建設上來，作出實行改革開放的重大決策，實現了黨的歷史上具有深遠意義的偉大轉折。改革開放，是一場全新的事業，馬克思沒有講過，我們的前人沒有做過，其他社會主義國家也沒有幹過。鄧小平帶領人民緊緊抓住「什麼是社會主義、怎樣建設社會主義」這個基本問題，鮮明地提出「走自己的道路，建設有中國特色的社會主義」，在新中國成立以來革命和建設實踐的基礎上，成功走出了一條中國特色社會主義新道路。在改革開放三十多年一以貫之的接力探索中，我們黨始終高舉

中國特色社會主義偉大旗幟，道路越走越寬廣，理論越來越豐富，制度越來越成熟。黨的十八大以來，以習近平同志為核心的黨中央在大力推進實踐創新的基礎上，不斷推動理論創新，圍繞如何堅持和發展中國特色社會主義提出了一系列新理念、新思想、新戰略，極大地豐富和發展了中國特色社會主義的新內涵。

六次歷史選擇，實質上是不同的歷史道路、社會發展方向的抉擇。近代以來，救亡圖存成為中華民族和中國人民迫在眉睫的歷史使命。爭取民族復興、人民解放，實現國家富強、人民富裕，成為中國人民必須完成的歷史任務。於是，走什麼樣的道路、以什麼樣的思想理論為指導、由哪個階級哪個政黨來領導人民實現這兩大歷史任務，就成為中國近現代歷史的核心問題。從六次選擇中可以清楚地看到：為了救國救民，不同階級、不同社會階層、不同政治力量，都提出並實踐過各式各樣的救國方略，但無論是舊式的農民起義還是封建統治階級的自救，無論是資產階級的改良還是革命，結果都行不通。中國人民在探索中比較，在比較中選擇。改良主義失敗了，人民選擇了革命；各種政治力量無力承擔領導人民實現民族復興的夢想，人民選擇了中國共產黨；資本主義道路走不通，中國人民選擇了社會主義，並成功走出一條中國特色社會主義道路。

歷史是最好的老師，它忠實記錄著一個國家和民族走過的足跡，也給未來發展提供著啟示。歷史的選擇表明，只有社會主義才能救中國，只有中國特色社會主義才能發展中國。中國特色社會主義，是黨和人民九十多年奮鬥、創造、積累的根本成就，是改革開放三十多年實踐的根本總結，凝結著實現中華民族偉大復興這個近代以來中華民族最根本的夢想，具有深厚的歷史淵源和廣泛的現實基礎。

此文原刊於 2017 年 8 月 3 日香港《文匯報》，原題為《自信來自於歷史選擇》

後記

　　我讀大學和研究生時學的是歷史，工作以後曾經長期從事歷史教學與研究，到國家行政學院工作後，雖然離開了教學職位，但始終保持著對歷史的熱情和興趣。

　　本書收錄的是我過去發表的部分文章，其中不少是在國防大學工作時期的成果。寫作時間跨度較長，內容和主題圍繞歷史人物與歷史事件，既涉及古代人物，也包括共產黨史和近現代史。可以說，本書反映了我一個時期學習、工作、研究的進程，也是對以往工作的一個巡禮和回顧。在編排上，大致歸為三類，即兩漢人物篇、近代人物篇和史論篇。古今融為一篇，歷史規律相通。為了尊重歷史原貌，文章除了做個別文字修正和篇幅刪減，基本觀點和內容都沒有做改動。

王文

國家圖書館出版品預行編目（CIP）資料

史海聽濤： 兩漢人物篇及共黨近代人物篇 / 王文 著 .
-- 第一版 . -- 臺北市：崧博出版：崧燁文化發行，2019.07
　　面；　公分
POD 版

ISBN 978-957-735-911-7(平裝)

1. 傳記 2. 中國

782.1　　　　　　　　　　　　　　　　108012079

書　　　名：史海聽濤： 兩漢人物篇及共黨近代人物篇

作　　　者：王文 著

發 行 人：黃振庭

出 版 者：崧博出版事業有限公司

發 行 者：崧燁文化事業有限公司

E‑mail：sonbookservice@gmail.com

粉絲頁：[QR]　　　網址：[QR]

地　　　址：台北市中正區重慶南路一段六十一號八樓 815 室

8F.-815, No.61, Sec. 1, Chongqing S. Rd., Zhongzheng

Dist., Taipei City 100, Taiwan (R.O.C.)

電　　　話：(02)2370-3310 傳　真：(02) 2370-3210

總 經 銷：紅螞蟻圖書有限公司

地　　　址：台北市內湖區舊宗路二段 121 巷 19 號

電　　　話:02-2795-3656 傳真:02-2795-4100　　　網址：[QR]

印　　　刷：京峯彩色印刷有限公司（京峰數位）

定　　　價：400 元

發行日期：2019 年 07 月第一版

◎ 本書以 POD 印製發行